基于
"教-学-评"协同发展的

中学英语读写单元整合课程

READING & WRITING

金颂红　周惠英　谢忠平
著

上海社会科学院出版社
SHANGHAI ACADEMY OF SOCIAL SCIENCES PRESS

图书在版编目(CIP)数据

基于"教-学-评"协同发展的中学英语读写单元整合课程 / 金颂红，周惠英，谢忠平著. -- 上海：上海社会科学院出版社，2025. -- ISBN 978-7-5520-4727-1

Ⅰ. G633.412

中国国家版本馆 CIP 数据核字第 2025BZ8673 号

基于"教-学-评"协同发展的中学英语读写单元整合课程

著　　者：金颂红　周惠英　谢忠平
责任编辑：王　芳
封面设计：萧　萧
出版发行：上海社会科学院出版社
　　　　　上海顺昌路 622 号　邮编 200025
　　　　　电话总机 021-63315947　销售热线 021-53063735
　　　　　https://cbs.sass.org.cn　E-mail:sassp@sassp.cn
排　　版：南京展望文化发展有限公司
印　　刷：上海颛辉印刷厂有限公司
开　　本：787 毫米×1092 毫米　1/16
印　　张：16.25
插　　页：2
字　　数：263 千
版　　次：2025 年 4 月第 1 版　2025 年 4 月第 1 次印刷

ISBN 978-7-5520-4727-1/G·1406　　　　　　　　定价：88.00 元

版权所有　翻印必究

前言

Preface

本书是专门为中学英语教师编写的写作教材，主要针对当前中学英语写作教学中最大的问题——阅读至写作缺少迁移。而当下核心素养的提出，为学校教育教学提供了引领性支撑，让我们真正走向以学生为中心的教育。就此，本书将提供一条解决路径，将读写结合、单元整合、大概念（大观念）引领、"教-学-评"协同发展、互动式教学、现代信息技术赋能、不同文体的写作技能强化等这些现代写作教学理念融入写作教学的设计与实践，回归教育本源，助力教师成为中学英语写作改革实践的领跑者。

本书由两大部分组成，第一部分是写作教学模式的提出及其教学实践，通过五章进行阐述，分别是写作教学的现实意义与发展历程、读写单元整合、大观念引领下的"教-学-评"协同发展、读写单元整合下的过程性评价、基于"教-学-评"协同发展的中学英语读写单元整合案例分析；**第二部分属于技术方法的补充**，通过三章进行介绍，分别是写作的互动式教学、现代信息技术赋能的读写单元整合、读写单元整合中不同文体的写作技能强化。

本书首先梳理了写作教学的发展历程，从成果写作法、过程写作法到过程体裁法，每一种新方法的提出都是对上一种方法的优化。而后针对三种写作教学法的不足，本书提出了"基于阅读支架的过程性写作"，并将这种读写结合的教学模式置于"大概念（大观念）引领下的单元整合的视域"之下，同时强调贯穿始终的"教-学-评"协同发展。可以说,"基于'教-学-评'协同发展的中学英语读写单元整合"概念的提出有其先进性、针对性和系统性,体现了当前教育的发展趋势,针对性提出了英语课堂的实际问题,并系统性融合了最新的教学理念。另一方面,为了避免理论的空洞,使之更具有实践性,本书以大量教学示例进行说明,并通过四个学段的教学实践对该写作模式做了详细的案例分析。

之后,作为旁支的技巧补充,本书在"二语写作反馈系统"模型下提出了写作的互动式教学,以促进写作对思维品质的提升。尤其值得一提的是,在现代信息技术的辅助方面,本书倡导教师利用人工智能的大语言模型,并以具体教学示例说明如何运用 ChatGPT 辅助写作教学。此外,作者也针对记叙文、描写文、说明文、议论文、应用文这些不同文体的写作技能强化进行了案例分享。

写作对学生如此重要,学生的写作能力却如此薄弱。教学方法单一、评价体系不足、真实语境匮乏、自主创新不充分、教学效果不显著等问题都造成了我们的教学壁垒。本书力求解决这些既存挑战,为其提供新的思路与策略。所谓"投瓜得琼",本书愿做那引玉之砖,让更多一线教师研写作之道、探教学之路,为中学英语写作教学的改革与发展共同努力!

本书编写组
2025 年 3 月

目录

第一章 写作教学的现实意义与发展历程（The Practical Significance and Development Process of Writing Teaching） ············ 001

1.1 写作教学的现实意义 ············ 001
1.2 写作教学的发展历程 ············ 003
    1.2.1 成果写作法 ············ 003
    1.2.2 过程写作法 ············ 005
    1.2.3 过程体裁法 ············ 007

第二章 读写单元整合（Integrated Reading and Writing Units） ············ 010

2.1 基于阅读支架的过程性写作 ············ 010
    2.1.1 概念的提出 ············ 010
    2.1.2 内部逻辑：读写结合 ············ 012
    2.1.3 读写结合的起点：语篇分析 ············ 013
    2.1.4 读写结合的理论依据：迁移理论 ············ 014
    2.1.5 教学流程 ············ 017

2.1.6　教学案例 ································· 021
2.2　单元整合视域下的读写结合 ··························· 023
　　　2.2.1　读写单元整合的提出 ························· 023
　　　2.2.2　读写单元整合的单项知识技能教学模型 ············ 024

第三章　大观念引领下的"教-学-评"协同发展（Coordinated Development of Teaching, Learning and Evaluation Under the Guidance of Big Concepts） ································· 026

3.1　"教-学-评"发展的三个阶段 ··························· 028
　　　3.1.1　"教-学-评"一致性的提出 ····················· 028
　　　3.1.2　"教-学-评"一体化的提出 ····················· 028
　　　3.1.3　"教-学-评"协同发展的提出 ··················· 030
3.2　大观念引领下目标设定的策略原则 ······················· 031
　　　3.2.1　坚持目标导向，指向核心素养 ··················· 031
　　　3.2.2　目标的设定 ································· 033
　　　3.2.3　教学案例 ································· 040
3.3　大观念引领下有效关联教学活动和评价任务 ················· 043
　　　3.3.1　大观念引领下评价证据的确定 ··················· 043
　　　3.3.2　多维评价贯穿教与学的全过程 ··················· 045
3.4　教学设计示例 ······································· 046

第四章　读写单元整合下的过程性评价（Processual Assessment Under the Integration of Reading and Writing Units） ································· 056

4.1　过程性评价的实施：初高衔接 ··························· 057
　　　4.1.1　英语课程内容要求的初高衔接 ··················· 057

  4.1.2 初高衔接阶段的过程性评价·················· 058
4.2 过程性评价的实施：高一阶段 ····················· 064
4.3 过程性评价的实施：高二阶段 ····················· 067
  4.3.1 研读学业质量水平,确定教学目标和教学活动的评价标准·················· 067
  4.3.2 梳理单元语篇内容,构建单元主题大观念 ·········· 068
  4.3.3 教学活动逆向设计,"教-学-评"协同发展 ············ 069
4.4 过程性评价的实施：高三阶段 ····················· 071

第五章 基于"教-学-评"协同发展的中学英语读写单元整合案例分析（Analysis of Integrated Reading and Writing Units in Middle School English Teaching Based on the Synergy of Teaching, Learning and Evaluation） ················ 077

5.1 预备年级案例 ································· 078
  5.1.1 大观念引领下的读写单元整合设计················ 078
  5.1.2 单元课时设计：阅读教学第一课时 ················ 080
  5.1.3 单元课时设计：阅读教学第二课时 ················ 082
  5.1.4 单元课时设计：写作教学 ······················ 084
  5.1.5 三个课时的案例评价 ························· 087
5.2 高一年级案例 ································· 089
  5.2.1 大观念引领下的读写单元整合设计················ 089
  5.2.2 单元课时设计································ 092
  5.2.3 读写三课时的教学实践与调整 ··················· 094
5.3 高二年级案例 ································· 103
  5.3.1 研读单元内容,梳理语篇主题意义 ················ 103
  5.3.2 建构语篇关联,提炼单元主题大观念 ··············· 104

5.3.3　梳理单元学习内容和结构化语言，提炼单元语言大观念 …………………………………………… 104

　　5.3.4　基于主题大观念和语言大观念，构建单元大观念 …………………………………………… 106

　　5.3.5　根据主题和语言大、小观念，制定单元和课时目标 …………………………………………… 107

　　5.3.6　大观念引领下实施"教-学-评"协同发展的单元教学活动 …………………………………… 107

第六章　写作的互动式教学（Interactive Teaching of Writing）……………………………………… 111

6.1　互动式教学的意义：提升思维品质 ………………………… 111
6.2　互动式教学的理论基础：二语写作反馈系统模型 ………… 112
6.3　互动式教学的原则 …………………………………………… 113
　　6.3.1　教师角色从"权威"走向"谦逊" ……………… 114
　　6.3.2　将评价权交给学生群体 ……………………………… 114
6.4　教学案例 ……………………………………………………… 115
　　6.4.1　第一次教学实践 ……………………………………… 116
　　6.4.2　第一次教学实践反思 ………………………………… 117
　　6.4.3　教学设计修改与再实践 ……………………………… 118
　　6.4.4　课堂外开展同伴评价 ………………………………… 120

第七章　现代信息技术赋能的读写单元整合（Integration of Reading and Writing Units Empowered by Modern Information Technology）……………………… 121

7.1　现代信息技术促进文本深度阅读 …………………………… 121
　　7.1.1　现代信息技术的价值分析 …………………………… 121

　　　　7.1.2　现代信息技术在深度阅读教学中的应用…………… 122
　7.2　现代信息技术促进写作的混合式学习模式 ……………… 128
　　　　7.2.1　理论基础：建构主义学习理论 ………………………… 129
　　　　7.2.2　教学案例：议论文写作指导 …………………………… 129
　7.3　如何使用 ChatGPT 辅助高中英语读写单元整合 ……… 134
　　　　7.3.1　大语言模型赋能英语文学阅读思维型课堂………… 134
　　　　7.3.2　如何使用 ChatGPT 辅助高中英语写作教学 ……… 136

第八章　读写单元整合中不同文体的写作技能强化
（Strengthening Writing Skills in Different Genres Through Integrated Reading and Writing Units）…… 161

　8.1　记叙文的写作技能强化 …………………………………… 161
　　　　8.1.1　记叙文写作的故事性………………………………… 162
　　　　8.1.2　记叙文的结构………………………………………… 169
　　　　8.1.3　记叙文写作的完整性和连贯性……………………… 172
　　　　8.1.4　虚构类记叙文的写作………………………………… 177
　8.2　描写文的写作技能强化 …………………………………… 181
　　　　8.2.1　关于描写……………………………………………… 181
　　　　8.2.2　如何在各种文体中运用描写………………………… 183
　　　　8.2.3　如何描写一个段落…………………………………… 184
　　　　8.2.4　如何描写得生动……………………………………… 189
　8.3　说明文的写作技能强化 …………………………………… 198
　　　　8.3.1　列举法………………………………………………… 198
　　　　8.3.2　举例法………………………………………………… 200
　　　　8.3.3　对比法………………………………………………… 201
　　　　8.3.4　比较法………………………………………………… 203
　　　　8.3.5　因果法………………………………………………… 203
　8.4　议论文的写作技能强化 …………………………………… 206

8.4.1　议论文与说明文的区别……………………………………206
　　　8.4.2　议论文的基本结构…………………………………………208
　　　8.4.3　高考英语中的议论文写作…………………………………212
　　　8.4.4　观点论述型的议论文写作…………………………………216
　　　8.4.5　问题解决型的议论文写作…………………………………219
　8.5　应用文的写作技能强化……………………………………………222
　　　8.5.1　研究报告的写作……………………………………………222
　　　8.5.2　书评的写作…………………………………………………229

附录一：高中英语写作题目分类………………………………………236

附录二：牛津英语(上海版)6B，Module 3 Unit 9,第一课时的
　　　　　学习材料、第一课时的 Worksheet 和评价表　…………240

附录三：牛津英语(上海版)6B，Module 3 Unit 9,第二课时的
　　　　　学习材料、第二课时的 Worksheet 和评价表　…………243

参考文献………………………………………………………………246

第一章

写作教学的现实意义与发展历程
（The Practical Significance and Development Process of Writing Teaching）

1.1 写作教学的现实意义

写作，作为输入输出的一种平衡手段，不但有助于交流，而且非常有利于学生巩固知识、提高能力和发展思维。某种意义上说，英语学习中语言输入与输出的质与量决定着学习者的学习成效和学习者的写作自信，英语写作更是担负文化交流的重任。2010年，著名学者内申(Nation)就表示："产出性学习通常比接受性学习产生更多更强的知识。"同年，学者韦格(Sara Cushing Weigle)在其著作《写作评价》(Assessing Writing)中甚至提出阅读的目的主要是为了写作。写作的重要性可见一斑。

但遗憾的是，从雅思官方发布的2012年雅思考生表现(Test taker performance)统计数据看到：全球考生的听力、阅读和口语平均成绩分别为6.1分、6.1分和5.9分，而写作成绩仅有5.16分；2017年雅思考生的表现亦是如此：写作虽有进步，但仍是最薄弱的一项，平均成绩仅有5.32分。Hinkel(2003)教授对比和分析了206篇美国大学一年级学生作文和877篇在美国大学就读的来自中国、日本、韩国、马来西亚和阿拉伯国家的本科生和研究生作文，发现这些第二语言作者"使用的句法和词汇结构极度简单(employ excessively simple syntactical and lexical constructions)"，包括过度使用系动词be、there be 句型、内隐动词(private verbs)"say, state, talk"和模糊名词(vague nouns)"people, thing, way, society, stuff",过度使用"a lot of, many/much, hundreds of/thousands of, at least/at best, perhaps, clearly, always/often/usually/never, excellent/good/bad, as everyone knows, certainly"等模糊的表达。

写作方面,我们的教学虽做了不少努力,但学生在表达的内容和方式上仍不理想,主要体现在下述四个方面:

(1) 写作内容单调乏味

不少学生的英语作文内容乏味、思路狭隘,这与其语言输入的贫乏密切相关。一方面,学生对主题内容的熟悉程度决定是否有话可言;另一方面,即使是熟悉的话题,所谓"书到用时方恨少",学生也会由于缺乏平日的语言积累而词穷。

(2) 语篇布局凌乱无序

不少学生动笔前没有审题构思的习惯,如无轨电车般随性而为,东拼西凑而语无伦次,没有使文章主题与段落、句子合为一体的整体概念,往往只留意单句表达,忽视上下文的逻辑关系,造成文章断层,前后矛盾。

(3) 不能灵活使用语法知识

作文是英语综合运用的高级形式,语法的灵活运用无疑能给文章增色加分。但传统教学模式下,语法训练强调语法分析,轻视语法应用,语法成了应付考试的空泛教条。很多学生对语法只是一知半解,未曾融会贯通,应用时只能生搬硬套。

(4) 词汇错误率高

尽管平日要求识记的单词不少,但写作中的拼写错误率仍居高不下,说明学生对英语词汇的记忆准确度不够。记忆单词,从言说到书写需要反复的过程,需要学生的理解、消化和运用,强记单词只会迅速遗忘。

由于英语是第二语言,在学习过程中学生的认知心理表征因缺乏系统训练,易受母语影响,习惯性地用汉语组词成句,按照汉语思维表述观点,所以常会有中式英语(Chinglish)的现象产生。这种套用汉语规则和习惯而导致的不符合英语语言文化习惯的畸形英语,会给学习英语带来很大的阻碍作用,尤其体现在思维和文化上。除了语言表达受母语干扰的情况外,不少学生对英语已有抵触情绪,认为作文费时难写,无以名状的畏惧成了横亘在学生与写作之间的鸿沟,消极的自我心理干预影响了思维的活跃性和改进写作的积极性。而我们教师是怎么做的呢?许多教师往往忽视学生自身的内在动力,使写作变成了单纯的考试项目,并非用于交流表达,评价反馈往往强调一个总体评价,并未针对具体内容,即便列出结构、内容和修辞三个方面,仍过于笼统。综上所述,英文写作和教学中存在的最大的问题就是:阅读至写作缺少迁移——组织结构与内容的迁移。

当下核心素养的提出,为学校教育教学实践提供了引领性的支撑,让我们可以真正走向以学生为中心的教育,确立回归教育本源的思维逻辑。教学的主体是学生,教师只是教学活动的组织者、引导者、参与者,教师要做的是促进学生高效学习,让学生进入自主发展的快车道,学生应参与写作的过程,特别是写作的反馈中,以提高写作之效益。此外,新课标、新教材和新课堂,"三新"提出了贴近学生实际、引导学生关注现实、热爱生活、表达真情实感的写作要求,注重培养观察、思考、表现、评价的能力,鼓励学生自由表达,以激发学生的想象力和创造力,提高其写作兴趣和能力。

就此,不妨让我们一起回顾写作教学的发展历程,总结经验,在"三新"背景下分析利弊,以找到完善改进的方向,提升学生的写作能力,促进核心素养的培养。

1.2 写作教学的发展历程

写作教学的研究历史悠久,涌现出了不少流派,若将其归类,可分为以下四种:成果法、过程法、体裁法和过程体裁法。下面从成果写作法、过程写作法和过程体裁法这三种教学模式来说说其演变过程。

1.2.1 成果写作法(Product-writing)

20世纪50至60年代,基于结构主义语言学和行为主义理论的结果教学法诞生了。结构主义普遍认为,语言是形式而不是实体,对语言学家来说,重要的不是声音、文字等实体,而是内在结构,研究语言就是研究其结构。行为主义理论则认为,学习过程是学生受到教师反复刺激给予反应的过程,学习是无意识地通过持续的刺激和反应进行的。结合两者,我们可以得出这样的结论:教师给予学生大量的写作练习,学生通过写作方面的刺激,就能自然而然地掌握写作技巧,掌握复杂的句子和段落结构,完成复杂的写作任务。教师关注的焦点是写作成果。

关于成果写作法,国内外略有不同。

国外主要是遵循澳大利亚学者努南(Nunan)的观点,他表示"成果写作法倡导一种自下而上、基于句子层面的写作"(Nunan,1991),侧重语言知识的使用,强调学生运用词汇和句子的能力,并要求加强句子构成和语法的操练。这是一个从句子到段落再到篇章的过程。具体流程是:先使学生形成想法,然后进行控制式练习,模仿内容框架进行写作,最后上交书面作品,教师进行分数评阅。

国内代表人物是陈玫,他认为成果法是一种自上而下的教学模式(陈玫,2005),强调从整体到局部的信息处理方式,即先给出整体的目标或结果,然后逐步分解为具体的步骤或方法,由此帮助学生快速明确学习目标,并通过逐步的实践和调整来达到预期学习效果;该方法强调学生写作活动的产生,教师控制课堂,学生模仿写作。具体流程是:先让学生熟悉写作范文并对范文的语言表达和结构进行分析,然后指导学生背诵范文的好词、好句、好段落后进行限时仿写,最后对学生作文加以批改(侧重于词汇拼写和语法错误,不关注作文的体裁、结构和语言风格)。

但教学实践中发现,成果写作法存在三个不足:

(1) 生生交流的缺乏

由于强调学生的写作结果,教师是学生作文的唯一反馈者,致使学生与学生之间缺乏了过程性的交流与反馈。我们的教学目的不仅仅是促进学生认知能力的提升,而是要促进学生核心素养的发展,生生交流因此是有必要的,不但可以提升学生的合作意识和交际能力,还可以提升学生的自信心,可以相互启发、集思广益,加速学生的认知过程,确保参与者均有收获。

(2) 有效迁移的缺失

由于侧重对具体文本"点"的把握,教师在指导学生进行写作时侧重在各种文体模块的记忆和语言知识的把握上,并未整体把握写作规律,致使学生遇到新的写作任务时难以实现有效迁移,无从入手。

(3) 写作兴趣的丧失

写作前,内容上没有为完整迁移或辩证阐述做好准备,较枯燥的形式难以调动学生的写作热情;写作中,教师介入不够充分,仅完成阅读材料中信息部分只言片语的迁移和框架迁移,信息输出不通畅,难以有思想的产生,束缚学生的思维和创造力;写作后,学生易焦虑,挫伤写作积极性。

1.2.2 过程写作法(Process-writing)

在20世纪60年代,由于受到交际理论、认知主义理论影响,人们逐渐意识到成果写作法的缺陷,作为对其挑战,过程法将关注点从评定学生的最终成果(即作文成品)转移到帮助学生更好地理解写作本身和如何更好地写作上。20世纪70年代,美国学者Wallace Douglas提出过程性写作教学模式,指出写作是一个过程,写作课应当教授构成写作的操作方法,这也是被学术界确定为最早的过程写作模式。就此,围绕过程和方法,产生了很多种模式。

国内相关研究起步较晚,大致开始于1988年,虽然越来越多的国内专家学者和教师开始注意并重视过程性写作教学,但大多应用于高阶英语学习,特别是高校的写作教学,中学阶段的研究很少。这里首推的是学者胡新颖的过程性写作法。胡新颖(2003)把写作过程分为写前准备(pre-writing)、初稿(drafting)、反馈(responding)、修改(revising)和定稿(final draft)这五个阶段,同时强调写作教学过程中学生的愉悦和乐趣对提高其写作水平的重要性;随后,在过程写作法的模式图中又做了进一步细化和优化(见图1-1)。其他学者则采用了比较研究或者比较辩证地得出了下述结论:李森(2000)认为过程写作法避免了成果写作法只关心学生分数高低,不重视实质内容的弊端,能在一定程度上调动学生积极性,由被动学习改为主动学习;吴锦和张在新(2000)比较了成果写作法和过程写作法,认为写作的目的是"培养学生实际写作能力、如何进行再创造",并非拘泥于语法练习的一种形式之中,成果写作法之下学生很难掌握写作的真谛,过程教学法则能够在学生的写作过程中给予必要帮助,应该结合成果写作法提高英语写作教学;同样,张吉生和周平(2002)也指出一味地追求过程法对国情而言并非最有益,应该考虑学生的实际需要,在过程法与成果法中寻找平衡,尽可能利用两者优点。

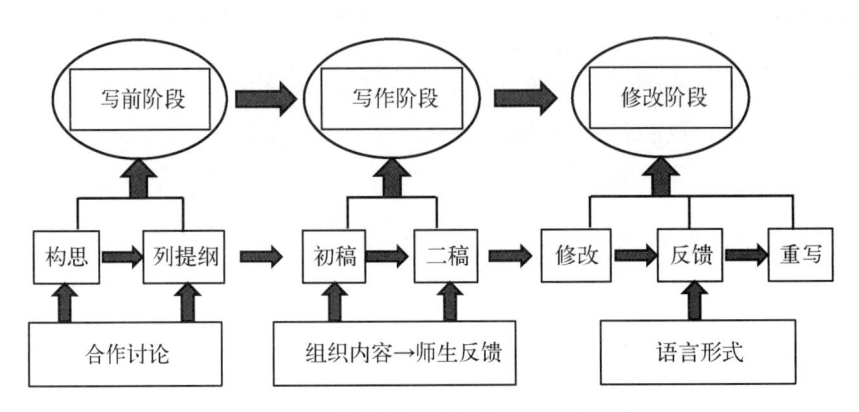

图1-1 胡新颖的过程写作法模式图

而在2016年间,经过理论学习和实践探索,笔者和自己的团队也结合两种写作教学法,尝试了解释与分析(analysis)、合作写作(joint reconstruction)、独立写作(individual reconstruction)和修改润色(polishing)这四个阶段的模式。在解释与分析的阶段,以问题链帮助学生正确审题,再引导学生通过例文分析了解所写文章的体裁特性,关注例文的结构语言和内容,为摹写打好基础。在合作写作前,先给学生留出一定时间进行头脑风暴,接着让学生两两合作对文章进行构思,组织头脑风暴中展现的内容,并尝试为文章写主题句。在这个阶段学生需要一起完成信息梳理,教师需要适时介入,帮助学生运用正确的文章结构、更充实合理的内容以及多样的语言。在要求学生独立完成作文的第一稿之后,教师初步批改,指出语法和拼写等显性错误,而后给出具体化的评价量表(checklists),让学生交换初稿进行互评,对文章进行总体评价,包括结构、内容及语言。在修改润色阶段,学生通过互评发现了对方问题也更清楚了自身不足,从而对初稿做修改润色,完成第二稿;教师根据学生情况,可以直接打分,也可以因为第二稿还未达到要求而鼓励学生做第二次修改,并给予针对性指导,帮助学生完成最终稿。

可以说,过程写作法是对成果写作法的完善,它关注到了写作者的内在动力,关注到了写作的交际性功能。最直观的感受就是课堂气氛变得轻松,学生会主动思考,极大提高了学生写作的积极性,使学生产生了浓厚的写作兴趣。通过生生交流,不仅减少了焦虑,也学会了尊重,更提升了交际能力,且因不同学生从不同角度思考问题,还有助于培养学生的辩证思维,同时通过类比等思维,激发出学生写作的想象力和创造力。由于过程写作法写作布置十分具体,使得学生清楚地知道每个写作阶段所对应的学习策略,可以帮助学生提高自己的学习能力,进而提升学生的写作成绩。

但教学实践中发现,过程写作法仍有待改进的方面:

(1) 所需时间较多,易挤压或打乱其他教学内容;

(2) 在教师和学生反馈环节,标准的制定尤其重要,可是针对不同体裁和题材的写作标准不一。因此如何制定适切的标准,如何使学生都能按照一定标准客观又有效地反馈,是有待解决的问题;

(3) 过程写作法并未依据学生实际水平和需求进行分层要求,更没有从课型比例和结构上进行思考;

(4) 学生会因缺少相应的写作任务素材而缺少写作内容,虽然生生交流能够提供一定素材,但也是碎片化的、陈旧的、他人的观点。

1.2.3　过程体裁法(Process-genre)

2000 年,英国学者理查德·贝吉(Richard Badger)和古迪斯·怀特(Goodith White)在对比分析了成果法和过程法及体裁法的优劣势后,将三种教学方法有机地进行了融合,提出了过程体裁法。该方法突出了作者与读者结合的观念,突出了语言基础知识输入的功能,是写作教学的巨大进步。

之后,国外很多教育者和学者对该理论进行了尝试,并且应用到自己的实践中去。Foo(2007)在自己任教中学的英语说明文写作教学中应用过程体裁法,经过一年研究,证实其有效性;Arteaga lara èctor Mauricio(2018)将该法用于高三年级学生英语写作,亦证实它对段落写作的有效性;Wahyu Kyestiati Sumarno(2015)也得出类似研究结论——"过程体裁法在高中英语写作教学中更能提高学生的写作成绩"。过程写作教学法已然成为西方写作教学法中的中流砥柱(刘云秋,2008)。

在国内,2001年,韩金龙率先将过程体裁教学法引入国内,并总结归纳出实施的五个步骤:分析范文、模仿写作、独立写作、编辑修改及完成定稿。此后,大量学者针对过程体裁法进行了深入的理论研究:冯幼民(2003)提出了两种英语写作的教学方法,即体裁成果写作法和过程体裁写作法;白莹(2004)提出了过程体裁法实施的具体步骤:给出范文、对范文进行分析、对范文进行模仿进而集体写作、独立写作、教师或指导者进行改写、改写后进行修正、最后定稿等;梁松鹤(2006)提出了从过程体裁法中进行范文讲解、组内成员互批互评,获取必要的写作情景知识与写作方法。实践方面,2005年起,一些学者和教育工作者陆续将过程体裁法运用到中学英语写作中,如赵建群(2005)、俞木兰(2006)、李秀文(2007)、张璐(2018)、徐亚(2019)都经由实践得出过程体裁法更能有效地提高学生的英语写作兴趣和写作能力。但总体上,中学阶段的研究比较少,且大多周期短、规模小,有些结论的得出略显仓促。

过程体裁法借鉴了体裁教学法的经验,是对过程写作法的一次改良。虽然与过程法相似,以学生为写作主体,强调学生的主体作用,但又对其不足的地方做了完善,特别是语篇分析法的介入,达到了对文本内容的正迁移,以弥补学生写作过程中输入量的不足,尤其是高质量素材的输入。可以说,较之成果写作法和过程写作法,过程体裁法更具优势。

但教学实践中发现,过程体裁法往往有三大缺乏:

(1)思维培养的缺乏

因为过于重视学生有意识地模仿和分析范文来提高写作能力,以至于千篇一律,忽视对学生创造力的培养,有悖《普通高中英语课程标准(2017年版2020年修订)》(以下简称"新课标")思维品质目标中所提出的"正确评判各种思想观点,创造性地表达自己的观点,具备多元思维的意识和创新思维的能力"。

（2）素材标准的缺乏

在如何选择适当的范文素材上,过程体裁法还缺乏必要的应对之策,准备、实施和评价环节会耗费教师大量精力,时间成本过高。

（3）评价标准的缺乏

虽然针对写作的评价标准不少,但针对不同文本,尤其是综合文体,不同的内容和不同的学生群体,对应的标准是不一样的,过程体裁法并未很好地解决该问题。

第二章

读写单元整合
(Integrated Reading and Writing Units)

2.1 基于阅读支架的过程性写作

2.1.1 概念的提出

针对上述写作教学法中存在的问题,有的专家学者提出"以读促写",通过读写结合的方法,弥补体裁过程法的不足,优化传统写作课堂的问题。但"以读促写"一直未有明确的概念界定。本质上说,"以读促写"是通过阅读教学中的一些相关任务为后续写作做铺垫,因为阅读不仅仅是一种认知过程,还是二语习得者提高写作水平的重要途径。就此,我们提出了"基于阅读支架的过程性写作(Reading-based Process-writing)"这样更明确的说法。

较之过程体裁法,"基于支架"是一个既新颖又核心的概念。这里首先说说写作常涉及的四大理论:交互理论、建构主义理论、最近发展区理论、支架理论。

1. 交互理论

斯蒂芬·克拉申(Stephen D. Krashen)(1980)提出输入假设(Input Hypothesis),将"可理解性输入作为语言习得的唯一途径";在其基础上,迈克尔·龙(Michael Long)(1983)提出了互动假设理论(Interaction Hypothesis),该理论侧重于习得过程中的互动,也就是将语言协商(negotiation of meaning)作为语言习得的决定性因素。

2. 建构主义理论

建构主义概念来源于认知加工学说,同时还结合了皮亚杰、维果斯基和布鲁纳等人的思想。该理论认为学习不是被动地接受知识,而是学习者以自身原有的经验来建构新的知识的过程;教学的重点应该是学生个体,教师是学生学习的帮助者和促进者,而不是传统意义上的权威者和领导者;在针对一个问题的探讨过程中,教师和学生、学生和学生都需要沟通,在相互质疑中,学生才能够逐渐理解和形成新的知识。换言之,外部世界的现实和真相将指引知识的建构,知识作为一种存在,在一种情形中被建构出来,可以运用于其他情境中。

3. 最近发展区理论

根据苏联著名心理学家维果斯基的最近发展区理论(ZPD)(Zone of Proximal Development),在儿童智力活动中,所要解决的问题和原有能力之间可能存在差异;通过教学,儿童在教师帮助下可以消除这种差异,这个差异就是"最邻近发展区"。此外,该理论还有个重要观点,即"在成年人的指导帮助下或在与能力较强的同伴合作中,较差学习者的独立解决问题的能力是能够得到改善和提高的"(冯华玲,2015),可以为异质分组、分层进行写作教学和反馈提供理论依据。

4. 支架理论

20世纪70年代,布鲁纳(Bruner)、伍德(Wood)和麦瑟(Mercer)等学者在心理学家维果斯基最近发展区理论以及建构主义的理论基础上提出了"支架"理论。后来,许多学者以建筑行业中使用的脚手架(Scaffolding)作形象化比喻,提出"支架式教学",借用"脚手架"这一概念代指教者或能力强的学生,或者一些能够帮助学生提高写作水平的有益措施和材料。

基于阅读支架的过程性写作,便是根据学生智力的"最邻近发展区"建立学习过程中的"脚手架",通过这种"脚手架"的支撑作用(或者说"支架作用"),不停地把学生的智力从一个水平提升到另一个新的更高水平,真正做到使教学走在发展的前面。而"基于"二字意在明确阅读文本是基础性要求,我们是在基础性要求上寻找变化,寻求突破。

阅读文本如同脚手架，引导学生产生深层理解、提升思维品质和文化意识，进而提高跨文化交际能力，同时构成写作的基础，突破思维的瓶颈，激发创造力。从语言输入到语言输出，学生不仅有了想表达的内容，也懂得了如何表达的方式，在输入与输出的紧密结合中自然而然地习得、应用语言。

2.1.2 内部逻辑：读写结合

基于阅读支架的过程性写作，其内部逻辑便是我们常说的"读写结合"。当前英语教学中存在写作教学与阅读教学的割裂现象——为读而读、为写而写，这种读写分离的教学情况既影响学生的写作提升，亦影响学生的深入阅读。事实上，语言的学习中，听、说、读、写、看是一个有机的整体，各部分互相关联、相互影响。

新课标在课程内容章节中明确提出："语篇类型包括口头和书面语篇以及不同的文体形式，如记叙文、说明文、议论文、应用文、访谈、对话等连续性文本，以及图表、图示、网页、广告、漫画等非连续性文本，为语言学习提供文本素材"。阅读教学所涉猎的文章形式多样、题材丰富，对于常见的文章类别，教师都会有相应的教学策略和教学切入点，但有些内容因为类别的特殊性，若按照常规阅读教学的方式去处理，容易流于表面，无法深入文本，致使学生错失独特的文学体验。事实上，在阅读教学设计过程中，只有透彻了解文章的创作原理、写作过程和表现形态，才能分析到文章的点子上；质言之，阅读教学的设计应将写作教学作为研究文章分析法的理论基础，紧密联系作者的写作实际去分析文章。

以高中英语（外研版）教材[①]高二选修七的阅读课主课文"Simon Wakefield's Yunnan Diary"为例，这是一篇外国人的云南游记。倘若阅读课上教师仅要求学生学习相关的话题词汇、读懂文章信息、推断作者的观点意图，为读而读，那么学生只是学习了一篇他人的游记，多读了一篇英文文章，很难主动去思考游记类作文的要点、结构、特征，也很难将他人的游记与自己的旅游经历结合起来，失去了由读到写的契机，

[①] 本书中此类表述均指代不同版本的教材，此后不再加注"教材"二字。

未能学而为用、读而为写地将自己的旅游见闻用英文表达出来。另一方面,倘若教师没有引导学生从写作的角度去分析课文是通过何种语言形式、句型、语法来实现写作目的,如何层层推进地表达作者的旅游见闻与所感所悟,作者又是如何记叙、描写和说明当地的人文和景观,如何通过所见所闻表达自己的感受和观点,如何介绍纳西族的风情文化,如何看待文化差异等一系列问题,学生也就同时缺失了从写作角度促进课文理解的契机。

2.1.3 读写结合的起点:语篇分析

根据系统科学方法论的观点,任何一个完整的事物都可视为一个系统,系统又可依据不同标准划分为大大小小的各种层次,即各级子系统,再由子系统逐层分解,直至最基本的构成单位——元素。而文章,作为完整的整体,也不无例外地具有"系统—子系统(层次)—元素"的组合形态。系统科学方法论也告诉我们,部分一旦从整体游离出来就会发生质变。因此,在文章分析中,我们同样必须把作为子系统的层次放在整篇文章中加以考察。此外,整体的功能并不等于各部分的相加之和,我们也须将文章作为一个有机整体来赏鉴其美感,同时看到系统的性质并非由构成元素决定,而是由元素之间的组合形态决定,质言之,我们还要致力于研究文章内部的组合方式。这就要说到语篇分析理论,这也是读写结合顺利开展的起点或者说基础。

"语篇分析"这个概念最早由泽林·哈里斯(Zellings Harris)(1952)提出,其认为利用语篇分析理论能解决两个问题:一个是如何超越句子范畴使用描写语言学分析单句,一个是语言和文化的联系。我国这方面的研究起步较晚,始于 20 世纪 80 年代,2000 年后逐渐增多,但大多借鉴国外已有成果,研究对象主要是高校学生,对基础教育阶段的中学生研究非常少。胡春洞(1998)提出篇章知识对阅读理解有重要影响,它能有效激活有关形式图式,形成阅读中的正确预见;要想进行有效的阅读,首先就要具备篇章知识,不具备篇章知识的读者是很难具备阅读效率的。孙美丽(2005)提出,语篇分析理论改变了传统的阅读过程,即由词及句,由句及段,再到篇章进行阅读;语篇篇章分析理论立足于整体理解,再分段让学生把握文章内容和结构,最后是掌握用词习惯及文化背景,了解作者的写作目的和方法。用基础教学阶段造诣深厚的学者徐继田的话来说就是,"传统的教学方法注重教,建构主义理论注重学,语篇分析教学法既注重教,也注重学,学用一体,教与学兼备,有其独到的教学优势"。

根据方丽(2004)、王文学(2010)对中国学生英语作文的研究分析,中国学生英语作文中较常出现结构松散、段落主位与宏观主位缺乏一致性、段落连贯性差等问题,高分作文则使用了较多的复项主位和较多样的主位推进模式,语篇连贯性较强(高彦梅,2015)。事实上,学习者在二语学习的过程中很难意识到这些问题,对此,教师有必要引导学生学会语篇分析,增加英汉语篇结构对比的指导,关注语篇模式、主位/述位、及物系统、语域、语用分析、衔接与连贯、小句关系、主位推进模式等。教师可以从阅读课入手,充分利用课本及外刊资源,精选范本进行语篇知识教学,培养学生的语篇分析能力、篇章意识和思维能力;同时,在写作教学中在强调语法和词汇衔接的同时,突出主位结构和主位推进模式的训练,帮助学生提高作文的连贯性;此外,恰当地使用连接词语、合理有效地组织和安排语篇中的小句关系、关注指称与指称照应都能有效提高学生的英语写作水平。

2.1.4 读写结合的理论依据:迁移理论

迁移理论(Transfer Law)为读写结合提供了理论支撑和实践路径。

1. 迁移理论概况

迁移理论,其实是学习过程中一个重要的心理现象,与学习的发生密不可分。理论上迁移理论涉及三个领域:

一是语言学领域。语言学界的迁移理论主要是研究母语对学习者学习目的语言的影响,大量研究表明语言迁移在二语习得研究中处于核心位置。

二是传统迁移理论。共同要素说,以美国著名教育心理学家桑代克(E. L. Thorndike)和伍德沃斯(R. S. Woodworth)为代表人物,该理论认为学习训练中存在负迁移,并通过实验提出,两种学习活动的共同要素越多,则越易于产生迁移;经验类化说,由美国心理学家贾德(C. H. Judd)提出,其认为产生迁移的关键是学习者在先期学习 A

和后期学习 B 的活动中概括出两者之间的共同原理,即经验类化,该理论关注学习者在学习过程中对原理的总结;关系理论,是格式塔学派提出的学习迁移理论,该理论认为个体越能认清和了解事物之间的关系,概括化的可能性就越大,迁移的作用就越显著。

三是现代认知迁移理论。美国认知教育心理学家奥苏贝尔(David P. Ausubel)于 1963 年在有意义的学习理论基础上提出认知结构迁移理论,表示一切有意义的学习都是在原有认知结构的基础上产生的。认知心理学派提出,学习过程中的理解、记忆和运用都离不开迁移,迁移是学习过程中普遍存在的也是至关重要的一环。以美国心理学家、教育学家布鲁纳(J. S. Bruner)和奥苏贝尔(David P. Ausubel)等人为代表的现代迁移理论较为全面地阐释了学习过程中迁移的现象及其实质。现代认知派的主要观点包括:奥苏贝尔所提出的有意义的学习;学习迁移有正迁移和负迁移之分,正迁移是指先前的学习活动 A 促进或加强后续的学习活动 B,负迁移则是一种学习干扰或削弱另一种学习;迁移是双向而非单项的。

国内研究起步比较晚,本研究主要参阅了王蔷教授和钱美华教授的观点。王蔷教授 2020 年 10 月在《中学外语教与学》中刊发的《在英语教学中开展读写结合的教学的意义及实施途径》一文中提出:"在读写任务中,学生最经常出现的问题是从阅读文本中直接复制原文,从而造成抄袭。"于是她给出了四种正确应用作者观点的方法,其中的第二种对笔者的启发非常大——从文中提炼出几个要点,通过重新组织语言对内容进行概要性描述——也就是从复制走向复述,而复述是学生在理解文本内容的基础上,对文本内容进行吸收、内化和表达的过程。

2. 迁移理论的三个维度

迁移规律提出:在英语教学活动中,特别是学生在用英语进行交际时,总在某些方面受到母语的影响,或试图借助于母语的知识来表达思想,这时就会产生语言迁移现象。学者卡纳莱(Canale)和斯温(Swain)(1980)以及巴克曼(Bachman)(1990)提出:写作过程中,需要关注三个主要方面:语言知识(基本结构元素)、话语知识(篇章架构的方式)和社会语言学知识(不同场合社交礼仪的得体性)。根据写作涉及的不同知识特点,贝赖特(Bereiter)和斯卡达马里(Scardamalis)(1987)提出了写作的双重模式概念,即知识复述(Knowledge Telling)和知识转换(Knowledge Transforming):

知识复述在认知特点上类似于即兴演说,较少需要构思与修正;知识转换则需要复杂的思维活动和技巧,没有大量的专门训练难以实现,因为在知识转换的过程中,写作不仅意味着把作者想到的内容写到纸上,还要通过写作的过程创造新的知识。按照雅各布斯(Jacobs)等人(1981)的观点,在母语写作中,可以按照两个维度进行语篇分类:

① 纵轴为写作的主要目的,目标可以细分为学习、抒情、娱乐、告知、说服、寒暄;

② 横轴为认知过程,按照难度依次递增,分别是复述已知信息、组织已知信息和创造新知识和信息,其中,创造新知识和信息主要强调作者的创新思维、观点阐述和逻辑思维能力。

通过理论学习和实践研究,笔者进一步提出了信息迁移的三个维度(见图2-1)。知识复述在认知特点上是一种低层次的迁移;组织已知信息则对应知识的转换,有时是简单的信息组合,不太涉及思维活动,有时却需要复杂的思维和技巧;而创造新知识和信息,是因为在迁移过程中,写作本身通常会带来新知识的产生,甚至可能改变作者原来的表述目的,在这种情况下,不断发展的知识和不断展开的文本之间将是一种突破原来表现语言形式和思维格局的双向交流,甚至在不同文化间达成了有效的切换。

```
① 知识复述
*重复性复述(=保持性复述)
详细复述:
摘要复述:
*改造性复述(=转述):
概况性复述:
改变性复述:
② 组织已知信息=整合性复述
*简单组织
*复杂组织
③ 创造新知识和信息
补充:复制信息(口语:背诵+笔头语:摘录)(机械复述+简单复述)
```

图2-1 信息迁移的三个维度

注:其中,改造性复述就是转述,它分两种形式:一种是概括性转述,它要求删去次要的、解释性的和修饰性的内容,并要求对内容进行必要的抽象,再用自己的语言加以组织和概括;一种是改变性转述,转述是要求改变原作结构、顺序、角度或表现方法的复述。前者侧重在内容上,而后者侧重在形式上。

2.1.5 教学流程

下面来具体说说基于阅读支架的过程性写作是如何开展的。

1. 寻找阅读素材,巧用平行文本

对基于阅读支架的过程性写作而言,选材是非常重要的一个环节。美国教育学家、语言学家德尔文·G.舒伯特在《读书就是写作》(*Reading Is Writing*)中说道:"教科书所编的阅读课文是写作素材的聚集地,是语言现象的展示厅,是语言规则的剖析室,是文章题材的示范本。"可见,教师深度剖析教材文本从而促进学生写作,是一种非常高效的教学策略。《高中英语单元设计指南》也明确指出,要以"学习材料"和"教学材料"来代替单一的"课本"和"教材",鼓励教师用教材教;同时提醒教师,教材单元以主题为主线,但与主题相关的素材内容可能会有所滞后,需要依据教材的主题语境,适时补充社会、科技等领域的最新发展信息。因此,在阅读素材的选择和使用上,除了狭义的教材——作为课程核心教学材料的教科书——之外,广义的教材还包括课堂上、课堂外教师和学生使用的所有教学材料,如课本、练习册、活动册、故事书,如教师自己编写或设计的材料,如计算机网络上使用的学习材料;新课标在语篇类型章节更是指出,"语言教学中的语篇通常以多模态形式呈现,既包括口头的和书面的,也包括音频的和视频的,并以不同的文体形式呈现"。

就合适的课文而言,可以选择与学生的生活学习较贴近的课文进行精读,让学生对背景、内容及反映的内在精神作深刻思考;就合适的话题文本而言,可以是报纸、杂志,也可以是视频、网络,鼓励学生自主寻找相关素材,既激发学生探索知识兴趣,亦发挥学生寻觅知识的主动性,这无疑比教师全权安排更能调动学生的积极性。尤其当文本内容属于陌生领域时,教师可以通过选择平行文本的方式进一步帮助学生进行理解。所谓"平行文本",我们可以将之定义为"不同的语言文化环境里,围绕相同或类似的话题产生的不同文本,但这些文本属于相同的体裁并且具有相同的功能"。

以牛津英语(上海版)高三下补充阅读材料 Ecotourism 为例,学生在日常生活中对文章所谈论的新概念"生态旅游"并不了解,倘若课后直接让学生就生态旅游为主

题进行习作,学生的发挥空间和思路都会非常局限,甚至出现理解上的偏差。对此,教师可以通过选取平行文本的方式进行补充阅读,比如,有教师就在最新外刊上选取了一篇名为"Should Ecotourism Be Banned?"的文章,该文描述了由于生态旅游的监管力度不够等因素导致一只北极熊被猎杀,由此让学生从更多维度来理解"生态旅游"这个新概念,并且通过融入事例增加学生的情感共鸣,从而使其在后续写作中能够有更多的情感支撑,有话可写。

费克和多布森(Feak and Dobson)(1996)曾提出,"相比较一篇较长文章而言,围绕相关主题,选择几篇短的阅读材料,可能有效得多",Krashen 的"狭窄输入(Narrow Input)"理论也是类似观点。也就是说,教师可以把教材中同主题的阅读材料提供多篇,让学生在课外之余进行"窄读"式泛读。通过融合教材和平行文本,教师可以有效拓宽学生写作思路,也可以在整个过程中提升学生的思维品质,鼓励学生进行更多的辩证思考。当然,通过补充平行文本对教师有着极高要求,要找到一篇内容、语言、结构和时效性都适宜的文章绝非易事,需要教师在课余尽可能多地进行课外阅读,寻找并积累有价值的语料。

2. 先明确写作任务,再进行文本阅读

基于阅读的写作,是先阅读还是先明确写作任务?原名师基地[①]学员闫妍老师做了相关研究,以牛津英语(上海版)八年级上册(2009 年第 2 版)Unit 3 Reading Trouble 为阅读素材,通过两种不同写作任务的课堂教学,探究可行的写作教学模式。实验中,教师 A 的任务顺序是先阅读后写作,教师 B 是先了解写作内容再阅读。从两位教师各自的教学过程中不难看出,同为阅读支架性写作,写作任务的调整对学生的认知过程有着巨大影响。作为比较实验研究的两个班级学生阅读的目的都是为了写作,通过阅读学会人物描述、理解故事结构。教师 A 先通过语篇学习,使学生有了一定知识输入,在此基础上引领学生应用实践。这个过程是大部分教师在写作课中使用的教学模式,其好处是帮助学生明确写作内容和结构,为接下来的写作操练做好铺垫;不足则是容易限制学生思维,使学生难有机会从个人情感角度出发思考如何组织

---

① 本书中的"名师基地"均指代"谢忠平英语名师基地"。

自己的感受感想。如此不需要个人经验与思考的写作,其主要目的是对英语语言结构知识的操练,而非写作能力的有效训练。教师 B 则采用了不同方式引导学生,学生因为已经提前思考过要写什么,便会带着写作困惑开展阅读,更清楚自己应从课文中借鉴什么,其好处就是最大程度上开发了学生的主动性,通过先思考写作任务后再阅读,将文本阅读和写作交融。这种"促进思维"而非"高度控制"的写作教学方式使学生有更多空间积极思考,把写作过程作为情感表达的方式,而不是为了完成教师布置任务所做的机械训练。闫老师的研究虽是初探,但已具有一定的指导意义。

3. 充分应用迁移理论,布置适宜的写作题目

写作题目布置得当,阅读信息才会产生很好的迁移、组织或创造,达成阅读的真正目的。在基于语篇教学的读写课中,教师须充分应用迁移理论,在阅读课上让学生关注、感知语篇分析,在写作中要引导学生学以致用,关注英汉语言之间的差异,有效减少母语读写中的负迁移。这里我们通过一个教学案例,从写作题目的设计上,谈谈如何增强读写结合的正迁移。

在完成高中英语(人教版)必修第二册 Unit 2 Wildlife Protection "Reading: A Day in the Clouds"的阅读教学后,原名师基地学员、上海师范大学附中的姬娜老师对写作题目进行了多次修改,直至适宜。

【第一稿】Guided writing: Students write a 4-paragraph passage about "Oceans Under Threat" based on the problem-solution discourse pattern.

该题目迁移了第四、五、六段的主题与篇章模式,且仅涉及局部内容,未从整体角度进行思考和迁移。

【第二稿】Guided writing: Write an English composition in 120—150 words according to the instruction given below in Chinese.

假设你是李华,校学生会近期组织大家参与了一项野生动物生存状况的调查,你作为校报小记者,请你根据以下要点写一封英文信,呼吁大家保护野生动物。

1. 目前社会上存在很多人使用皮毛制品,或靠杀戮动物挣钱等现象;
2. 为保护动物提出自己的建议。

该题目写作背景相似,内容接近,易产生共鸣,但有三处不足:一是针对野生动物生存状况调查任务不明确;二是调查与后面内容逻辑性不强;三是写作任务过于聚焦某方面,限制学生思维。

【第三稿】

假设你是李华,学校近期组织大家参与了一项对野生动物生存状况的调查。请你结合调查结果,选择一种你最想保护的野生动物,给校报写一封英文信,呼吁同学们保护野生动物。

内容要点如下:

1. 你最想保护的动物;

2. 濒危的原因;

3. 保护的措施。

附件:下面两图为野生动物生存状况的调查背景与内容

该题目基本达到理想要求:内容、组织结构与文本材料一致,确保了迁移的实现,且任务的整体性较强,涉及的写作知识较全面。但遗憾的是,学生对背景、内容和要求的概念较模糊,不利于写作的开展。

【第四稿】

假设你是李华,学校近期组织大家参与了一项对野生动物生存状况的调查。

调查内容要点如下:

1. 你最想保护的动物;

2. 濒危的原因;

3. 保护的措施。

请你结合调查结果,选择一种你最想保护的野生动物,给校报写一封英文信,呼吁同学们保护野生动物。

该题目背景、内容和要求这三个部分都被布置在不同位置上,非常清晰,便于学生能正确地理解并接受写作任务,确保产出任务的高效完成。

4. 写作后,进行及时有效的评价

写作任务完成后,教师还须做一件至关重要的事——及时有效地进行评价。要知道,写作是极为复杂的认知活动,"是作者将语言知识、主题知识、体裁知识、读者知识、任务图示和元认知知识等综合运用的动态过程"(Weigle,2005)。因此,写作的反馈也应当是一个动态的过程,教师不能期望只凭一次反馈就教会学生如何写作,而应当将反馈贯穿于写作的每个阶段、每个环节,促进学生"学会"写作而非直接"教会"他们写作(戚焱,2003)。教师中肯的评价可以让学生迅速了解自身写作的优点和不足,察觉问题进而调整写作方法或语篇布局,修正错误的语法、拼写;在不断发现和解决问题的过程中,学生的自信心增加了,对作文的畏惧减少了。此外,还可以让学生相互评价,开阔眼界而避免故步自封,在比较中相互学习、相互促进。

2.1.6 教学案例

下面以高中英语(上教版)必修一 Unit 4 My Space "Part A Reading and Interaction - Reading: The 1940s House"为例,谈谈原名师基地学员、上师大附中沈传辰老师基于阅读支架的过程性写作教学实践。

该语篇是记叙文,主题语境为"人与社会——历史、社会与文化——重大政治、历史事件、文化渊源",主要介绍了真人秀"The 1940s House"的内容。在节目中 Lyn Hymers 一家人穿越到 20 世纪 40 年代,体验"二战"时期的生活,感受过去和现在的巨大变化,主人公最后怀念这座房子和这次经历,虽然条件艰苦,但家人之间关系紧密,共同克服困难。作者通过 Lyn Hymers 的话道出:便利的生活并不意味着更幸福,家人的关爱才更为重要。但在处理信息梳理时,很多教师都产生了困惑:明明是使用了教材上精心设计的练习(见表 2-1),学生的学习效果为何并不理想?究其原因,还是学生需要对"In modern times"的信息进行必要的梳理,而这些信息对学生来说是碎片化的,他们并没有就此类话题进行知识的系统积累。

表 2-1 教材练习

Lyn's time-travel experiment	
In the 1940s	In modern times
Housing	
Personal safety	
Daily routine	
Family life	

而沈老师就敏锐地发现了这一问题,进而总结提炼出本单元阅读语篇中的四个矛盾点:房屋设施、人身安全、食物短缺、家务劳动。基于这四个矛盾点,沈老师巧用平行文本,拓展同主题的阅读素材,为学生精心准备了两篇"Supplementary Reading"的语篇:语篇1分析了其中的三个矛盾点,通过今昔对比、问题呈现和家庭活动介绍,帮助学生深入了解"二战"期间英国人的生活,介绍特殊时期家庭团结的情形,为学生反思当今社会的社会关系提供对比参照;语篇2帮助学生加深对"技术与家庭生活的关系"的理解,培养学生的批判性思维和逻辑思维能力。沈老师运用跨学科知识和补充阅读引导学生思考和讨论与课题相关的社会问题——性别平等和劳动分工,以拓展学生的视野,培养学生的社会意识和文化素养。

同时,基于教材中的单元主题,沈老师又设置了议论文写作任务,引导学生思考我们现代家庭生活中的问题——以读促写,通过补充语篇2的内容和结构分析,为下一步议论文写作搭建了"脚手架"。而在写作课时中,沈老师紧扣"教-学-评"协同的主题,通过同伴互评丰富课堂写作评价方式,且聚焦逻辑评价,突出评价过程,采用多轮同伴互评的循环模式。这正体现了对迁移理论的充分应用、适宜的写作题目和及时有效的写作评价。

2.2 单元整合视域下的读写结合

2.2.1 读写单元整合的提出

在前人的理论基础上,我们优化了写作教学法,提出了"基于阅读支架的过程性写作",并分析了其内部逻辑"读写结合",包括读写结合的起点"语篇分析"及其理论依据"迁移理论"。但在实施过程中常会出现以下三种情况:输入方面,学生输入的文本量不足或内容不够地道,无法形成更为系统的认知,输出内容固化;迁移方面,因为输入环节文本目的性太强,学生思想受限,通过阅读获得目标语言后,仅复制粘贴的模仿,缺乏主体思考;输出方面,缺乏输出后的修正,学生未能从输出中学到新知或巩固知识。基于上述情况,为了使读写更有机地融合互促,还需从整体上进行设计,就此,笔者提出"读写单元的整合(Reading-writing Unit Integration)",在单元整合视域下更好地实践读写结合。

所谓"单元",借用《高中英语单元教学设计指南》中对单元的界定,"单元是整体中自为一组或自成系统、相对独立的单位,集目标、内容、过程、评价于一体"。我们可以从几个角度来划分单元,如目标单元、自然单元、主题单元、知识单元、技能单元、专项学习单元等六大类,可以进行"听+说""看+听+说""听+读+看""听+看""听+读""看+读""看+说""说+写""读+写"等技能整合的单元设计。我们还可以把技能、知识、主题、目标等进行整合,这也是目前正在使用的新教材单元设计模式。

这也与新课标中首次明确提出的"大概念教学"相呼应,"重视以学科大概念为核心,使课程内容结构化,以主题为引领,使课程内容情境化,促进学科核心素养的落实"。大概念教学强调了从对知识点的碎片化学习转向对内容和方法的结构化关联性学习,以帮助学生构建知识网络,深化对单元主题意义的理解。此外,新课标中的"第六章 实施建议"下面的"(一)教学建议",第二条亦言明:"关注主题意义,制定指向核心素养发展的单元整体教学目标"。

可见,读写单元不仅需要进行整合设计,且这样的整合并非单纯地将知识点和技能作为全部的课堂教学目标,而是从学生发展的核心素养和基本的学科素养出发,通过单元化设计改变教学过程中知识碎片化的现状。

2.2.2 读写单元整合的单项知识技能教学模型

如何将知识转化为技能呢? 教师在进行读写教学时往往会忽略这项重大任务。对此,在读写单元整合设计中我们构建了单项知识技能教学模型(见图2-2)。该模型分为两个阶段完成:第一阶段是习得阶段,它有四个步骤:告知目标与引起注意;激活原有相关知识;呈现两个以上相关概念与规则的例子;在教师的启发下,学生从例子中归纳出相应的结论,一般来说是概念或规则。第二阶段是强化学习阶段,它分两步完成：第一步是在新的情境中运用概念与规则，这是变式训练，以加强把抽象的概念或规则运用于实际情境中；第二步是在复杂、真实情境中培养学生的综合运用能力和解决复杂问题的能力，它需要跨学科知识才能达成。

一种新的课型，需要经历六步：

习得阶段
① 告知目标与引起注意
② 激活原有相关知识
③ 呈现概念与规则的例子（两个以上）
④ 从例子归纳出结论：概念或规则

⑤ 在新的情境中运用概念或规则（变式练习）

⑥ 在复杂、真实情境中运用（迁移测验）

图2-2 读写单元整合的单项知识技能教学模型

第三章

大观念引领下的"教-学-评"协同发展
(Coordinated Development of Teaching, Learning and Evaluation Under the Guidance of Big Concepts)

新课标明确了教育教学改革方向,修订了学业质量标准,凸显教、学、评的协同发展,强调教学中应关注学科育人并重视培养学生的学科核心素养,提出"在实际教学中,教师应处理好评价与教和学之间的关系,推动'教-学-评'一体化实施"。新课标的这一评价理念突出了英语教学与评价的关系。评价是英语教学的重要组成部分,科学的评价体系是实现课程目标的有力保障。然而,在过去流行的课程实施理论中,教师注重语言知识的讲解,评价是课程实施即教学之后的一个环节,通常是凌驾于教学之上的一个孤立环节。例如,教师讲解定语从句的课堂,通常会以"知识传授—课堂习题训练—口头或书面反馈—课后练习巩固—书面反馈"等步骤开展"教-学-评"的活动,且评价方式以传统的纸笔练习为主,忽视评价的激励作用和促学功能,课堂教学中的"教-学-评"三者未能融通。对此,如何落实新课标,整合教师的教学、学生的学习以及课堂的评价,实现"教-学-评"的协同发展,进而培养学生的语言能力、思维品质、文化意识和学习能力,是高中英语课堂的重中之重。不少教师也对基于"教-学-评"协同发展的高中英语教学模式进行了探索和研讨,并得出了以下参考模式(见图3-1)。

本章重点阐述大观念引领下的"教-学-评"协同发展。大观念引

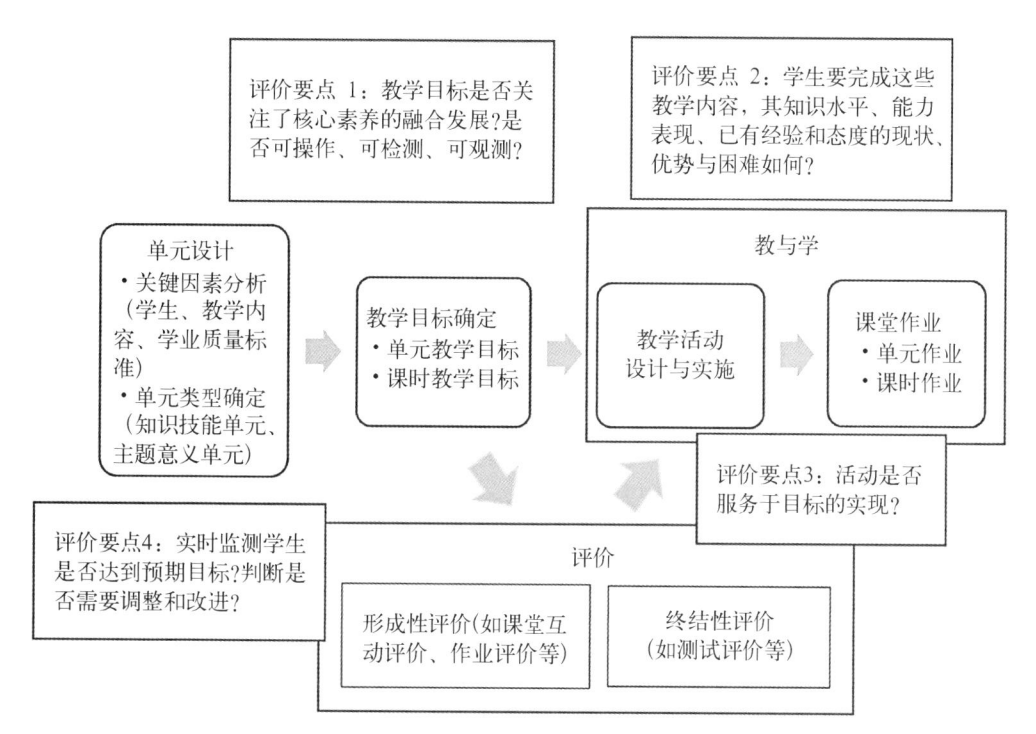

图 3-1 基于"教-学-评"协同发展的高中英语教学模式

领下的单元教学设计与评价,用原名师基地学员董赟、蔡湘芝的话说,主要是指教师基于课程标准,研读单元内容,梳理语篇主题意义,结合学习主体的需求,分析、整合和重组教材等教学资源,提炼单元主题大小观念和语言大小观念,构建单元大观念,制定指向核心素养的单元和课时目标,实施单元教学活动,开展单元"教-学-评"一体化。

可以说,从指向核心素养培养的英语课程目标出发,探索如何围绕单元学习目标、学习活动和评价任务开展"教-学-评"协同发展的设计与实施,是当前落实新课程理念亟须探究的课题之一。就此,本章将从"教-学-评"发展的三个阶段入手,提出"教-学-评"协同发展的理念,进而从两个方面说明如何在大观念引领下实践该理念:一是目标设定的策略原则;二是有效关联教学活动和评价任务。

3.1 "教-学-评"发展的三个阶段

3.1.1 "教-学-评"一致性的提出

一致性理论,也称为"和谐理论",由奥斯古德(C. E. Osgood)和坦南包姆(P. H. Tennenboum)在1955年明确提出,该理论探讨与预测了人在接受新信息以后为保持内部一致性而调整原有态度。20世纪80年代,美国发起了基于标准的课程改革,并有了教学与评价的一致性研究。就当前新课标一致性的研究来说,华东师范大学崔允漷教授与雷浩副教授提出的三因素模型是不错的理论诠释。所谓"三因素模型",即"学-教一致性""教-评一致性"和"评-学一致性"。学-教一致性,是指在目标的指引下学生的学习与教师的教学之间的匹配;教-评一致性,是指教师的教学与对学生评价的匹配;评-学一致性,是指学生的学习与对学生学习评价之间的匹配。通过对这个三因素理论模型进行的实证检验,经由探索性因素分析、内部一致性效度检验和验证性因素分析发现:"教-学-评"一致性可以解构为三个因子,并且这一结构的信度和结构效度较好。因此理论上,在建构的课堂教学过程中,"教-学-评"一致性三因素模型是合理的。

3.1.2 "教-学-评"一体化的提出

"教-学-评"一致性,不是架空的理念,而是可作用于实际教学的指导原则和基本支架。倘若说"教、学、评一致性"强调的是教学目标、评价任务、教学活动三者内在的一致性,那么,另一个新课改语境下的热点问题"教、学、评一体化"便是在这个一致性原则下,教学、学习和评价三位一体的深度教学设计。作为教学、学习与评价方式的全新体验,"'教-学-评'一体化"乃面向有效教学的实践讨论,涉及课程与评价两个领域的理论与实践。倡导"'教-学-评'一体化",就是根据一致的课程目标来解决"教什么""学什么""会什么"这三个方面的问题。如果说教育的根本任务是落实立德树人,发展学生的核心素养,那么,这便是"教-学-评"一体化的一致目标。教师作为教学过程中的组织者、指导者和引领者,要以该育人目标确定课堂教学"教什么""怎么教",以此指导学生"学什么""怎么学",最后通过评价知晓学生"会什么"的最终效果。

可以说,"教-学-评"一体化的英语阅读教学设计关注教学目标的设定和达成,关注学生的学习起点和学习成效。评价不仅可以检验教师设定的教学目标是否达成,还可以检测学生是否习得以及学科核心素养是否形成和发展。这种融课程、教学、学习和评价为一体的深度教学设计对提高教学质量、提供学生积极的学习体验、落实学科核心素养具有重要意义。

王蔷、李亮(2019)指出核心素养背景下英语课堂的"教-学-评"一体化的设计与实施的要素包括：明确理念、把握内容、分析学情、制定目标、选择方法与评价效果。在实施过程中,学生分析是起点,在课堂教学过程中注重"教-学-评"一体化,教师是关键,学习结束时,学生呈现预期的发展度(见图3-2)。有了"教-学-评"一体化的理念,教师就可以按照王蔷教授提出的下述步骤进行英语阅读教学设计：

① 教材分析(包括 What 主题意义和主要内容、Why 写作意图、How 问题结构和语言修辞);

② 学情分析;

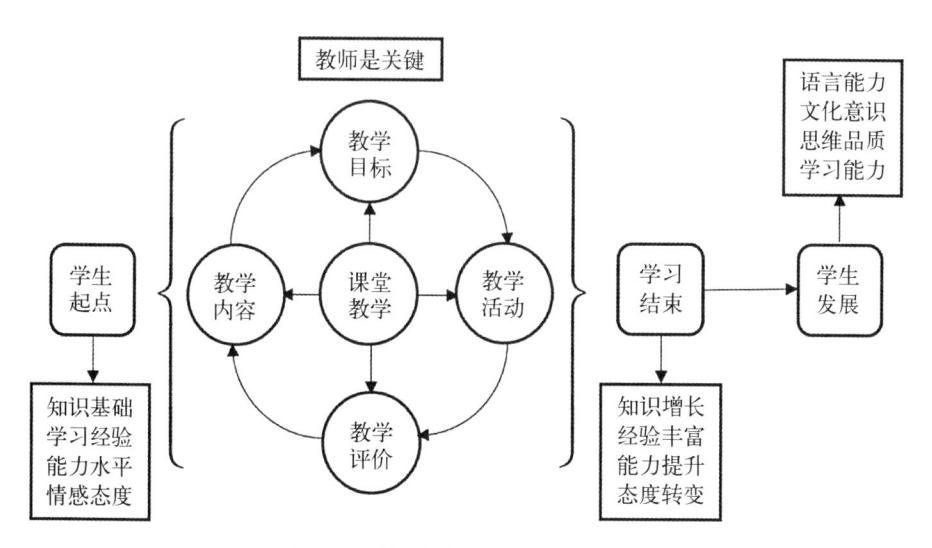

图3-2 "教-学-评"一体化的理念框架

③ 设定教学目标（包括学习理解、应用实践、迁移创新三个层面）和评价；

④ 教学重难点分析；

⑤ 设计教学流程；

⑥ 教学过程；

⑦ 板书设计；

⑧ 课堂小结或教学反思。

3.1.3 "教-学-评"协同发展的提出

如果说以"落实立德树人，发展核心素养"为一致目标的"'教-学-评'一体化"是解决教育的根本任务，那么，已被当今世界许多国家和地区确定为实现社会可持续发展基础的"协同发展论"可以更精准、更系统、更全面、以更高的定位、在更高的层面、从更高的目标上推进"教-学-评"的发展。所谓"协同"，指协调两个或者两个以上的不同资源或个体，协同一致地完成某一目标的过程或能力；"协同发展"通常涉及多方或多领域的主体，互相配合以达成共同目标，且往往在动态变化的环境中进行，需要不断地调整和完善策略以达到最佳的效果。

"教-学-评"一体化理论所呈现的"教-学-评"过程往往是一种静态描述，如"教-学-评"一致性三因素的理论模型，或是从目标到评价再到教学的线性动态过程。然而，实际的教学过程中，"教-学-评"一体化是一个动态往复的过程，内涵就是"教-学-评"三因素的协同发展。可以说，"'教-学-评'一体化"乃"'教-学-评'一致性"原则下所实践的策略，而"'教-学-评'协同发展"强调了评价与教育发展之间相互促进的关系，通过充分利用评价信息、整合评价与教学设计、调整教学和学习，促进"教-学-评"一致目标的达成，并实现教学、学习和评价的共同发展。

作为一种全面的、持续的教育改进理念，"教-学-评"协同发展具有系统性、动态性和整合性的特征，这种较为新颖的教学方式旨在打破教学与评价二元孤立的情况，融合评价与教学，让教学评价贯穿教学过程的始终，体现在教育实践的各个部分。由此，本文从单元整体教学出发，以多种评价为促进教学的抓手嵌入整个单元教学，探讨基于"教-学-评"协同发展的读写单元整合,促进"教-学-评"的统整,形成一个促进学生持续学习、思考和实践的教学闭环。

3.2 大观念引领下目标设定的策略原则

3.2.1 坚持目标导向,指向核心素养

1. 目标的统一指导,为"教-学-评"协同发展提供基础

原名师基地学员、特级教师、上海市实验学校陈申博士说道,当前目标、过程与结果三者间的相互背离是制约英语教育教学质量提升的一个主要问题(郭宝仙,2024)。对此,如何在英语教学中保持"'教-学-评'一致性"是解决上述问题的根本方法,也是有效开展基于"教-学-评"协同发展的英语教学的必要前提。在教、学、评的组合中,目标是对学生表现的期望,规定了学生通过学习之后能做什么,它是"教-学-评"一致性的灵魂。我们实现"教-学-评"协同发展的关键在于教学、学习与评价以教学目标为依据并服务于教学目标。可以说,"教-学-评"的一致性是教学目标统一指导下的一致性。

这里,有必要提一下美国教育学者格兰特·威金斯(Grant Wiggins)和杰伊·麦克泰格(Jay McTighe)共同提出的教学设计框架"Understanding by Design(UbD)"。该理论在方法上倡导逆向设计,即以教学预期目标为教学设计的起始,先预设评估标准,再设计学习活动,使学生真正理解他们所要学习的知识,并把所学的知识迁移到新的环境和挑战中。这便需要教师在设计之前首先思考学习要达到的目的是什么以及哪些证据表明学习达到了目的。先关注学习期望,再选择合适的教学行为,以终为始,进而避免以往灌输式教学和只注重活动的两种教学误区。

而所谓"目标导向",就是希望学生通过单元或课时的学习达到某种知识的理解或某个学科素养的形成,也可看作是以结果为导向,以终为始的教学设计逻辑——对

目标的评价设计应先于教学内容的组织或学习活动的设计。评估的过程,从本质上讲,就是判断课程和教学计划在多大程度上实现了教育目标的过程。事实上,在一个精心编制的"教-学-评"协同发展的教学设计中,所有教学活动都指向了对学生学习发展的促进,教、学、评这三个教学阶段很难严格区分开来,而教学目标可以为这三者的协同整合提供基础。

2. 指向核心素养的目标导向

为实现课程目标,教师必须构建与目标一致的课程内容和教学方式,也就是将教学目标和学习结果整合到评价任务和课堂活动中,确保教学、学习与评价的一致性(王蔷、李亮,2019)。在开展"教-学-评"活动的过程中,"教"以目标为导向,指向学科核心素养的培养;"学"是为了发展核心素养,与教的内容保持一致;"评"是为了促教和促学。因此,教、学、评三者本质一致,共同指向发展学生的学科核心素养。

从宏观层面看,以目标为导向是大单元教学设计的必然要求,依据确定的目标进行教学内容或学习内容的解构和重组,强化大单元知识内容结构的逻辑性和科学性,不仅满足内容组织的学科逻辑,同时也满足学生学习的心理逻辑。从微观层面看,学科核心素养或跨学科素养在教学目标中的呈现是教师挖掘新课标深层内涵的结果,核心素养的具体化使学生的学习过程更清晰,评价目标和评价标准也更具有针对性。

明确目标既指明了教学的方向,同时也阐明了学习的终点。指向核心素养的教学目标设计不回避知识,但需挖掘出学科知识背后富有价值的隐性内容。这里必须明确教学内容分析包括哪些内容:从知识结构的角度分析知识的内在逻辑关系;从课程和教材的角度分析该部分知识与前、后学段知识之间的联系,不同教材的不同处理方式等;从知识应用的角度分析该知识在日常生活、现代科技等方面的应用;从横向联系的角度分析该知识与其他学科或课程的联系等。

需指出的是,素养价值指向个体逐步趋于完满的境界,因此,"教-学-评"协同发展的教学目标是一个动态的生成过程。所有核心素养都不是终点或产品,而是一个过程。核心素养随着情境变化、个体发展的过程不断地生成。所以,基于核心素养的教学目标也不是一成不变的标准,而是根据实际需要进行不断调整,结合社会变化发展的需求、个体在学习过程中的能力变化和教学实际情况不断调整目标价值、难度层级以及优化内容。而始终不变的是,坚持目标导向,指向核心素养。

3.2.2 目标的设定

1. 目标设定的常见问题

教师在开展教学设计时无法精准把握教学目标,是造成实际教学中教、学、评无法很好协同的一大原因,在很大程度上阻碍了教学有效性的达成。下述常见问题是我们在设定目标时需要规避的:

(1) 概念混淆,影响教学目标的可达成性、可操作性和可检测性。不少教师对教学目标的设计不够重视,常将课堂教学目标与课程目标、单元教学目标混为一谈,盲目照抄教参,教学目标设计主次不明,目标动词使用隐形化,甚至把"目的"当作"目标",单个课时的目标里出现"提高英文阅读水平""拓宽学生知识面"等正确但不准确的表达。单元和课时目标往往过于空泛,无法开展针对性的教学活动,导致评价逐渐与目标和过程割裂,教学目标的达成度和可测性也常被忽视。如此目标设定对实际教学并没有管理和评价的价值,无法发挥应有的指导作用。

(2) 缺乏单元主题意识,忽视语篇在主题语境下的整体单元目标,只关注单元不同板块各自的文本知识点、语法点,导致课时教学目标碎片化。新课标对单元教学目标做了明确规定:单元教学目标要以发展英语学科核心素养为宗旨,围绕主题语境整体设计学习活动。但不少教师并未充分了解必修课、选择性必修课和选修课的内容及其要求之间的关联,致使教学目标并未围绕主题语境展开,仍停留在课时教学目标上。单元目标定位模糊,忽略课型差异,导致教学目标的单一化、浅表化,缺乏连贯性、逻辑性和整体性,课时教学目标相互割裂,缺乏逻辑性和感情线;此外,还有部分教师不能清晰区分低段目标和高段目标,结果性目标和过程性目标,也有新授课、复习课与练习课目标混淆的情况。

(3) 缺乏针对性,忽视对班级学生现有水平的调查分析,教学目标设计过易或过难,进而影响教学重点和难点设计的准确性。不少课堂教学目标的设计忽视学情、班情分析,对学生的学习过程、认知方式和特点关注不够,没有认真考虑学生的初始水平、对教学内容的接受程度及学习兴趣，把教学内容与教学目标混为一谈，没有分清教师的任务和学生的任务，设定的教学目标与学生的实际水平脱钩。

（4）缺乏层次性，忽视英语学科核心素养四个要素之间的内在联系，没有做到由易到难、层层递进。新课标对语言能力、文化意识、思维品质和学习能力各要素的发展分别做了三个水平的划分，详细分解了学生所在阶段需要发展的具体能力和素养。课程结构上也设置了必修、选择性必修和选修三类课程。课程内容上包含了主题语境、语篇类型、语言知识、文化知识、语言技能和学习策略等六个要素，并在每一要素下提出具体规范，是全面详尽的课程体系。但不少教师没有仔细研读新课标的教学目标体系，未能领会新课标对于教学目标的层次性设定要求，导致教学目标设计缺乏对应性，偏离新课标的方向。

（5）目标主体错位，教学目标和教学过程相互分离，对学生预期的学习行为表述不清。传统教学中，教师一般都是依据课程标准和教学计划有目的、有组织地讲授教材内容，教学设计是根据教学内容设计教学目标和评价，教师更关注教学内容、教学方法和教学材料的选择。这种以知识为本的教学导致了教学设计的局限、教学过程的固化、学生思维的束缚、学生素养形成的阻碍等弊端。教学目标和教学过程的割裂、目标和手段的分离导致教师的教没有依据学科逻辑，学生的学也没有产生知识结构。

2. 目标的设定依据

既然对"教-学-评"协同发展来说，以统一目标为导向至关重要，那么，如何设定目标？下述三个方面可提供设定依据：学情分析、教材分析和学业质量标准分析。

（1）学情分析

学情涉及的内容非常广泛，学生各方面的情况都有可能影响学生的学习。学生现有的知识结构、学生的兴趣点、学生的思维情况、学生的认知状态和发展规律、学生生理心理状况、学生个性及其发展状态、学生的学习动机、学习兴趣、学习方式、学习时间、学习能力、学生的生活环境、学生的最近发展区、学生的感受等都是进行学情分析的关注点。新课标将普通高中英语课程的具体目标确定为"培养和发展学生在接受高中英语教育后应具备的语言能力、文化意识、思维品质、学习能力等学科核心素养",核心素养是个体在情境中各种关键能力、必备品格和价值理念的有机集合,是一种涵盖知识、技能、能力和情感的整合性概念。基于核心素养的"教-学-评"一体化对培养目标的要求也不再是琐碎和割裂的,不再是知识和技能的分解,而是要求突破传统以教为本的思维框架,将素养的整体性凸显出来。因此,在设计目标时既要考虑不同知识间的差异性、关联性,并在素养目标化中将其整合,形成发展学生素养的知识合力,也要考虑学生发展的多元需求、学生面对不同工作时的现实需要,包括知识建构、人际交互、能力发展等。

具体来说,我们可以从以下三个维度分析学情:教学期望、学习难点及学习风格。

① 教学期望方面,教师需要考虑学生的起点水平与期望水平间的差距,从而确定合适的教学期望,并对标课程标准及学业质量标准,如根据英语学科核心素养水平划分选择一级、二级或三级标准作为教学指南,从而为教学设计提供参照依据与指导方向。

② 学习难点方面,教师需要从学科核心素养的角度去综合分析学生的学习情况,不仅要把握学生的语言水平,也要了解他们在思维品质、文化意识与学习能力方面的发展程度。目前测量学生语言水平的工具比较成熟,但对其他方面的了解,还需通过课堂观察、学生作业、学生访谈等途径去收集信息。由此,我们可以对学生学科核心素养的发展程度有较为全面的了解,从而在对教学内容分析的基础上确定学习难点,为教学设计提供重要情报。

③ 学习风格方面,根据学习的感知模式,可以分为视觉型、听觉型和体验型;根据认知方式,可分为场独立型和场依存型(Reid,2002)。教师在进行教学设计时需要对学生的学习风格进行分析,根据他们的感知模式,选择最适合的信息输入模式,运用合理的多模态教学方式,或根据他们的认知方式确定自主性学习与合作性学习的比例,优化教学效果。

可以说,在"教-学-评"协同发展的育人过程中,对学生进行起点分析是教学设计的逻辑基础,然后通过课堂教学,以教学目标为导向,实施教学活动与教学评价,落实教学内容,待学习结束时,关注学生在知识、学习、能力和情感态度方面有否提升,从而促使他们在学科核心素养方面获得真正的发展。

（2）教材分析

说到教学内容，需要再次回到单元的概念。泰勒（1994）指出单元构成有两种组织逻辑，分别是学科逻辑与心理逻辑，其中学科逻辑注重对学科专家有意义的关系，心理逻辑注重对学习者本身有意义的关系。这两种单元构成的基本逻辑在英语教材中可以体现为两种单元构成方式：以知识技能为重心的单元与以主题意义为中心的单元。

当前，单纯以语言知识技能为重心的单元构成方式在当前主流的英语教材中已不太常见，但并不等于在课程教学的过程中完全没有价值。尤其在毕业年级的教学过程中，教师在有必要的情况下需要构建以知识技能为重心的单元开展教学，如非谓语动词结构单元、读写技能单元等，帮助学生复习巩固语言知识与技能。重语言知识技能单元的教学通常应包括输入、内化与输出的主要阶段，结合英语学习活动观设计学习理解型、应用实践型与迁移创新型的教学活动更有助于优化教学效果。而以主题意义为中心的单元是当前英语教材编写采取的主流方式。新课标中明确提出以主题意义为中心串联其他课程要素，如语言知识、文化知识、语言技能、学习策略等。

在单元教学过程中，教师需要研读单元内的各语篇，构建子主题意义，在此基础上继续提炼单元主题意义。在提炼单元主题意义的过程中可以从认知、态度、行为倾向三个维度进行思考（王蔷、周密、蔡铭珂，2021）。以高中英语（上教版）必修第一册 Unit 2 为例，单元主题意义可以归纳为：了解世界各地独具的历史、文化、环境优势，理解它们对人类社会发展的意义，培养撰写旅行见闻与感悟的写作习惯，其中"了解世界各地独具的历史、文化、环境优势"涉及学生认知维度，"理解它们对人类社会发展的意义"涉及学生态度维度，"培养撰写旅行见闻与感悟的写作习惯"涉及学生行为倾向维度。学生通过单元学习，在探索主题意义的过程中，发展了语言能力，提升了思维品质，增强了文化意识，提高了学习能力。当然，在确定单元教学内容的过程中，我们还可以采取折中的设计思路，以主题意义为大框架聚焦知识技能小框架的单元构建方式也是一种可取的方式。

（3）学业质量标准分析

课程目标对课程内容的选择起到了指导作用，内容标准对学习内容做出了具体规定,那么这些内容究竟要学到什么程度为好,这就需要看学业质量标准。高中英语新课标中的学业质量标准分为三个水平,分别针对不同难度的问题情境,对学生在解决问题过程中语言能力、思维品质、文化意识与学习能力的综合发展程度进行了相关界定,从而为实施有效课堂教学提供了有利条件。

以高中英语(上教版)必修第二册 Uni 2 阅读板块中"Going Global"教学为例,我们此处聚焦社会文化学习的这个话题。在新课标里的"学业质量水平一"中可以发现相关描述(1-12)"能识别语篇直接陈述的社会文化现象",对此,教师面对普通的高一学生进行教学时,重在引导他们通过阅读对"全球化"这一社会现象能够形成具体直观的认识,若学生的英语水平较好且对"全球化"现象有一定认识的基础,则可提升教学难度。同样,在"学业质量水平二"中也可以发现相关描述(2-12)"能够根据所学概念性词语,从不同角度思考和认识周围世界"。对此,在全球化话题的深入学习过程中,教师可以引导学生从不同角度进一步认识"全球化"这一社会现象带来的利与弊。(这里可以参见本书附录一)

在明确学习内容须达到程度的情况下,教师可以对教与学进行思考与设计。在教师的"教"方面,可以对课堂提问、教学任务及活动等设计进行相关考虑,如组织学生开展小组讨论的活动来描述一下身边的"全球化"现象,或者通过班级辩论的活动来深入剖析"全球化"对世界产生的积极或消极影响。在学生的"学"方面,可以考虑运用自评或同伴互评、作业设计、命题测试等手段,如聚焦"全球化"现象的某点开展一次课后调查报告。总之,教师依据所获的学习证据紧密围绕"学业质量标准"中需要达成的目标,不断进行教学的调整与完善,以评促教、以评促学,通过课堂教学落实学科核心素养的培养。

3. 单元教学目标的设定程序

一般来说,制定单元教学目标需遵循以下程序:

(1) 分析课程标准的要求,包括课程目标、内容标准、学业质量标准等;

(2) 分析教材内容,如主题、语篇、知识、技能等;

(3) 分析教学主体的发展现状:掌握了哪些内容,薄弱环节在哪里,学习特点和需求是什么,本单元学习时可能遇到的困难等。由此了解学生发展现状和国家课程标准之间的差距，初步确定单元目标；

（4）目标的分解：围绕课程内容各要素，细化教学目标，落实到每个课时，逐步把单元目标转换为可以监测到的学生行为表现。

新课标要求教师认真分析单元教学内容，梳理并概括与主题相关的语言知识、文化知识、语言技能和学习策略，并根据学生的实际水平和学习需求，确定教学重点，统筹教学安排，在教学活动中拓展主题意义。根据这一要求，单元目标设计必须整合单元教学内容，提炼核心素养要素，设计学习活动任务，分配具体学时计划，在教学活动中达成单元教学目标。也就是说，在设计教学目标前，教师首先要通读一册或一套教科书，梳理清楚话题的设计、词汇的分布、语法的编排、技能的要求、情感的渗透等，然后研读一个单元或课文的材料，厘清新的语言材料是在什么样的语境中使用的、如何呈现、又表达了什么意思。

这里与大家分享华东师范大学雷浩教授关于"单元学习目标设定步骤"的建议（雷浩，2023）：第一步，分析课程标准，确定学习水平和核心概念；第二步，基于课程标准进行教材分析，建立概念体系并分析其关键特征；第三步，根据学情和教材分析结果确定行为程度和行为条件；第四步，采用三维叙写的方式形成单元学习目标，所谓"三维"分别是经历（过程）、习得（结果）、形成（表现）；第五步，试用单元学习目标，提升其适用性。

4. 目标设定的三大原则

（1）处理好单元主题目标和课程总目标之间的关系

认真规划和设计单元教学目标具有重要意义。新课标指出："单元是承载主题意义的基本单位，单元教学目标是总体目标的有机组成部分。教师应充分理解必修课、选择性必修课和选修课的课程内容、内容要求及其之间的关联，根据高中学段的课程结构和总体目标，以及各单元的主题和教学内容，制定各单元的具体教学目标。单元教学目标要以发展英语学科核心素养为宗旨，围绕主题语境整体设计学习活动。"既然学科核心素养目标指向学生的变化和发展，单元教学目标也必须基于核心素养目标说明学生的变化。必修、选择性必修、选修是各个阶段课程中担当核心素养培养任务的基本单位，单元教学承载了完整的课程内容六要素，承载着学科核心素养培养的目标任务,具体又有所侧重,是通过英语课程学习促进学生成长比较完整的过程周期。

为此,单元目标和总体目标之间的关系定位,需要在表达方式上准确体现出来。课程总体目标必须是全面、宏观的,单元目标则必须是局部、具体和可操作的。单元目标是落实课程总目标的行动方向和路径,恰当的单元目标表达才能利于教学实施,提高教学质量。这就需要我们教师认真分析课程标准和教材,分析学生的现状和需求,确定要帮助学生实现的变化和发展,以及实现这种变化所需要的保障条件和措施,进而确定明确的、具体的行为性目标(梅德明、王蔷,2020)。

(2) 教学目标可测可评可达成,注意目标的层次性

根据布鲁姆教育目标分类学对教学目标的分类,教学目标包含了知识、理解、应用、分析、综合和评价这六个层次;安德森在此基础上做了进一步的修正,将知识进行划分,提出认知操作的记忆、理解、应用、分析、评价和创造六维度;马扎诺基于前人研究成果,提出由知识和思维维度构成的二维评价体系,进而将理论性和实践性提高到了一个新高度。其实,从这里可以看到教学目标应体现的层次性。对英语学科来说,不论是阅读、听力、词汇还是语法,都包含着不同等级的教学目标(鲁子问、康淑敏,2008)。比如,必修、选择性必修和选修课程的主题语境都是人与自我、人与社会和人与自然,但在主题内容、深度、广度和语言难度方面却是逐步扩展和加深。这就要求教师在实际教学中把握好这三类课程的基本要求,以学生的现有生活经验、学习兴趣和语言水平为基础,在语篇类型和语言知识方面进行一定的层次区分。

在教学目标设定中,我们需要结合教学目标分类学的最新研究成果,做好教学目标、单元目标和课时目标之间的分层,做好相应目标任务的分解。根据课程类型、学生水平,做好教学内容、活动设计的具体化,以提高教学目标设定的可操作性、可达成性和可检测性。

(3) 以学习为中心,体现英语学习活动观的目标设计

新课标提出了指向学科核心素养的英语学习活动观,将英语学习活动分为学习理解、应用实践和迁移创新这三类。就此,教师同样需要从英语学习活动观的视角审视教学目标的设定。教师在教学设计之初,就要以目标为导向,预先设定学生通过学

习对知识的掌握应达到的程度或形成的素养，进而引导教学和评价活动的顺利开展。单元教学目标必须基于学科核心素养目标，围绕主题语境整体设计学习活动，拓展主题意义，调动学生的学习兴趣，促进学生的认知结构在已有的知识经验基础上发生质变，激发学生自主学习的意向，强化学生自我反思的能力，通过学生活动促进其品格和能力的变化，由此产生真正有意义的学习。

需要说明的是，单课时教学目标需要根据课型、授课重点和学生实际水平，细化为新课标中涉及的学生可具体领会和掌握的核心素养具体内容，实现学生在语境中接触、体验和理解真实语言，掌握、内化和运用所学语言，体会积极的情感态度，发展多元和批判性思维。但单元目标不可能面面俱到，而是基于核心素养有所侧重，一个阶段的课程目标应该通过各单元目标的累加和互补得到体现。

3.2.3 教学案例

下面以上海科技大学附属学校何仰东老师执教的高中英语（上教版）必修一Unit 3 Choices "Listening and Speaking" 板块为例，谈谈"教-学-评"协同发展的大单元目标应如何设定。

首先，何老师进行了单元整体分析、教材内容分析和学情分析：

（1）单元整体分析

该单元语篇内容围绕食物以及其对环境的影响为主题，属于"人与自我""人与自然"和"人与社会"的主题语境。单元主课文以说明文的形式从"好""坏"以及"丑陋"三个角度探究了食物，引发学生在日常生活中对于食物选择的思考；语法板块以一位青少年有关食物的日记渗透定语从句的语法知识；听说部分通过关于自动贩卖机的电话访谈，引导学生认识"采访"语篇特征，并借助词汇和句式的"脚手架"搭建，帮助学生理解不同场合下的观点表达背后所隐藏的态度，并在此基础上提高学生在问题询问、做出回应及给予反馈方面的口语交际能力；写作板块引导学生根据不同的社交目的书写短消息，训练其在真实生活中的写作能力；文化聚焦板块通过分析外卖的优缺点，引发学生对食物外卖进行辩证思考，提升学生思维品质；视频板块则以剑桥考利路的食物为主要内容,帮助学生开阔眼界。综观单元各板块,各个主题内容相互联系,语篇的对象主体由个人及社会,活动层级递进。

(2) 教材内容分析

"Listening and Speaking"板块是关于自动贩卖机的电话访谈,主持人从自动贩卖机的历史入手,让听众对自动贩卖机的发展沿革产生认识。在此基础上,主持人针对自动贩卖机的使用体验分别采访了四位受访者,并给予了看法与反馈。听力文本具有"采访"的语篇特征,包括 initiating, response 和 feedback,为学生清晰地呈现出了"采访"语篇文本的元素构成;通过提供词汇和句式的"脚手架",引入听力策略的运用,帮助学生理解真实语境中说话人言语背后的态度,并引导学生在真实语境中有效组织对话,包括提问、回应和反馈,促进学生口语交际能力的提高。

(3) 学情分析

高一学段的学生对"自动贩卖机"这一话题并不陌生,日常生活中也有使用过,可以说,针对本节听说课的话题贴近学生实际生活,能够引起学生共鸣。但即使学生的学习意愿强烈,他们在如何科学地利用听力策略去获取信息和进行推测方面仍存在知识盲区,语言水平也有提升空间。另一方面,听力文本呈现"采访"的语篇特征,学生平时虽接触过采访类型节目,但对"采访"该有的元素构成并不熟悉,对如何在真实语境中进行"采访"的思考并不深入。因此,本节听说课在听力部分,通过引导学生听取文本大意的过程中了解"采访"语篇的元素构成,并通过引入听力技巧提升学生获取关键信息和进行推测的能力,通过词汇和句型的内容输入提供一定语言表达的"脚手架",以帮助学生学会在真实语境中运用"采访"的技巧,有效组织对话,促进口语交际能力的提高。

随后,根据上述分析,何老师进行了教学目标的初次设定:

By the end of the class, the students are expected to:

1. employ some listening strategies to list the things sold in vending machines as mentioned by the four callers;

2. understand the stories of the four callers about their experiences of using vending machines;

3. learn about necessary aspects that should be taken into account when deciding whether to implement a policy;

4. express their own opinions critically on whether to introduce a vending machine to school in the form of interview.

对此，原名师基地学员、上海南汇中学季娜君老师做了如下分析：

教学目标1 根据学情分析，授课班级学生虽然学习意愿强烈，但如何科学地利用听力策略去获取信息和进行推测仍存在知识盲区，"employ some listening strategies"显然不符合学情，学生无法较好地运用听的策略；

教学目标2 使用了动词"understand"，但教师其实很难检测和评判学生的理解程度，该目标并不具备可检测性；

教学目标3 并非学习过程，所以"learn about necessary aspects"这样的撰写形式并不正确；

教学目标4 应为学生提供反馈的基础，"express their own opinions"中的"express"方式并不明确，无法确定用到的语言技能，目标的可操作性不高。

于是，何老师对目标设定做了如下改进：

By the end of the class, the students **will have been able to**：

1. **recognize** the textual features of "interview";

2. **list** the locations and items the four callers bought from vending machines through **carrying out** the strategy of listening for key information;

3. **infer** the host's attitudes through **carrying out** the strategy of listening for inference;

4. **summarize** how to express their own attitude in different situations;

5. **share** their opinions on using online delivery apps;

6. **judge** others' opinions through **designing** an "interview".

首先，原来的"the students are expected to"修改为"the students will have been able to"，因为"教-学-评"协同发展需要以结果（目标）为导向的逆向设计，故以将来完成时的方式呈现；

目标 1：修改后的"recognize the textual features"更符合学生平时接触过采访类型节目的学情，能够做到整体把握语篇特征；

目标 2/3：清晰的教学目标表述倡导从学生出发，更符合规范的撰写形式，而之所以把"implement"改为"carry out"，是因"implement"过于宏观，通常描述将计划等付诸实践的过程；

目标 2/3/4：从"list"到"infer"到"summarize"体现出英语学科核心素养各要素之间的内在联系，以英语学习活动观的角度进行解读，做到了由易到难，层层递进；

目标 5：既指明了教学的方向，也阐明了学习的终点；

目标 6：通过设计一个采访来分享自己的观点并评判他人的观点，这一教学目标可操作且易检测；之所以把目标 5 与目标 6 单独列出，是考虑到两个目标之间的独立性。

通过上述案例可见，表述正确、以学生为中心、目标可检测且易操作，各个目标之间体现的层次性是我们一线教师在进行教学目标撰写时应该严格遵循的原则。作为课程目标的具体化，教学目标服务并贯穿于教学—学习—评价的全过程，是教师进行教学设计、教学实施、教学评价和教学反思的基本依据。合理的目标设定方可实现"教-学-评"的协同发展。

3.3 大观念引领下有效关联教学活动和评价任务

3.3.1 大观念引领下评价证据的确定

根据皮连生"目标导向教学"的理念和崔允漷"有效教学"的思想，教学目标是教学的灵魂，它主导并决定着教学活动和评价任务的跟进，学习活动和课堂评价围绕学习目标有机互渗，达成并验证学习目标（杨向东、崔允漷，2019）。因此，教师基于新课标理念和要求设置课时教学目标，教学、学习的目标同样是评价的目标，合理设计学

图 3-3 "教-学-评"的关系示意图

习内容和形式,科学设计评价任务,让评价成为教学和学习过程的内在要素,以达成"教-学-评"目标、内容和形式等维度的一致性,协同联动,形成合力(见图 3-3)。

在学习目标确定以后,教师应关注学习评价的设计问题,其中最为关键的是确定评价证据。在"教-学-评"活动的开展过程中,确定评价证据的工作主要包括设定评价标准与评价任务。在构思评价活动时,教师不仅要思考活动的内容和形式,还需要给出活动的要求和评价标准,使学生了解学习目标,并能根据标准进行自评和互评;同时,教师要鼓励学生参与评价标准的共同制定,从评价的接受者转变为评价活动的主体和积极参与者,从而激发学生的学习参与度与投入度(王蔷、李亮,2019)。

而说到评价证据的确定,就不得不提崔允漷教授在《中国基础教育》2024 年第 1 期所写的《教-学-评一致性:深化课程教学改革之关键》。他提到"教-学-评"一致性具有课程与课堂意义上的双重意蕴(见图 3-4):课程意义上的"教-学-评"一致性,强调以课程标准为指引,系统推进基于课程标准的教材编写、教学与考试评估,落实课程标准所承载的核心素养目标,由此在课程改革的路径建构上形成教材-教学-考试与评估的一致性"大闭环";课堂意义上的"教-学-评"一致性,强调以从课程标准中转化而来的学习目标为指引,系统推进课堂教学变革层面的教学、学习与评价的一致性,由此形成"小闭环",实现所教即所学,所教即所评,所学即所评,强调以评促教、以评促学,确保学习目标的有效落实。

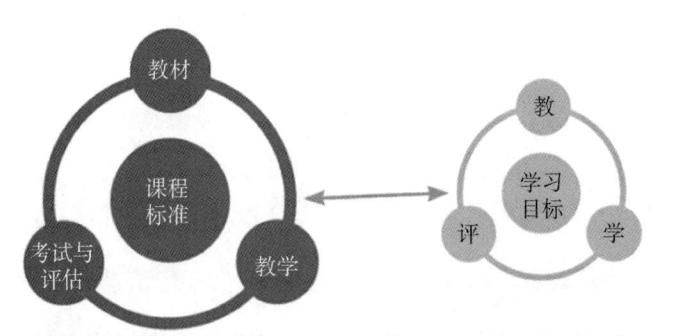

课程意义上的"教-学-评"一致性　　课堂意义上的"教-学-评"一致性

图 3-4 "教-学-评"一致性课程与课堂意义上的双重意蕴

崔教授这一观点极具启发性。在"教-学-评"一致性的问题上，很容易忽略对评价标准的一致性考量，评价者的主观观点和个体差异可能导致评价结果的不一致性。对此，制定明确的评价标准是确保一致性的关键。评价标准的一致性要求我们在设计和实施评价体系时保持一致性，评价应当遵循相同的标准，以保证评价结果的可信度，能够客观地反映教学质量。而这需要跳出课堂教学具体操作这种不确定的微观层面，到确定的宏观层面去寻找答案。崔教授便是让我们看到了这一宏观层面。

崔教授从"教-学-评"协同发展的一致目标、教育教学的改革方向上，高屋建瓴地提出了课程意义上的"教-学-评"一致性，"教材-教学-考试与评估"这一"大闭环"所围绕的课程标准乃以核心素养的培养为纲领，自上而下地指引实际操作中课堂教学的"小闭环"朝正确的变革方向发展。不仅如此，大小闭环之间又存在关键的联动机制。课堂上教学、学习与评价的"小闭环"不仅是"大闭环"中"教学"要素在微观实践中的具体转化，更因课程思维和育人目标的引导，在实践层面强化了"教-学-评"的协同作用，使"大闭环"的理想状态得以落实。可以说，彼此支撑的大小闭环，解决了确保一致性的操作问题，在课程思维的引领下，更能发挥"教-学-评"协同发展对课程实施、有效教学、教师专业发展的积极作用，以学习目标落实课程标准，以课堂教学承接课程变革。

3.3.2 多维评价贯穿教与学的全过程

"教-学-评"协同发展的过程中应体现评价的全流程化，正如新课标所指出的，完整的教学活动包括教、学、评三个方面；课堂评价活动应贯穿教学的全过程，为检测教学目标服务；教师要依据教学目标和评价标准有意识地监控学生在学习活动过程中的表现。

贯穿整个"教-学-评"过程的多维评价，可以说是"教-学-评"协同发展的关键手段之一。多维评价不仅包括传统的测试评价，还应该涵盖课堂表现、小组合作、项目展示等多个方面。通过综合考察学生在不同情境下的表现，教师可以更全面地了解学生的学习状态和问题，了解学生的实际水平和发展潜力；多维评价也能够促使教师不断反思和调整教学策略,提高教学效果。学生方面,多维评价能够激发学习兴趣,培养学生的综合素养,使其在语言学习中更具自主性和创造性。

对此,我们可以参考王蔷教授提出的六个维度(王蔷,2022):

1. 教学内容维度:对教学内容和重难点的把握是否全面合理?

2. 学生起点维度:学生完成这些教学内容,其知识水平、能力表现、已有经验和态度的现状如何? 优势与困难各是什么?

3. 教学目标维度:目标是否关注了学科核心素养的融合发展? 设定的目标是否可操作、可检测、可观察?

4. 教学活动维度:活动是否服务于目标的实现? 是否体现学生主动探究意义的过程? 是否体现语言与文化和思维的有机融合? 是否体现学生的认知过程?

5. 教学评价维度:是否能够及时监测学生达到预期的学习目标? 判断是否需要进行教学调整与改进?

6. 学习成效维度:根据学习内容和学习期待,是否采用多种方式检测学生的学习成效?

3.4 教学设计示例

示例一:高中英语(上教版)必修一 Unit 2 Places "Reading: Where History Comes Alive"

> **1. 目标设定:构建大观念下的小观念**
>
> 在"教-学-评"一体化的单元大观念视角下,教师首先对单元内课时目标进行整体规划,在教学活动设计中内化指导思想,将对新课标的理解转化为教学设计的支撑理念,建立清晰的教学逻辑(见图3-5)。为避免教学内容碎片化,教师可以围绕具体语篇,梳理结构化知识和语言学习的重点,如语篇结构、语言特点等,

由此确定课时教学目标,帮助学生实现知识向能力、能力向素养的转化,也由此引导学生从不同侧面探究单元主题,建构小观念并逐步形成单元大观念(见图3-6)。

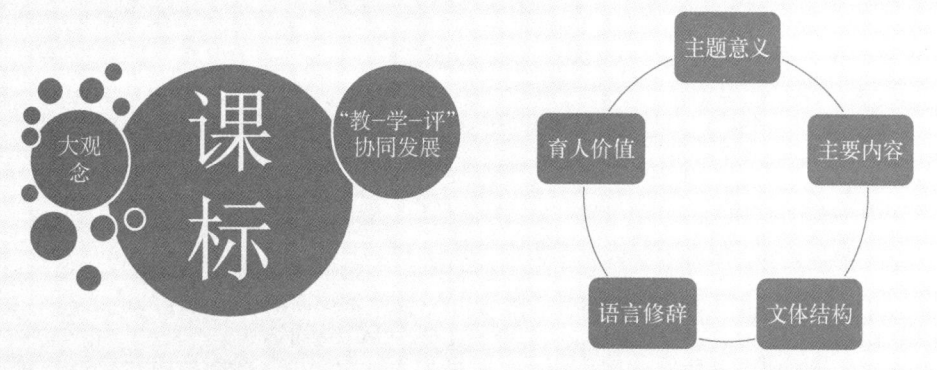

图3-5 课标、大观念与"教-学-评"一体化　　图3-6 语篇梳理的框架

结合上述框架,教师可以将服务于大观念的、具体语篇文本的小观念知识结构化,进而提炼出课时的重点与难点,再将解构成果转化为学生的有效学习活动。比如,语篇"Where History Comes Alive"是单元"Places"主题下的主阅读文本,介绍中国西安与意大利佛罗伦萨的城市文化特色与历史沿革,通过"comparison and contrast"的写作手法展现同一地点的过去与现在以及两地文化底蕴的差异碰撞。对此,教师可以通过时间线索,将主要信息内容结构化,形成下述表格(见表3-1):

表3-1 阅读文本主要信息内容框架

Place	What the city was/is	What the city had/has
Xi'an, China	Para. 1 Tourist destination	Para. 1 Terracotta Army (historic site)
	Para. 2 One of the greatest former capitals (the Tang Dynasty) Starting point of the Silk Road	Para. 2 The two Wild Goose Pagodas The remains of the Daming Palace
	Para. 3 Modern city (at the heart of China's Belt and Road Initiative)	Para. 3 City walls

续 表

Place	What the city was/is	What the city had/has
Florence, Italy	Para. 4 One of the historic sites The birthplace of amazing ideas and discoveries	Para. 4
	Para. 5 The starting point of Renaissance (rebirth)	Para. 5 Great minds (that studied and worked there)
	Para. 6	Para. 6 Museums, buildings, historic universities
	Para. 7	Para. 7 Historic sites Fancy restaurants and high-end shops

　　基于小观念进行结构化知识梳理后,教师要引导学生逐步形成基于单元主题的大观念;同时,为确保核心素养和学科育人目标落地课堂,教师需要将对语篇的研读转化为学生主动探究其意义的课堂学习活动。这既符合了新课标所提出的英语学习活动观,也体现了六要素整合的英语课堂教学组织形式。就此,根据新课标中关于学业质量水平的规定,可以制定如下教学目标(见图3-7):

I. Teaching objectives

By the end of this class, the students will have been able to:

A. retell the importance and main features of Xi'an and Florence with basic understanding and use of comparison and contrast after reading activities.

B. introduce a specific city using expressions involved in the learning process and to show its characteristics from multiple aspects.

C. demonstrate an awareness of present country development status through presentation.

图3-7 教学目标

　　根据学情,教学目标主要集中在学业质量水平二的程度。其中,目标A的制定依据是学业质量水平二中2-8、2-9和2-10关于阅读水平的描述;目标B的制定依据是学业质量水平二中2-6、2-11和2-12关于口头表述能力的描述;目标C的制定依据是学业质量水平二中2-4和2-7关于情感态度的描述。

2. 把语篇研读转化为学生主动探究意义的课堂学习活动

确定结构化的信息内容和教学目标后,教师便可以着手设计教学活动并同时思考相应评价任务。新课标指出,英语学习活动是落实英语学科核心素养的主要途径。教师要以帮助学生生成具体语篇小观念,以服务于单元大观念的培养为目标,从学生已有的主题知识和相关经验出发,设计从学习理解到应用实践,再到迁移创新的主题意义探究活动(王蔷,2017)。以下(图3-8)便是王蔷教授依据布鲁姆认知目标分类进行修正的认知活动架构:

在学习理解类活动中,教师可以首先通过创设情境,激发学生的感知注意。例如利用图片、视频等多模态手段结合问题引导,如"What can you see in this picture?""What do you think of ...?""Why do people do it?"以学生自身经验为抓手,激活学生自身的语言知识,进行思考与表达。其后,教师可以引导学生关注语篇研读结果中与大观念呼应紧密的重点。而在分步梳理语篇基本信息后,尝试使用可视化信息来概括整合结构化知识;在这一过程中,教师观察学生的学习行为和表现,提供必要的个体和全体的指导和反馈,鼓励学生交流并完善所建构的结构化知识,实现"教-学-评"协同发展。此后,教师可以通过提问,协助学生对文本进行深层思考,分析表象后的本质,由此培养学生的思维能力。

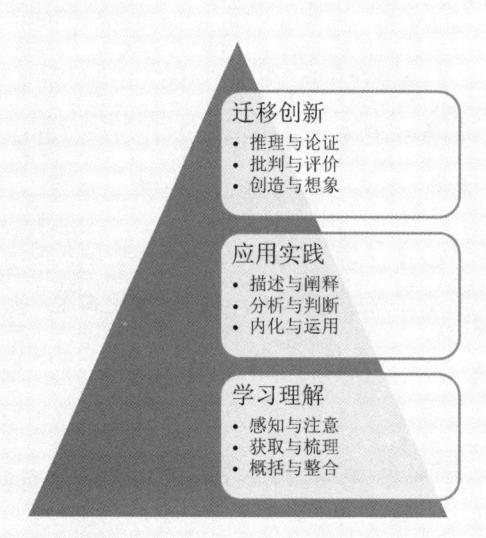

图3-8 学习认知活动框架

在应用实践类活动中,教师引导学生梳理整个文本的信息架构与展现方式,即"提出问题—分析问题—解决问题";学生利用前一阶段的学习所得,进行描述与阐释、内化与运用。具体操作中,学生先完成个人内化,再向分组伙伴介绍思考及学习成果,再进行班内分享,充分内化基于学习和理解所获得的语言和文化知识。

在迁移创新类活动中,教师协助学生回顾所学内容,并着力创设与语篇主题相关且能有效地为学生提供输出平台的情境,刺激语言的应用。

以"Where History Comes Alive"为例,教师可以结合文章地点与文化主题,与学生讨论城市文化等特点的展现,涉及"comparison and contrast"写作手法的复现,同时激活学生更新进步后的知识体系,开展批判与评价以及推理与论证的活动。该活动对标教学目标 B 和 C,为表现性活动。教师设计"mini project": Imagine that your school is making an audio guide for the virtual map of China's Belt and Road Initiative. Choose ONE Chinese city on the route to work on. In groups, make an introduction using at least 4 sentences with focus on at least 3 aspects of the city. 学生要完成该活动任务,就需要整合学习内容,比较、总结甚至评价文中两个城市特色的展现手法,并且需要回顾语篇内容,合理论证地点与文化的相关性,从而发展批判思维。接着,教师可以创设与导入部分相呼应的情境,提供主题相关但并不完全重合的场景,鼓励学生基于课堂所学内容进行想象与创造的活动。

3. 设计同频的评价任务

在"Where History Comes Alive"教学目标的基础上,教师可以将评价要点细化为:

① 学生能举例描写文中介绍的地点文化特色(对应目标 A);

② 学生能利用思维导图呈现文本的信息架构,大多数学生能根据思维导图进行概括性复述,并简单总结文章的对比性写作手法(对应目标 A);

③ 学生能在小组活动中有逻辑地组织语言展现"一带一路"经济带上某一城市的文化特色,并简单运用比较手法增加语言丰富度(对应目标 B 和目标 C)。

如应用实践类活动便是对应评价要点①和②。教师通过组织学生基于文本信息来讨论选择文中两个城市之一作为旅游目的地的任务,可以促使学生运用学习活动中获得的知识完成思维导图,并通过分享,回顾和使用了"comparison and contrast"的写作手法。这项独立式表现性评价任务(stand-alone),既是教学活动的一环,也是评价任务本身。分享后自评和互评的检查表如下(见表3-2):

表3-2 自评与互评表

Checklist	
Aspect	Score 1 to 5
Coverage of the information in the text	
Clear reason(s) for justification	
Use of comparison and contrast in reasoning	
Total scores:	

而迁移创新类活动"同主题新情境"的语言应用任务,可以视作前两个活动层次的评价任务。

由此也可以看到,根据"教学目标-活动形式与步骤-活动层次-学习效果评价"的框架来梳理教学活动与评价任务的关联,在教学活动设计过程中,教师同频拟定评价任务及其评价要点,可有效推进大观念引领下"教-学-评"的协同发展。

示例二:高中英语(上教版)必修一 Unit 3 Grammar Activity

1. 合理设计教学活动,体现"教-学-评"协同发展

教师可以通过以下步骤完成教学设计:

(1)解读教材,明确"教-学-评"的目标

教师从英语学习活动观的角度厘清不同认知层面的目标,从学习理解层面的感知与注意、获取与梳理、概括与整合,到应用实践层面的内化与运用,确定学生能够在语篇中识别 who, whom, which, that 和 whose 等关系代词引导的定语从句,了解限定性定语从句的功能、对关系代词进行分类和运用,能够在交际活动中

使用定语从句和关系代词的目标,明确评价任务所围绕的目标。

Learning objectives:

By the end of the lesson, students will have been able to:

A. recognize relative clauses using relative pronouns *who*, *whom*, *which*, *that* and *whose* in passages;

B. classify and apply relative pronouns *who*, *whom*, *which*, *that* and *whose*;

C. use the structure of relative clauses with suitable relative pronouns in the communicative activities.

(2) 分析学情,确立"教-学-评"的形式

学生通过课堂练习巩固基础知识,通过信息差交流、书信沟通等活动培养学习的兴趣,锻炼表达能力;同时,通过师生课堂互动、习题训练、表现性任务等多元评价方式,激励学生积极参与课堂。

(3) 基于目标,设计"教-学-评"的活动

围绕教学目标,教师根据英语单项知识技能教学的模型开展教学设计,将评价融入基于英语学习观的不同层次活动,充分发挥学生作为评价主体的作用。教师首先激活原有知识、导入新的语法结构,通过句型范例帮助学生理解限定性定语从句的功能和意义,引导学生归纳总结关系代词的使用规则,再通过习题训练强化所学知识。教师观察、记录学生在学习过程中的表现,判断学生是否理解句型的功能并进行即时反馈,根据习题的完成情况判断学生能否在语篇中识别定语从句,以及对关系代词使用规则的掌握程度,并以此为依据对教学进行调整和优化。在知识产出环节,教师设计贴近学习生活的真实情境的表现性任务,让学生对语法知识进行迁移创新,激发学生学习兴趣。小组活动以及给学校食堂写信沟通午餐建议的交际任务可以同时作为学习活动和评价任务,从学生在活动中的表现和呈现的成果可以看出学生是否能够在交际活动中正确使用定语从句和关系代词。在整个活动设计中,教师将教、学、评三者融为一体,"教-学-评"的活动目标、涉及的语言知识和呈现形式达成一致。

2. 动态多元评价，发挥促学促教作用

新课标汲取了评价领域的研究成果，包括嵌入式形成性评价、表现性评价、动态评价和以学习为导向的评价等，立足核心素养的情境性、综合性、实践性，将监控教与学过程和效果的"评"镶嵌于教与学里，坚持形成性评价与终结性评价相结合（汤青、周杰，2023）。在当前正在发生的评价范式转换中，评价与教学、学习相互制约，相互影响。该课的实施就采用了动态的多元主体评估手段，提供形成性的评价反馈，充分发挥评价对课堂教学和学生学习的促进作用。

（1）嵌入式评价，全过程关注学生学习

通过嵌入式的即时评价，对学生学习的全过程进行真实性评定。如下表所示，教学设计从教学目标、教学阶段、活动设计、设计意图、活动层次和学习效果评价多方面要素建立横向的关联，开展不同认知层面的嵌入式评价，使教、学、评的活动得到有机融合（见表3-3）。

表3-3 教、学、评活动融合表

教学目标	教学阶段	活动设计	设计意图	活动层次	学习效果评价
学生能够了解关系代词的功能，能对关系代词进行归类	Input	Form defining relative clauses with that, which, who, whom and whose. Conclude some common rules of the relative pronouns.	通过完成例句帮助学生总结关系代词的使用规则，锻炼学生的归纳总结能力	获取与梳理概括与整合	学生能够使用教师提供的关系代词完成定语从句，能够归纳总结关系代词的使用规则 教师根据学生的学习成果判断学生目标达成程度，给予反馈和指导

（2）表现性评价，激发学生学习兴趣

该课旨在培养学生在交际活动中使用定语从句的能力。因此，基于真实的学习生活情境，教师可以设计"You say I guess"的交际活动，为学生提供展示自己所学知识和技能的机会，在活动中用规定句型描述高中生活印象深刻的人、事、物。而在给食堂写信的表现性任务中，学生同样有机会表达自己的观点和建议，在使

用所学知识的同时,能够结合实际表达自己对食物的喜好,带着改善日常午餐的期待,学生也更有动力完成书面交际任务。

(3) 共同参与评价,实现课堂高效

教师、学生共同参与评价活动,通过多元主体的评估方式推进课堂的有效实施。

① 以教师为主体的评价:根据学生不同的学习情况和特点,教师在教学过程中提供个性化的评价;

② 以学生为主体的评价:教师鼓励学生在小组表现性任务中通过讨论制定评价标准,并以此为依据,通过小组互评的方式,评选出每组代表上台展示;学生参与评价标准的制定,并根据标准进行自评和互评,进一步明确学习目标,自主进行学习调整,培养自主学习的能力(见表3-4)。

表3-4　以学生为主体的评价表

评价标准	自评	互评
学生是否使用了定语从句来描述?		
学生使用的关系代词是否准确?		
学生所描述的人、事、物是否让人印象深刻?		
学生的口语表达是否清晰?		

③ 师生共同参与的评价:在课堂嵌入式的即时评价活动和表现性任务中,学生教师和学生同时作为评价主体,通过师生互动的方式,促进课堂评价的持续发展。

就上述示例而言,"教-学-评"的有机融合可以从多个维度促进学生核心素养的培养:

(1) 语言能力方面,学生在课堂上使用关系代词完成定语从句,用定语从句描述人、事、物,通过书信表达自己对食物的喜好,并且在交际活动中进行猜测、评价、交流;学生在学习活动中完成语法知识的积累,同时培养了说和写方面的沟通和表达能力。

（2）学习能力方面，学生在语言实践中归纳语法规则，总结出关系代词的用法，再根据语法规则在后续学习活动中进行自我评价和小组互评；学生"在用中学"、"在学中用"，进一步加深对知识的理解，提升了概括、分析和自我评估的能力。

（3）思维品质方面，学生无论是对校园生活中人、事、物的选择，还是在书信中表达自己对食物的喜好、提出建议，都是在进行价值判断，实现了对学习成果的迁移创新，锻炼了分析、比较和评价等能力，发展了辩证思维；同时，因为过程中需要思考如何有效地组织观点、传达信息，批判性思维也得到了培养，能够更深入地思考问题，形成自己的见解和判断。

学习过程经历"知识习得—真实情境—解决问题—完成任务"等环节，环节与环节间迭代进行，无疑有利于学生掌握核心知识，提高协作能力，锻炼思维品质，促进其可持续发展。纵使面对新的情境，学生也能基于之前的学习活动展开新的思考和实践，解决新问题。可以说，"教-学-评"协同发展对提升学生学习能力、助力培养学生核心素养至关重要。

第四章

读写单元整合下的过程性评价
（Processual Assessment Under the Integration of Reading and Writing Units）

"教-学-评"一体化的本质在于整合教学与评价，使评价成为教学的有机组成部分，使"教-学-评"在持续的良性互动中最大限度地实现目标，促进学生学科核心素养的逐步形成与发展（王蔷、李亮，2019）。而所谓"过程性评价"，作为对学生整个学习过程的持续评价，不仅关注学生的知识掌握情况，还关注学生的能力发展、情感态度及价值观等方面的变化。

评价过程相当于一个学习过程，教师观察学生的学习表现，全过程监控学生课堂表现和学习效果，给予学生及时、精准的反馈和鼓励，并结合学生学习实际调整教学决策，使得评价真正促进课堂的教与学，督促教师为更好地达成教学目标对教学过程进行动态调整和优化，形成一个良性的循环。可以说，过程性评价对教师的"教"、学生的"学"至关重要，不仅能让教师顺利实现教学目标，也能落实学生核心素养的培养。作为教学的有机组成部分，过程性评价是"教-学-评"协同发展这一动态过程的关键。

"教-学-评"协同发展的理念下，读写单元整合的过程性评价，实现路径包括：

（1）研究课程纲要，为"教-学-评"一体化提供整体规划基础；

（2）发挥单元主题的统领作用，制定科学合理的教学目标；

（3）设计指向目标的评价任务，发挥评价促教和促学的作用。

为了方便读者学习与研究,本章分别介绍了初高衔接以及高中学段三个不同年级所做的探索。

4.1 过程性评价的实施:初高衔接

4.1.1 英语课程内容要求的初高衔接

义务教育英语课程与高中英语课程都强调发展学生的语言能力、文化意识、思维品质和学习能力等英语学科核心素养,落实立德树人根本任务,体现了英语课程的工具性与人文性融合统一的特点。但在课程学习内容与学习要求上却具有较大差异。

原名师基地学员唐侃认为,无论是学习内容的广度还是深度,高中英语课程的要求都显著高于义务教育英语课程。以主题内容要求为例,《义务教育英语课程标准(2022年版)》将"身心健康,抗挫能力,珍爱生命的意识"作为"人与自我"主题下"生活与学习"的三级子主题内容要求之一;而在《普通高中英语课程标准(2017年版2020年修订)》中,该主题语境内容要求则深化为"生命的意义与价值",更强调英语学习过程中对人生的哲理性思考。在社会文化层面的学习上,初中阶段的主题为"世界主要国家的文化习俗与文化景观、节假日与庆祝活动";在高中阶段则延伸拓展为学习"不同民族文化习俗与传统节日",帮助学生树立并拓宽国际视野,塑造正确的世界观。

可以看到,高中英语课程的学习内容对学生语言知识的掌握提出了更高要求,同时也进一步帮助学生发展思维品质和文化意识。此外,高中英语课程也更强调学生的自主性,发展学生的学习能力,为终身学习奠定良好基础。以词汇学习为例,《义务教育英语课程标准(2022年版)》其中一条三级词汇知识内容要求是"通过识别词根、词缀理解生词,辨识单词中的前缀、后缀及其意义";而在高中英语必修课程中该要求进阶为"了解词汇的词根、词缀,掌握词性变化规律,并用于理解和表达有关主题的信息和观点",除了加深词汇学习的深度,也突出了词汇学习策略的训练与习得,更注重科学、高效学习方法的掌握与运用。

因此,在初高衔接阶段,教师要立足当下,着眼未来,根据学生的实际情况合理设计课堂教学,深挖语篇素材所蕴含的人文教育价值,注重引导学生运用科学的学习方法,帮助学生在语言能力、文化意识、思维品质和学习能力方面综合发展,尽快地顺利跨越学段断层,为高中阶段的英语学习做好准备。

4.1.2 初高衔接阶段的过程性评价

下面以初高中英语课程的两个语篇,分别是牛津英语(上海版)9B Unit 3 Going to Places 和高中英语(上教版)必修第一册 Unit 2 Places "Reading: Where History Comes Alive",通过平行比较,谈谈初高衔接阶段过程性评价的异同,以更好地帮助学生跨越学段断层,适应高中英语学习。

1. 语篇研读下,主题探究的初高衔接

在开展基于"教-学-评"协同发展的读写整合教学活动时,教师首先要深入研读语篇,充分挖掘语篇所蕴含的文化内涵和育人价值,以主题意义的探究作为初高中英语教学的衔接点,推动学生核心素养的发展。

两个语篇主题相似,皆隶属于"人与社会"主题下"历史、社会与文化"子主题群;但在主题的学习内容上,初中语篇指向"世界主要国家的文化习俗与文化景观",高中语篇指向"物质与非物质文化遗产",有了学习深度上的提升。此外,通过语篇语言表达、语篇组织结构和语篇主题意义的对比发现,相比初中语篇,高中语篇不仅篇幅显著增长,语言表达上也运用了大量同位语、定语从句和中低频词汇,最大的学习难度提升在于理解和感悟其隐含的语篇主旨内涵。

初中语篇"On Holiday"是一封书信格式的游记,以介绍上海知名地标及人文景观为主。作者以第一人称写作,记录旅行见闻,表达自己对上海的喜爱之情,进而带领学生深入感受上海的都市文化与魅力,激发他们的自豪之情。文章内容与学生生活贴近,主线清晰,作者情感易识别,在把握主题意义上降低了一定难度。高中语篇则不然,"Where History Comes Alive"以第二人称视角,多维度、多视角地介绍两座拥有深厚历史底蕴的城市,引导学生思考、感悟城市发展与社会文化发展的联系。想要把握高中语篇的主题深意,学生除了需要具备一定的语言能力、文化意识和思维品质,还需要具备一定的跨学科知识。

2. "教-学-评"一体化下,教学目标的初高衔接

初高中英语教学的目标设计都可以体现新课标"教-学-评"一体化的理念,即"教学目标中蕴含了将要学习和评价的内容、预期的学习表现水平,对学习和评价发挥导向和控制作用"(郭宝仙,2024),由此使得教学目标"可操作、可观测、可评价"(教育部,2022)。这是实施过程性评价的第一步,也是保障"教-学-评"一致性、达成教学目标的重要环节。

在教学目标上,初中语篇"On Holiday"设计如下——

在本课学习结束时,学生能够:

① 通过辨识语篇结构特征及衔接方法,梳理并描绘出"Wendy"一家的游览路线;

② 通过分析、比较,归纳不同景点各自的特色,推断作者写作目的及其对上海的情感态度;

③ 通过推荐上海一日游路线,感悟并展现上海的都市魅力。

高中语篇"Where History Comes Alive"设计如下——

在本课学习结束时,学生能够:

① 较为全面地复述西安与佛罗伦萨的重要性及城市特色;

② 运用课文所学,探讨介绍城市的多维视角,并多元地介绍描述"一带一路"上的一座城市。

我们看到,初中和高中教学目标都遵循英语学习活动观、分解教学活动。不同的是,初中教学旨在帮助学生初步意识到城市地标建筑与城市文化之间的联系,发展较为浅层次的文化意识;高中教学则更注重文化输出——要达成该教学目标,就需要学生运用初中所学比较分析文本内容,结合高中课本所学,发现不同城市的多元文化要素,看似介绍城市,实则传播文化——这样的目标设计既有效地承接了初中学习,又符合高中学习应有的难度,让学生够得着。

3. 目标导向下，学习与评价任务的初高衔接

采用目标导向的教学设计理念是落实"教-学-评"一体化模式的理论依据，教师教学设计需有"科学性、逻辑性和连贯性"（王蔷、李亮，2019）。在实施教学活动时，教师通过与学生互动，发现学习中的问题，并及时给予反馈与支持，促进学生学习。教师还应设计各类评价任务，"辅以恰当、清晰的评价标准，揭示预期学习表现的具体特征，评价才能避免形式化"（郭宝仙，2024）。

根据教学目标，两个语篇进行如下教学活动的设计：

（1）初中语篇"On Holiday"部分教学环节示例

教学目标2：通过分析、比较，归纳不同景点各自的特色，推断作者写作目的及其对上海的情感态度。

【活动1】学生阅读文章，运用表格梳理浦江两岸的景点特色。

设计意图：对文章细节信息进行梳理分析，把握浦江两岸的不同风光。

效果评价：观察学生是否能够找到展现景点特色的细节信息，并归纳出景点特色。

【活动2】学生根据梳理的信息，对比分析浦江两岸的不同景色，辨识浦江两岸建筑中所展现的文化元素。

设计意图：通过分析比较，辨识文本中的文化元素。

效果评价：观察学生是否能够说出浦江两岸建筑的中西方风格差异，提取出文中所隐含的中西方文化元素。

【活动3】根据作者的写作内容及语言表达，推断"Wendy"的写作目的及其对上海的情感态度。

设计意图：提取归纳文本关键词句，推断作者隐含情感与态度，加深文本主旨理解。

效果评价：观察学生提取归纳的关键词句是否能够表达作者情感；学生的推断是否有理有据，符合逻辑。

教学目标3：通过推荐上海一日游路线，感悟并展现上海的都市魅力。

【活动1】基于教师提问，回顾全文，试分析"Wendy"一家选择这条旅游路线的原因。

设计意图：引导学生关注城市地标、旅游景点与城市文化的联系，感悟上海魅力。

效果评价：观察学生是否能够发现并说出城市景点、建筑所反映的城市文化。

【活动2】学生小组讨论，为"Wendy"一家再推荐一条上海一日游路线，并说明理由。

设计意图：深入发掘、感悟并展现上海的都市文化。

效果评价：师生共同判断学生是否能够融合文本信息及自身经历开展合理解释，说明游览路线所反映的上海都市文化。

如此教学设计体现了《义务教育英语课程标准（2022年版）》中所指出的"教学设计与实施要以主题为引领，引导学生整合性地学习语言知识和文化知识，进而运用所学知识、技能和策略，围绕主题表达个人观点和态度，解决真实问题，达到在教学中培养学生核心素养的目的"的理念，学习活动辅以主体多元的评价任务，保障了教学目标的达成。

（2）高中语篇"Where History Comes Alive"部分教学环节示例

教学目标1：较为全面地复述西安与佛罗伦萨的重要性及城市特色。

【活动1】复述课文：学生根据笔记，经过小组讨论后复述西安或佛罗伦萨的重要性及城市特色。

设计意图：梳理归纳课文重点内容，加深对课文主旨的理解。

效果评价：观察学生提取归纳的信息是否涵盖了城市的重要性和主要特色。

学案设计（见表4-1）：

表4-1 学生笔记

Self-Notes	
(Mind map, points to make ...)	
Reflections	
Comments	
Questions	

借助上述学案设计，学生主动监测自己的阅读过程，并通过后续同伴讨论开展互评，观察自己是否在课堂学习中把握了文本结构及重点内容。学生的笔记不仅反馈了学生的真实学习进程，同时也为教师课堂教学的有效性提供了评价证据，为教学目

标的达成提供了保障,为后续的输出环节提供了支架。

4. "以评促学、以评促教"理念下,作业设计与评价的初高衔接

义务教育英语课程与普通高中英语课程都强调"坚持以评促学、以评促教"。以评价贯穿教与学的全过程,更易调动学生的主动性,提升教学效果,更高效地落实教学目标,发展学生核心素养。在初高衔接阶段,科学设计教学评价工具、运用各类教学评价手段,是教学目标高效达成的保障,也是学生能顺利跨越初高英语学习断层的桥梁。

以初中语篇"On Holiday"的作业设计与评价为例,根据教学目标和教学设计,可设计如下回家作业:

(1) 听读:听录音,跟读全文;

(2) 词汇积累:回顾全文,根据描述对象、表达意图与情感对文中重点词汇、词块、句型结构等语言表达进行梳理归纳(如图4-1所示);

一、描述对象

on holiday
- the objects of introduction
  - landmarks in Shanghai
    - Nanjing Road —— the main road in Shanghai
    - People's Square —— a marvellous recreation area
    - Shanghai Museum —— a place for displaying
    - the Bund —— the exhibition of world architecture, a big commercial centre
    - the Oriental Pearl TV Tower —— It was like large and small pearls dropping on a plate of jade
    - the Chenghuang Miao —— show traditional Chinese culture
  - the recreation of local people
    - doing ballroom dancing
    - flying kites
    - roller skating
    - practising sword fighting
- the feelings of expression
  - We have had such an exhausting day!
  - There was a nice atmosphere.
  - He was amazed at how much it had changed.
  - enjoy the nice view around
  - It was so beautiful!
  - I loved the large dragons all along the tops of the walls.
  - By this time we were so tired that we took a taxi back to our hotel to rest our feet.
  - Shanghai is great!
  - I wish we could stay longer.
- the intentions of expression
  - To show Connie which places in Shanghai they visited and how they felt.

```
                                    ┌─ Nanjing Road (the main Road in Shanghai)
                                    ├─ People's Square (a marvellous recreation area walked around the
                                    │  beautiful fountain looking at different displays)
  ( Wendy's holiday )─[ Shanghai ]──┼─ the Bund(" the exhibition of world architecture") a big centre with lots
                                    │  of banks and businesses
                                    ├─ the Oriental Pearl TV Tower (across Huangpu River)
                                    └─ Chenghuang Miao (lots of craft shops) a lake with a pavilion in the
                                       middle→ Yu Garden (the long dragons all along the tops of the walls)
```

二、表达意图

To introduce the beauty of Shanghai to Connie
To recommend Shanghai to Connie

三、表达情感

1. We've had such an exhausting day！（happy）
2. It was so beautiful！I loved the dragons all along the tops of the walls.（praise）
3. Shanghai is great！I wish we could stay longer.（comfortable）
4. He was amazed at how much it had changed.
5. After that, we ate a tasty meal in an old restaurant nearby.

图 4-1　各项语言表达归纳

《义务教育英语课程标准（2022年版）》在词汇知识学习内容中要求学生理解和领悟词汇"在特定语境和语篇中的意义、词性和功能"。而以主题为引领，以语用功能对词汇进行分类梳理，能够将碎片化的词汇知识结构化，利于学生理解和记忆；同时，引导学生掌握词汇学习的策略，培养学习自主性，发展学习能力，为高中的学习打下基础。

（3）分层作业之情境写作：根据所给情境，完成写作任务。

A：在上海一日游后，Wendy 想要在社交平台更新动态，简单描述今天参观的景点。她分别准备了四张参观人民广场、豫园、外滩和东方明珠的照片。请选择其中一张照片，运用课文所学，帮助 Wendy 编辑文字，描述在该景点的所见所闻。

B：假设你是 Wendy 的一名上海网友，在你得知了 Wendy 的上海游览之旅后，决定再给她推荐另一个能体现上海城市魅力的景点。请以所给开头和结尾，给 Wendy 发一段微信文字，并附上一张该景点的照片。

针对第三条作业,可设计如下评价量表(见表4-2):

表4-2 情境写作作业自评表

自评内容(A)	是	否
1. 我能正确拼写该景点的名称。		
2. 我能运用课文中所学的词汇、词块和句型结构来描述该景点的主要文化特色。		
3. 我能运用课文中所学的词汇、词块和句型结构来表达内心情感与态度。		
4. 我能正确拼写词汇,正确使用时态。		
自评内容(B)	是	否
1. 我能正确拼写该景点的名称。		
2. 我所选择的景点能够展现上海的风土人情。		
3. 我能运用课文中所学的词汇、词块和句型结构来描述该景点的主要文化特色。		
4. 我能运用课文中所学的词汇、词块和句型结构来表达内心情感与态度。		
5. 我能正确拼写词汇,正确使用时态。		

通过作业自评表,学生主动关注自己的写作过程,在写作中有意识地迁移运用课堂所学,思考上海人文景点与城市文化之间的联系,进一步感受上海的人文风貌,为后续在高中学习中理解城市的发展轨迹与社会文化的发展之间的联系打下良好基础。

4.2 过程性评价的实施:高一阶段

原名师基地学员、上海师范大学附属中学沈传辰老师认为,教学时,教师要把握英语学科核心素养的培养方向,这样学生才能通过参与各种语言实践活动,将学科知识和技能内化;在开展教学评价时,要基于英语学科核心素养,以形成性评价为主。下面我们来看看沈老师是如何开展读写单元整合的过程性评价的。

1. 阅读教学与写作教学联动调整

教学素材是高中英语(上教版)必修一第四单元,该单元主题是"My Space"。教学设计的第一步是分析教材,确立单元和课时目标。对此,教师需要站在宏观的角度,去发掘各个单元教学板块之间的联系。然而,沈老师研读后发现教科书上的主课文是一篇纪实文学,介绍一家人参加"the 1940s house"的经历与感受,旨在反思"现代生活中物质丰富却人际疏远"的现象;而写作板块,教科书却安排了"描写房间"的活动。两个板块的内容关联性不大,主课文阅读所学到的内容无法迁移到写作。

为了解决该问题,沈老师首先将阅读教学与写作教学的课时目标进行一次联动调整,使两个板块之间产生关联,方便学生进行知识迁移。具体调整如下:

阅读课的教学目标设定为:

① **describe** the life in the 1940s and that in modern times with adjectives;

② **find out** seemingly contradictory points in the text and their explanations;

③ **summarize** the problems in our modern family life by integrating information from the text and supplementary materials.

写作课的教学目标调整为:

① **write** a typical argumentative paragraph themed on "Reflection on Our Modern Home Life";

② **assess** peers' compositions from the perspective of structure and logic rationality by referring to the checklist.

通过这种联动调整,学生在阅读课上所学的内容可以迁移应用到写作课,形成一个完整的闭环。

完成教学设计的第一步"明确教学目标"后,就需要设计评价任务了。鉴于教学目标已经发生了调整,评价任务也应当发生调整。阅读课原先是要求学生归纳出描写房间的方法,并进行房间描写的口头阐述,现调整为"通过问答和讨论,考量学生寻找论据的合理性";写作课则从原先与"描写房间"有关的反馈任务,调整为"写作结构和写作内容合理度评判",且整个写作评价的过程都以学生为主体,鼓励同伴互评,教师只扮演监管者、引导者和纠正者的角色。

在确立了教学目标和评价任务后,就可以设计具体的学习内容了。为了让学生在写作产出环节能有所阐述,充分的阅读输入必不可少。因此,基于主课文的内容、单元话题和写作目标,沈老师进行了若干篇平行阅读材料的补充。由于之前教学目标和评价任务都发生了调整,相应的补充材料也需要有所改变。沈老师将与主课文和写作任务无关的"描写房间"案例撤换为两篇说明文:一篇介绍英国"二战"期间的限量配给情况,让学生全面了解"二战"时期人们的物质生活情况;另一篇探讨了女性家务负担问题,为学生反思当下生活提供了一个较为新颖的视角。

2. 教学过程

教学分"阅读"和"写作"两个阶段。上课伊始,沈老师让学生找到四个课文中看似矛盾的点——矛盾点的出现可以很好地激发学生的批判性思维——再带领学生分析出现上述矛盾的原因,引发他们对现代生活的反思。学生未必能当堂就考虑周全,此时需要教师提供补充阅读,让学生接收到更多信息,以便最后在写作"Reflection on Our Modern Home Life"时,有合适的素材可供调用。

阅读阶段,首先聚焦"更好的生活却带来疏远关系"的问题,课文中的解释十分简单,"Families grew together",这明显不够深入,沈老师于是让学生开展头脑风暴,分析可能原因,并互评回答合理性。待学生初步讨论并有了初步结论后,再下发补充阅读材料,填补学生的认知空白。写作阶段,在简要提及议论文结构和阅读课的主要教学内容后,开展了段落写作和互评活动(评价活动依托一份包含具体标准的"checklist"作为量表)。

我们看到,沈老师发挥了教师的主观能动性,不被课本所束缚,调整了课本设计,增删了语篇,使教学素材活了起来,以更加符合教学目标的实际需要,更好地实现了读写单元整合下的过程性评价,这利于教、利于学,亦利于评。

4.3 过程性评价的实施：高二阶段

高二阶段的教学案例执教者是原名师基地学员、上海中学东校的黄瑶老师，教学内容是高中英语（上教版）选择性必修三第四单元第 7 课时"Cultural Focus: Writer for All Time"。

4.3.1 研读学业质量水平，确定教学目标和教学活动的评价标准

高中英语学业质量水平既是指导教师开展日常教学的依据，也是阶段性评价、学业水平考试和高考命题的重要依据。高中英语学业质量水平中，水平一主要用于检测必修课程的学习结果，是高中学生在英语学科应达到的合格要求，也是高中英语学业水平考试命题的主要依据；水平二主要用于检测选择性必修课程的学习结果，是英语高考命题的主要依据。教学内容是阅读语篇，所以黄老师首先对比了阅读和写作方面学业质量水平一和水平二的差异，以确定评价依据。

1. 阅读方面

（1）理解语篇的深度

学业质量水平一：能抓住日常生活语篇的大意，获取主要信息、观点和文化背景。

学业质量水平二：能抓住熟悉话题语篇的大意，更深入地理解话语的意义，理解语篇中的新旧信息布局及承接关系。

（2）语篇类型和结构的识别

学业质量水平一：能识别语篇的类型和结构，辨识和分析语篇的文体特征及衔接手段。

学业质量水平二：能判断和识别书面语篇的意图，理解文本的逻辑关系和支撑论据，识别语篇中的内容要点和相应支撑论据。

（3）语言内涵的理解

学业质量水平一：理解语言的基本内涵，包括词语的意义和文化背景，识别语篇

直接陈述的情感态度、价值观和社会文化现象。

学业质量水平二：理解具体词语的功能、词语的内涵和外延以及使用者的意图和态度，理解语篇中特定语言的使用意图以及语言在反映情感态度和价值观中所起的作用。

2. 写作方面

（1）表达的深度和条理性

学业质量水平一：能简要地口头或书面描述自己或他人的经历，介绍节日和文化传统，构建语篇，使用多模态资源。

学业质量水平二：能有条理地描述自己或他人的经历，阐述观点，表达情感态度，概述所读语篇的主要内容或续写语篇，更准确地使用语言和表达意义的逻辑关联性。

（2）语言选择和表达技巧

学业质量水平一：选择恰当的语言形式，利用非语言手段提高表达效果。

学业质量水平二：更灵活地选择语言形式，有目的地选择词汇和语法结构，确切表达意思，体现意义的逻辑关联性。

（3）文本的分析和推断能力

学业质量水平一：能识别语篇中的主要事实与观点之间的逻辑关系，理解语篇反映的文化背景。

学业质量水平二：能判断和识别书面语篇的意图，推断语篇中的隐含意义，识别语篇中的新旧信息的布局及承接关系。

可以看到，学业质量水平二要求学生在读和写方面有更深入的理解和分析能力，更高的表达技巧和语言运用能力，以及更强的判断和推理能力。高二阶段的学生所学教材是选择性必修一到三，因此对标的评价依据是学业质量水平二。教师可以此为评价标准，设计教学目标和教学活动。

4.3.2 梳理单元语篇内容，构建单元主题大观念

要设计课时的教学目标和教学活动，就要先确定单元的大观念。大观念是落实

学科核心素养的重要抓手,从知识点学习转向内容方法的学习,从碎片化学习转向整合关联的结构化学习。基于课程标准,结合高二学生的需求,黄老师对教学资源进行深入解读后,搭建起了一个由单元大主题统领、各语篇次主题相互关联、逻辑清晰的完整教学单元,将凌乱的知识点串成线、连成片、织成网,纳入知识结构,形成了一个系统完整的单元知识体系,使教学能够理清主次,突出重点,前后衔接,简约有序。

第四单元主题是"Words",围绕语言的发展变化,语言在文学作品中的运用展开,主题语境为"人与社会",主题群为"社会服务与人际沟通",主题语境内容为"小说、戏剧、诗歌、传记、文学简史、经典演讲、文学名著等"。主要语篇内容如下：Reading and Interaction 板块探讨英语词汇的形成过程和阅读在生活中的重要性；Grammar 板块通过阅读三则故事,体验不同的语言学习方法,熟悉、运用情态动词过去时；Listening and Speaking 板块围绕公共图书馆的变化和价值,鼓励学生调查人们喜爱的图书馆设施；Writing 板块提供了一篇关于《了不起的盖茨比》的书评范文,帮助学生掌握书评写作技巧；Cultural Focus 板块描述分析了莎士比亚对于英语语言文学的贡献,引导学生解读莎士比亚台词；Video 板块介绍了牛津英语词典增加新词的三种方式。通过研读以上单元内容,黄老师建构了语篇关联以挖掘单元的育人功能,提炼出了基于本单元主题的大观念：意识到语言文字对人类社会的重要性,能运用语言文字来反映社会文化现象。

4.3.3 教学活动逆向设计,"教-学-评"协同发展

结合单元大观念、高二学生学情和基于学业质量水平的评价标准,黄老师针对第七课时 Cultural Focus：Writer for All Time 做了如下课时目标和教学活动的逆向设计。

莎士比亚不仅是英国文学史上最伟大的作家,也被认为是全球文学史上的巅峰。本课为阅读课,从两个方面介绍了莎士比亚的文学成就：一是他的文学类型无所不包,还被改编成音乐剧、电影、卡通等各种形式,深受世界各地观众的喜爱；二是他的语言诗意而优美、幽默而有力,具有独创性,触及人类情感的深处。结合本单元主题的大观念"意识到语言文字对人类社会的重要性,能运用语言文字来反映社会文化现象",提炼出本课的小观念：体会到莎士比亚文学的魅力和斐然成就,能找到莎士比

亚文学作品的主题和语言中的永恒价值,并能将其改编来反映现代社会文化。黄老师以大小观念为引领,以学业质量水平二为评价标准,设计了本课时的教学活动。

【活动1】总结莎士比亚的文学成就

学生通过举例说明莎士比亚的作品,来总结他的文学成就。该活动属于学习理解类活动,对应学业质量水平2-8,即能判断和识别书面语篇的意图,获取其中的重要信息和观点;能识别语篇中的主要事实与观点之间的逻辑关系,理解语篇反映的文化背景。

任务：学生分成小组,创建一张思维导图或时间轴,展示莎士比亚的文学成就。

评价：思维导图/时间轴中展示的理解准确度和深度;对莎士比亚影响的关键例子的识别和解释;在组织和呈现信息方面的创造性。

【活动2】分析莎士比亚作品的主题

学生通过讨论莎士比亚作品与当代社会的相关性,分析莎士比亚在现代文学中的持久声誉背后的原因。该活动属于应用实践类活动,对应学业质量水平2-12,即能根据所学概念性词语,从不同角度思考和认识周围世界;能识别语篇间接反映或隐含的社会文化现象。

任务：学生个人选择文本中提到的莎士比亚戏剧之一,如《罗密欧与朱丽叶》《麦克白》《奥赛罗》,并确定其核心主题;在一篇简短的文章中,分析这些主题在整个戏剧中的发展,并讨论它们与当代社会的相关性。

评价：能识别主题与周围世界不同方面的关联;能用戏剧中的证据支持分析;文章结构和论点的清晰和连贯性。

【活动3】将莎士比亚的作品进行现代化改编

学生通过头脑风暴的方式,构思将莎士比亚的作品进行现代化改编以适应当代观众的方法,创作现代改编版本。该活动属于迁移创新类活动,对应学业质量水平2-13,即能在书面表达中有条理地描述自己或他人的经历,阐述观点,表达情感态度,能描述事件发生、发展的过程;能描述人或事物的特征、说明概念;能概述所读语篇的主要内容或续写语篇。

任务：学生分成小组,选择莎士比亚的一部作品,并头脑风暴如何将其进行现代化改编以适应当代观众,如背景设定、角色、语言;每个小组创作一个现代改编版本的简短场景或概要,并向班级展示。

评价:在现代化剧本中有条理地描述莎士比亚作品中的故事,能描述事件发生、发展的过程;现代改编能保留原作主题和人物的特征。

黄老师以单元主题的大小观念为引领,以学业质量水平二为评价标准,逆向设计了教学目标和教学活动,同时也在评价部分进一步验证是否符合学业质量水平二,作为进一步调整的依据,为我们演绎了读写单元整合下的过程性评价。

4.4 过程性评价的实施:高三阶段

笔者之一金颂红老师在设计"教-学-评"一体化的英语阅读教学时提出,教师需要关注新课标所指示的下述三方面内容:

"教"是教师把握英语学科核心素养的培养方向,通过有效阻止和实施课内外教与学的活动,达成学科育人的目的;

"学"是学生在教师的指导下,通过主动参与各种语言实践活动,将学科知识和技能转化成自身的学科核心素养;

"评"是教师依据教学目标确定评价内容和评价标准,通过组织和引导学生完成以评价目标为导向的多种评价活动,以此监控学生的学习过程,检测教与学的效果,实现以评促学、以评促教、以评定教。

下面来看看金老师在过程性评价方面所做的尝试,她以高中英语(上教版)选择性必修第四册第三单元语篇"Would You Eat It?"为例,对阅读第一、第二课时进行了"教-学-评"一体化的教学设计。

1. 文本解读

主题语境是"Food and Ethics",课题为"Would You Eat It?",语篇作为单元的第一个板块 Reading and Interaction,是典型的说明文。语篇共有六段,主要介绍了濒危动物之一"鲨鱼"目前的生存危机、人类捕杀"鲨鱼"的原因,以及保护鲨鱼采取的措施和意义所在。文本框架很清晰,各段落间不乏逻辑联系;对此,教师可以通过问题引导学生梳理和分析内容,同时采取任务型阅读的方法培养学生提取关键信息的能力。语言上,语篇作者运用了大量生动的描述性文字来表达自己的意图。

2. 学情分析

学生英语阅读水平偏低,且个体之间阅读水平差距较大。为避免发生部分学习困难生课堂参与度低的情况,教师可以采取"jigsaw reading"和"seminar"相结合的任务型合作学习模式,既确保每位学生都能以任务引导充分参与课堂,也能促使程度较好的学生通过合作学习帮助较弱的学生完成学习目标,并进行小组互评。

3. 教学目标

高中英语学业质量水平二:2-8 能判断和识别书面语篇的意图,获取其中的重要信息和观点,能推断语篇中的隐含意义;2-14 能在表达过程中有目的地选择词汇和语法结构,确切表达意思,体现意义的逻辑关联性。

由此,金老师确定了教学目标:学生通过两课时的阅读活动,学会通过分析文本结构和内容了解文本大意;理解"food ethics"的含义并树立基于道德的食物选择观念;通过对文中描述性语言进行同义词比较,领会作者的写作意图;学会如何用"铁证"和强化的语言信息表达观点。

4. 教学重难点

教学重点是引导学生梳理文本内容,引导学生全员参与"jigsaw reading",并相互评价。教学难点是理解"food ethics"的含义并解释为何做出基于道德的食物选择;对文中描述性语言进行同义词比较,领会作者的写作意图;用"铁证"和强化的语言信息表达观点。

5. 教学流程

通过三个层次的活动实现"教-学-评"一体化:

基于语篇的学习理解类活动;

深入语篇的应用实践类活动;

超越语篇的迁移创新类活动。

教学过程片段：

教学环节	互动方式	设计意图	活动层次	效果评价
Lead-in	Activity 1：Pre-reading T leads Ss to look at a picture and the title of the text, raising three questions： (1) What is happening? (2) How do you feel when seeing the picture? (3) What does "it" refer to? Ss answer the questions based on the picture and the title, imagining the text content.	通过读前问题激发学生思考，吸引学生注意力，使学生迅速进入上课状态。	感知与注意	大部分学生能通过自主思考找到1—2个课文内容相关要点，但是对第三个问题的回答比较单一，这也正好产生"信息沟"，引起学生阅读文本的欲望，可见达到了预设效果。
While-reading	Activity 2：Inpidual reading 1. T divides the whole class into several groups and numbers Ss in each group from 1 to 6. 2. T sets up questions for each student in each group to answer. 3. Ss in each group read scheduled different parts of the text and answer the questions set. 4. T randomly chooses Ss to answer the questions in public.	为每一个小组成员安排好独立的阅读任务，确保课堂中每位学生充分参与活动；带着思考问题阅读有助于引导学生定位到文本重点。	分析与判断 描述与阐释	第一组学生能出色回答出独立的问题，但后续几组学生基本在模仿或重复第一组的回答。对此，之后教学中该环节可改为其他小组在第一组回答的基础上进一步完善答案。
While-reading	Activity 3：Deep reading 1. T guides Ss to analyze how the writer uses specific language, raising four questions： (1) Does the writer express his opinion in a neutral way? Is he for or against the practice of hunting sharks? (2) How does the writer effectively convey his strong opposition to the readers? (3) In Para. 1 the writer mentions the color of the sea water when presenting the scene of hunting sharks. What causes the sea water to become bright red? (4) Why does the writer mention the color of the sea water?	教师用一连串的问题一步步引导学生搜索出第一段中的相关描述性词汇，通过分析这些词汇，帮助学生体会作者意图，同时也为下一个教学环节"通过对同义词进行比较推测作者的意图"做好铺垫。学生在此过程中学会利用文本中的"hard evidence"加以分析、归纳、推理，训练思维能力。	分析与判断 描述与阐释 归纳与推理	学生在问题链的引导下基本能在文本中找到线索和答案，除了eat it alive没找到，其他无论是集体回答还是个体回答准确率都较高。学生在这个示范性的任务完成过程中得到教师肯定的积极评价后，后续任务的思维更活跃了，真正起到了"以评促学"的作用。

续 表

教学环节	互动方式	设计意图	活动层次	效果评价
While-reading	2. T guides Ss to find more words or expressions in Para. 1 that make students feel the great pain sharks suffer.			
Production	Activity 4：Jigsaw reading 1. Ss summarize the part they read and guide other group members to read and understand. 2. Ss evaluate each other's guidance according to the checklist.	以说的方式对自己所阅读和思考的内容进行产出，有助于学生内化所学知识，并通过合作学习的方式帮助其他学生更高效完成阅读。	内化与运用 概括与整合 批判与评价	第二段概括大意答对的不多，学生抓不住要点，表达不到位；此外，有小组较好地完成任务，表现活跃；有小组则比较被动，因组内没有领头羊，学困生或内向学生较多。对此，之后分组时不能完全按学生的自然座位分组，而应把活跃的和内向的相搭配。
Production	Activity 5：Discussion 1. T leads Ss to review the passage and raises two questions： （1）What is the writer's purpose of the passage? （2）How does the writer persuade the readers? 2. T guides Ss to analyze how the writer uses specific language to help the readers understand the sharks' tragic situation. 3. Ss make a comparison between the synonyms and infer the writer's intention with the help of three questions： （1）What do the synonyms in bold mean? （2）What is the difference between them? （3）What does the writer want to express through his choice of the word?	以小组讨论的方式鼓励学生思考作者的写作手法和写作目的，有助于学生内化知识，形成自己的评价。	分析与判断 批判与评价 实践与应用	有小组人人参与，出色完成讨论任务；有小组只有1—2个人小声讨论，其他组员没有积极参与，甚至在用中文交流，说明用英文表达同义词的差异性有困难。对此，之后分组时要合理搭配，并注意学生语言的输入，让其平日多积累可表达的词汇。

续 表

教学环节	互动方式	设计意图	活动层次	效果评价
Production	4. Read the statements about the production of foie gras, make sentences with the intense adjectives analyzed to describe the production of foie gras and present their work in group first and then in public.			
Homework	Activity 6: A. Poster-making B. Interview & report 1. T raises two questions: (1) What does "it" in the title really mean? (2) What is your understanding of food ethics? 2. Ss relate the concept of food ethics to their own life and give an example to illustrate their understanding, and then share their examples with their classmates. (1) Make a poster. (2) Interview at least three classmates about whether they will eat the food items such as frogs, snakes, swallows' nests, etc., and report their findings to the class.	分层作业，A.海报制作布置给英语水平弱的学生，既能充分发挥学生的想象力、激发学生的思考，也能提高学生的写作能力；B.采访和汇报的任务布置给学习能力强的学生，提高学生的表达能力和交流能力。	想象与创造 概括与整合	从作业反馈看，基本达成了教学目标。学生对教学重要环节的自评，为教师下一步教学提供了依据。

在第一、二课时阅读中，金老师带领学生从多角度对语篇进行细致分析，在英语学习活动观的理念指导下组织教学活动，引导学生理解、分析、反思作者的写作意图——唤起人们保护鲨鱼和其他濒危动物的意识，停止为满足人类自身贪婪需求（如鱼翅交易）而导致的杀戮，并鼓励人们进行基于道德的食物选择。在分析与讨论中，学生不仅理解了语篇标题中"it"一词的真正指向，更深刻领悟到应如何做出基于道德理念的食物选择。

通过"教-学-评"一体化设计，金老师巧妙地把评价、教学策略和学习策略相结合，引导学生们通过小组探究式学习，完成教学信息到学习信息的转化，为学生的深度学习提供了创造、分配、利用和反思的机会,课堂上学生总体参与度较高,也可以根据每个活动中学生的课堂效果和评价适时调整授课难度和进度,最终达到预期效果。如此读写单元整合下的过程性评价,在提高教学质量的同时,还能促进学生获得积极的学习体验,提升学生的逻辑思维和批判性思维能力,对于落实学生核心素养的培养具有重要意义。

第五章

基于"教-学-评"协同发展的中学英语读写单元整合案例分析

(Analysis of Integrated Reading and Writing Units in Middle School English Teaching Based on the Synergy of Teaching, Learning and Evaluation)

本章将通过案例分析的方式,更具象地展示基于"教-学-评"协同发展的中学英语读写单元整合。在案例的教学设计与实践中,我们就会看到下述三个特点:大观念引领下的单元教学、"教-学-评"协同发展、读写单元整合教学研究。

所谓"大观念引领下的单元教学",用原名师基地学员两位老师——上海市浦东教育发展研究院董赟和上海海事大学附属北蔡高级中学蔡湘芝的话来说就是,主要是指教师基于课程标准,研读单元内容,梳理语篇主题意义,结合学习主体的需求,分析、整合和重组教材等教学资源,提炼单元主题大小观念和语言大小观念,构建单元大观念,制定指向核心素养的单元和课时目标,实施单元教学活动。在大观念引领下的单元教学方面,教师关注单元主题意义的提炼过程,在研读教材的基础上,从有关主题认知、情感态度以及行为选择倾向的三个维度提炼主题意义,并在教学过程中引导学生逐步开展深度学习,探索单元的主题意义。在"教-学-评"协同发展方面,教师在目标意识之下设计教学与评价活动,促使在教学目标引领下教、学、评三者间相互促进。在读写结合教学方面，教师聚焦读写技能间的内容与形式链接，尤其是高中学段的写作教学，引导学生从内容、结构与修辞三个角度落实精细化写作学习的过程，从而为进一步优化读写结合的教学效果奠定基础。

5.1 预备年级案例

本小节将以牛津英语（上海版）6B Module 3 Unit 9 Sea Water and Rain Water 为例，从大观念引领下的读写单元整合设计入手，一一展示三个课时的教学案例并进行评价。

5.1.1 大观念引领下的读写单元整合设计

1. 教材分析

学习材料的模块主题"The Natural World"隶属于"人与自然"主题下的"保护环境"子主题群，该模块由四个单元组成，分别是第八单元 Windy Weather、第九单元 Sea Water and Rain Water、第十单元 Forests and Land 和选学单元 Controlling Fire。通过学习模块内容，学生能理解人与自然相互依存的关系，提升环境保护意识，倡导绿色生活的理念和行为。

具体到第九单元，整个单元以"水"为核心概念，由三大板块内容组成。阅读板块"The Oceans, Rain and Water"包含两篇语篇："The Oceans"呈现一些关于海洋的基本知识，学生学习一些描述海洋生物的语言表达，明白海洋对地球所有生命的重要性；"What Will Happen If There Is No Rain?"表述了水在人类生活中的多种用途，通过没有水的情景假设明白水的重要性，由此意识到节水的必要性。听说板块"How Can We Save Water?"包含多模态语篇"Save Water! Don't Waste It!"学生辨识生活中良好的用水习惯及不良用水习惯，学习节水措施的相关表达，反思自身用水习惯，思考如何正确用水、节水。写作板块"Let's Save Water"的任务更像是句型的机械化操练,对此,改编单元的写作任务,将其改为设计一份有关如何在校节水的海报,以此提升学生的节水意识,进一步养成节约用水的良好生活习惯。

从读写单元整合的视角看,阅读语篇"The Oceans"和"What Will Happen If There Is No Rain?"分别以海水和雨水为切入点,逐步引导学生发现海洋、雨水和生活用水之间的关联,认识水的重要性,认同节水的必要性,将单元学习由客观认知引向主观认同,帮助学生为单元写作任务做好情感上的准备;听说课则是帮助学生辨识节水行为,为单元写作任务做好语言知识上的准备;最终学生在写作任务中综合运用单元所学,提升自身节水意识,并在生活中养成节约用水的好习惯,从而达成本单元的育人价值。

2. 学情分析

学生对单元话题"水"十分熟悉,并且在地理、科学等其他学科的学习中学过相关内容,如水的三态、世界上的主要海洋及河流,因此具备一定的话题知识储备,但对世界水资源紧缺的问题究竟有多严重、节水措施的运用与推广有多迫在眉睫等仍然缺乏认识。就此,教师在教学过程中应紧紧围绕单元主题意义的探究,逐步引导学生意识到节水的重要性及必要性。

六年级学生的语言能力有待进一步发展,在单元学习中会遇到较多陌生的主题词汇和句型结构,如"streams, dolphins, whales, intelligent, three quarters, if 从句, save water by doing sth."等。对此,教师要以大观念引领,帮助学生建构"认识水—使用水—节约水"的主题意义,从而深入理解、掌握这些词汇和句型结构。

语篇知识方面,因为教材中有不少多模态语篇,六年级学生能运用一些阅读策略,通过辨识语篇特征、体会语篇中图片与文字的关系,来把握语篇大意。教师应当充分利用好这一点,帮助学生围绕单元大观念建构主题意义。

3. 单元教学设计

根据单元教学内容和单元主题意义,可以从中提炼出单元大观念"节约用水",并提出两大基本问题:为什么要节约用水?如何节约用水?进而对教材内容梳理整合,将单元教学做课时划分。作为单元主要输入环节,阅读板块分为2课时教学,旨在帮助学生意识到海洋与雨水的重要性,引导学生思考海洋、雨水和生活用水之间的关系,回应基本问题"为什么要节约用水?";作为单元主要输出环节,听说板块与写作板块各安排1课时,以口语表达激活思维、操练语言,以书面表达内化所学、提升思维,回应基本问题"如何节约用水?"。如图5-1所示:

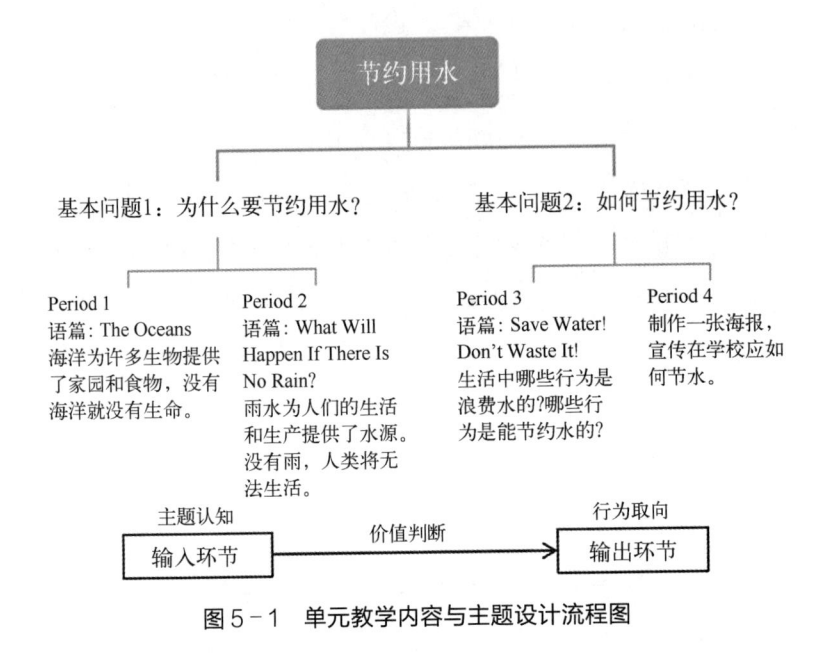

图5-1 单元教学内容与主题设计流程图

5.1.2 单元课时设计:阅读教学第一课时

第一课时为阅读课时,语篇是"The Oceans",执教者是原名师基地学员、上海市傅雷中学的胡双老师。

1. 语篇分析

What:文本背景为 Miss Guo 为在班级内举办海洋知识竞赛查阅相关材料。从文本结构看,这是一篇脉络清晰的科普文,可分为四部分:第一部分表明地球上绝大部分被水覆盖;第二部分介绍各类海洋动物及其特点;第三部分描述人类对海洋资源的运用;第四部分强调海洋的重要性。

Why:单元主题为"水",阅读课时分述海水和雨水。本课时应搭建起与后续阅读课"What Will Happen If There Is No Rain?"的关联,通过引导学生真正理解海洋的重要性,为写作课时"Let's Save Water!"做好情感、态度与价值观上的准备。

How:文本的内容虽然涵盖了海洋和人类两方面,但信息点较为零散。教师应适当深挖一些细节,寻找两者潜在的联系,让学生展开联想,在泛读和精读的过程中增加推断,借助思维导图深刻理解为什么海洋如此重要。而作为整个单元的第一课时,本课时旨在主题意义的落实,基于"教-学-评"协同发展和大单元理念,开展读写整合教学。

2. 学情分析

语言能力:六年级的学生平时更多操练听说能力,缺少阅读策略的学习和机会。对此,本堂课也是对阅读策略教学的一次尝试,通过操练略读、精读和推断的阅读技巧,锻炼学生的阅读能力。此外,学生很少在教材中接触到篇幅较长的文本,对文章整体架构、前后文逻辑关系的理解不足。对此,在本课时的阅读教学中,教师在前后句、前后段中铺陈启发性问题,在多模态下帮助学生在阅读中生发思考,阅读后通览全文。

思维品质:学生对"水"这一话题并不陌生,具备一定的话题知识储备,也知道"水的重要性",但大多数学生仍停留在"知其然而不知其所以然",缺乏思辨过程,所以很难把水为何如此重要进行系统表述。

3. 教学过程

课时目标	学习内容	活动方式	评价设计	评价依据
1. 梳理并整合文本结构和有关海洋的细节信息,概括段落大意和文章主旨。	1. 导入 引出话题,明确本课时所学内容。	个人回答 Guess a riddle: water	教师根据学生的回答,辨别学生是否清晰本阅读课时"海洋"与单元主题"水"的关系。	学生猜出谜底"水",并能说出文本主题"The Oceans"属于"海水"。
	2. 读前 迁移旧识,学习新词,为阅读做准备。	师生互动 Quiz: How much do you know about the oceans? Ss learn the new words with the help of pictures.	教师通过提问,了解学生对海洋的知识储备程度。	学生正确回答有关海洋比陆地占地球面积大、准确感知五种海洋动物的名称及发音。

续 表

课时目标	学习内容	活动方式	评价设计	评价依据
2. 阐释海洋对所有动物的重要性。 3. 推理与论证行文逻辑。	3. 读中获取语篇结构,梳理细节信息;操练略读、精读阅读技巧。	师生互动、分组竞赛 1. Skim and choose the main idea of the paragraphs and the whole text. 2. Scan and acquire the details. 3. Match and introduce the sea animals. 4. Tic Tac Toe: Ss answer quiz questions to have a class competition.	教师根据学生在表格填写、配对描述、细节追问和课堂竞赛中的回答,给予即时引导,确认学生理解文章架构、掌握文本细节。	学生通过活动一,将文本分为四部分,概括段落主题分别为 water, sea animals, people 和 important;获取文本细节信息,准确描述海洋动物; 运用文本信息进行分组 Tic Tac Toe 竞赛,得到相应分值奖励。
4. 读后推断、整合、重构文本信息,整体性理解为何要保护海洋;引出"水循环"概念,为下一课时"雨水"做铺垫。	小组讨论 1. Infer for deeper understanding. 2. Complete the mind map and tell why the oceans are important.	教师适时地给予启发,引导学生推断关键词的深层含义,根据学生的回答进行追问,了解学生是否清楚文本逻辑。 教师组织学生完成思维导图,观察学生在阐述过程中是否条理清晰、内容涵盖所有动物、用词准确。	学生推理 important to all animals 与前文的逻辑关系,将思维导图补充完整,阐释海洋对海洋动物、人类和其他动物的重要性。
	5. 作业 写作(不少于 60 词):Let's protect the oceans! 预习第二课时,思考问题:What will happen if there is no rain?			

(编者注:第一课时的学习材料、第一课时的 Worksheet 和评价表见本书附录二。)

5.1.3 单元课时设计:阅读教学第二课时

第二课时同样为阅读课时,语篇是"What Will Happen If There Is No Rain?",执教者是原名师基地学员、上海市航头学校的唐雨婷老师。

1. 语篇分析

What:本课时语篇围绕"如果没有雨水会发生什么"展开,从在家和在工作中两个场所介绍雨水在我们生活中的用途以及没有雨水将会发生什么的情况。

Why：通过思考水对生活以及所有生物的影响，意识到水的重要性，呼吁人们提高对水的重要性的认识，并提升人们节约用水的意识，在日常生活中应该珍惜水资源，合理使用和保护水资源。

How：语篇是一篇说明文，根据平行文本的特征，利用语篇中的配图，描述水的用途以及"如果没有雨水会发生什么"。

2. 学情分析

语言能力：学生通过以往学习，已初步掌握本课时新授四个单词（Internet, shower, farmer, crop）中的三个（Internet, farmer, crop），对于运用本课时目标词组"use sth. to do sth."表达水的用途并不陌生，而目标句型"If there is no rain, ... will (not) ..."表达没有雨水会发生的情况是第一次出现"if"的复合句式，需要教师引导和强化操练。

思维品质：学生对"没有雨水将会发生什么"的描述比较局限，教师需要从学生的思维广度和深度给予启发和引导，思考在不同场所人类没有雨水可能出现的情况，以及地球上没有雨水可能出现的情况。

3. 教学流程

课时目标	学习内容	活动方式	评价设计	评价依据
1. 通过读图和课文梳理在家里和工作中水的用途和没有雨水将会发生的情况。 2. 通过使用 use ... to do 和 If there is no rain, ... will (not) ... 描述水的用途和没有雨水将会发生的情况。	1. 导入 了解水循环，引出话题。	师生互动	教师倾听学生的回答，了解学生是否知道海水、雨水和生活用水之间的关系。	学生知道海水、雨水和生活用水之间的关系。
	2. 读前 读图，预测语篇内容。	师生互动	教师通过提问，了解学生对语篇的预知程度。	学生正确把握图片传递的信息，预测语篇内容。
	3. 读中 （1）读课文，获取语篇主要内容和结构。	个人回答	教师根据学生的回答，了解学生是否把握语篇的主要内容和结构，给予适时的启发和引导。	学生正确获取语篇主要内容"What Will Happen If There Is No Rain?"以及语篇被分为两个部分：在家里、在工作中。

续 表

课时目标	学习内容	活动方式	评价设计	评价依据
3. 想象没有雨水地球将会发生的情况，意识到水的重要性。	（2）读课文，梳理语篇细节信息，运用目标词组罗列水的用途。	个人回答	教师根据学生的填写情况，了解学生是否能够梳理语篇细节信息，并且运用目标词组罗列水的用途，给予即时反馈。	学生使用 use ... to do 梳理在家里和工作中水的用途。
	（3）学习并运用目标句型谈论没有雨水将会发生的情况。	师生互动	教师根据学生的回答，了解学生能否正确运用目标句型，给予即时引导。	学生使用 If there is no rain, ... will (not) ... 描述没有雨水会发生的情况。
	（4）总结语篇中罗列没有雨水将会发生的情况的特点。	师生互动	教师通过提问，了解学生能否总结出语篇中罗列没有雨水将会发生的情况的特点，给予适时的启发和引导。	学生总结出在谈论没有雨水将会发生的情况时先谈论基本需求。
4. 读后 (1) 根据评价量表补充网页内容，完成评价。		个人自评和生生互评	教师组织和引导学生根据评价量表补充网页内容，完成评价。	学生根据评价量表补充网页内容 At school。
	（2）小组讨论：想象没有雨水情况下我们的地球将会发生的情况。	小组活动	教师通过提问、追问，根据学生回答的表现，给予即时的反馈。	学生想象并描述没有雨水地球将会发生的情况。
	5. 作业 1. 跟读录音，大声并流利朗读第 64 页课文。 2. 思考至少三种水的用途以及没有雨水将会发生的情况。			

（编者注：第二课时的学习材料、第二课时的 Worksheet 和评价表见本书附录三。）

5.1.4 单元课时设计：写作教学

两个课时的阅读教学之后，我们来说说该单元的写作课时，主题是"Let's Save Water"，执教者是原名师基地学员、上海市致远中学的唐侃老师。

1. 语篇分析

What：以"如何在学校节约用水"为话题，制作一幅海报，宣传在学校可行的节水举措。

How：围绕"如何在学校节约用水"的话题，以海报形式，图文并茂地展示在学校可采取的节水措施，号召"节约用水，从我做起"。

Why：通过课堂讨论和节水海报的制作，提升节约用水的意识，培养节约用水的良好生活习惯。

2. 学情分析

学生在本单元的第一、第二课时中已经学习了一些与水有关的表达，如用分数描述地球存水量，用动词词组"use . . . to do . . ."描述水的用途，用"if"从句描述缺水的后果，以及用"by doing"表述节水的措施，但局限于课本内容，对生活中其他常见的节水措施仍存在一些表达上的困难，需要教师进一步搭建语言支架。

在本单元的学习过程中，学生初步意识到了水的重要性，但对于水资源紧缺的问题认识还不够深刻，部分学生尚未有养成节约用水这一生活习惯的意识。

在本学期的学习中，学生已经学习并基本掌握海报的基本特征，但在绘制海报时容易出现过于关注图文美工而忽略内容的问题，导致主题与内容缺乏一致性。

六年级学生的生活经历虽然有限，但其思维活跃，且具有一定的创新性。教师需要在课堂上巧妙设计学习活动，将课堂内容与学生实际生活相联系，引导学生学会观察和思考生活中的用水问题，以充分激发学生的思维。

3. 教学流程

课时目标	学习内容	活动方式	评价设计	评价依据
1. 辨识海报的文本特征，并能据此制定海报写作评价量表。	1. 导入 观看视频回答问题。	观看视频 师生问答	观察学生是否能根据视频中的数据得出水资源短缺的事实。	在听或看简单的音视频材料时，能获取有关人物、时间、地点、事件等基本信息。

续 表

课时目标	学习内容	活动方式	评价设计	评价依据
2. 描述校园内现存的浪费水的现象,并通过小组讨论探讨解决对策。 3. 完成宣传校园节水的海报,并能依据评价量表对同伴作品进行合理评价。	2. 写前 (1) 展现课前收集照片,描述照片中的浪费水的现象,明确制作海报的目的。	师生问答 生生互评	观察学生是否能够准确描述出照片中的问题。	围绕相关主题和所读内容进行简短叙述或简单交流,表达个人的情感、态度和观点。
	(2) 分析判断海报的文本特征,并制定评价量表。	师生问答	观察学生是否能够准确说出海报的文本特征;是否能在引导下制定写作评价量表。	语篇类型要求:应用文,如贺卡、邀请卡、书信、活动通知、启事、活动安排与计划、宣传海报、规则、问卷等。
	(3) 讨论海报中可以包含哪些内容,增补评价量表。	师生问答 生生互评	观察学生回答是否紧扣主题;对学生的回答表示肯定或鼓励,并进行补充或提示;邀请学生互相补充。	对英语学习有兴趣,主动参与课堂活动,与同伴一起围绕相关主题进行讨论,合作完成学习任务。
	(4) 观看图片,了解学校现有的节水措施,并讨论其有效性。	师生问答 生生互评	观察学生是否能针对现存的问题来评价解决措施的合理性。	能围绕相关主题与他人交流,表达自己的情感、态度和观点,基本达到交际的目的。
	(5) 小组讨论,提出更多可行的校园节水措施;进一步增补评价量表。	小组讨论 生生互评	观察学生表现,判断其想法是否可行、有效;对学生的想法表示肯定或鼓励,并进行补充或提示;邀请学生互相补充。	对英语学习有兴趣,主动参与课堂活动,与同伴一起围绕相关主题进行讨论,合作完成学习任务。
	3. 写中 根据评价量表绘制海报。	独立创作	观察学生表现,判断其对写作任务的理解程度;对学生的表现表示肯定或鼓励,根据学生的完成情况进行补充或提示。	根据需要,运用图表、海报、自制绘本等方式创造性地表达意义。
	4. 写后 基于评价量表,在教师的引导下对同伴作品展开点评。	师生问答 教师点评 生生互评	观察学生是否能根据评价量表合理、科学地评价同伴作品,并通过提问引导学生进一步关注海报在图文排版和语言表达上的美化要求。	对英语学习有兴趣,主动参与课堂活动,与同伴一起围绕相关主题进行讨论,合作完成学习任务。
	5. 作业 运用评价量表开展自评,并结合课堂互评意见,修改并完成海报。			

5.1.5 三个课时的案例评价

在上述案例中,根据单元教学内容及单元主题意义,原名师基地学员、上海市傅雷中学的胡双老师、航头学校的唐雨婷老师、致远中学的唐侃老师提炼出单元主题大观念"节约用水",并提出两大基本问题:"为什么要节约用水?"和"如何节约用水?"。在此基础上,他们对教材内容进行梳理整合,将单元教学进行课时划分。单元主要输入环节旨在帮助学生意识到海洋与雨水的重要性,引导学生思考海洋、雨水和生活用水之间的关系,回应基本问题"为什么要节约用水?";单元主要输出环节旨在以口语表达激活思维、操练语言,以书面表达内化所学、提升思维,回应基本问题"如何节约用水?"。

阅读教学"The Oceans"(第一课时),胡双老师在阅读前通过猜谜语引出话题,明确该课时所学内容;通过提问、迁移旧识、教授新词,为阅读做准备;阅读中,通过表格填写、配对描述、细节追问和课堂竞赛等设置,帮助学生获取语篇结构,梳理细节信息,并操练略读、精读阅读技巧;阅读后,引导学生推断、整合、重构文本信息,整体性理解为何要保护海洋,并引出"水循环"概念,为阅读教学的第二课时"雨水"做铺垫。整个教学过程中,胡老师适时给予启发,引导学生推断关键词的深层含义,根据学生的回答进行追问,同时组织学生完成思维导图,观察学生在阐述过程中是否条理清晰、内容涵盖所有动物、用词准确。学生逐层递进地阅读"The Oceans"一文中描述海水的重要性的内容,梳理文本内容,思考行文逻辑,在思维培养的过程中探寻价值观的养成;学生还以班级竞赛这一教学活动为依托,根据评价量表对个人课堂表现进行自评,监督自己有效参与各项活动,并在同伴竞争与评价中寻求共同进步。可以说,胡老师在第一课时的教学中成功搭建起与后续阅读课时的关联,通过引导学生真正理解海洋的重要性,为写作课时"Let's Save Water"做好情感、态度与价值观上的准备。

阅读教学"What Will Happen If There Is No Rain?"(第二课时),唐雨婷老师在阅读前借助图片引出话题,了解学生是否知道海水、雨水和生活用水之间的关系,引导学生预测语篇内容;阅读中,引导学生梳理语篇细节信息,运用目标词组列出水的用途,强化操练目标句型"If there is no rain,... will (not)...",通过提问来引导学生总结出语篇中没有雨水将发生的情况特点;阅读后,鼓励学生在评价量表的帮助下,运用所学完成演讲,为之后的写作课时做铺垫,通过提问、追问,给予即时的反馈。整个教学过程中,唐老师从培养学生的思维广度和深度出发,启发和引导学生思考在不同场所人类没有雨水可能出现的情况,以及地球没有雨水可能出现的情况。值得一提的是,唐老师还在教学中增加了"看"的技能,充分利用语篇所给图片,挖掘和理解语篇中的视觉语言;通过增加图片和视频的使用,使学习内容更直观、更生动。此外,唐老师在实施教学和评价的过程中,通过观察、提问、追问等方式,根据学生的回答、小组讨论等环节的具体表现,以口头、书面和肢体语言等反馈方式给予学生有针对性的鼓励、指导和建议,积极推动"教-学-评"一体化的设计与实施。

写作教学"Let's Save Water"(第三课时),唐侃老师在写作前通过视频和问题引导学生意识到节约用水的必要性;写作中,运用谈论节约用水的方式帮助学生进行复习巩固,并通过呈现海报让学生明确海报的内容及结构,通过发现学校节约用水的方式让学生思考更多节约用水的方式,由此,在充分准备下,学生小组合作以"如何在学校节约用水"为话题制作海报,宣传在学校可行的节水举措。整个教学过程中,唐老师运用学校节水的真实数据,创设真实情境,组织学生通过课堂讨论和节水海报的制作,提升节约用水的意识,培养节约用水的良好生活习惯;同时,围绕"如何在学校节约用水"的话题,以海报的形式,图文并茂地展示一些在学校可采取的节水措施,号召"节约用水,从我做起"。

三位教师都深入研读教材,清晰地把握了语篇架构,且在整个教学过程中融入评价元素,教师评价、学生自评、生生互评在三个课时的教学中得以充分体现,大大增强了学生的学习动力,亦提升了学生的自我认知和学习能力,培养了学生良好的学习习惯。胡双老师的结构性设计、唐雨婷老师对文本特征和特点的解读、唐侃老师在海报制作活动方面的设计挖掘,都体现了教师对文本的解读——教"读"时想着"写",教"写"时想着"读",这便是基于"教-学-评"协同发展的读写单元整合。

三位教师也纷纷表示,在磨课过程中,谢忠平老师、金颂红老师、周惠英老师、陈申老师和夏一帆老师悉心指导,给予了他们很多想法和建议,让他们对教学目标的把握更精准,让他们意识到需要围绕单元主题意义,从单元视角出发建立单元内各语篇内容之间的联系,进行单元整体教学设计;在深度研读语篇的基础上,充分利用多模态语篇的特征,设计层层递进的学习活动,循序渐进地引导学生围绕主题学习;而评价始终贯穿在教与学的过程中,通过一系列问题链的设计,促进学生思维品质的提升。

如果说哪里需要进一步改进的话,那就是教师可以通过细读文字背后的意义来拓展学生思维能力,培养学生的高阶思维;可以在教学过程中适当放手,教会学生自己提问,给予学生更多的讨论空间,挖掘学生的潜力。

5.2 高一年级案例

本小节将以高中英语(上教版)必修三 Unit 3 The Way We Are 为例,从大观念引领下的读写单元整合设计入手,一一展示三个课时的教学案例并进行评价。

5.2.1 大观念引领下的读写单元整合设计

1. 教材分析

本单元介绍"美"的主题及其相关的社会和文化解释。阅读和互动板块通过不同时代和不同文化对"美"的阐释,挑战了传统价值观下对"美"的定义,突出了"以己之美,美出真我"的主旨;语法活动板块侧重于动物的外观作为生存机制的方式,同时为学习者提供机会学习如何使用不定式修饰名词短语;听力和口语板块是一个广播节目,节目中客座人类学家谈论某些人类行为如何反映不同的心理特征;写作板块依托单元主旨,通过一封来自一位因其耳朵长得特别而遭到同学取笑的青少年的来信,鼓励学生学习运用单元所学内容,尝试用贴切的语言和规范的书信格式为其提供具体建议;文化聚焦板块的阅读文章介绍了苗族服饰及其相关的文化和历史,之后是一段视频,讲述了两个企业家在伦敦用废旧衣服创办时装公司的有趣故事。

2. 学情分析

三个授课班级属同一学校的高一年级,基本学情相近。下面从教学期待、学习难点和学习风格三个方面分析:

教学期待方面,根据学生的实际水平与高中英语学业质量水平要求,本次读写整合单元不同模块的教学期望分别对标高中英语学业质量水平一与高中英语学业质量水平二。在阅读模块中,教师将设置充足的"脚手架"支持来帮助学生建立对"美"这一观念的正确认识;在写作模块中,教师预设学生达成高中英语学业质量水平对书面表达的部分相关要求。

学习难点方面,以核心素养为出发点分析学生情况。语言能力上,高中阶段的语法知识体系尚未建构完毕,同时词汇量尚未足够,在熟悉话题语境中进行基础表达比较顺利,但在讨论抽象概念或在与自身生活相关度低的语境中词汇明显不足;虽能够进行简单的回答问题,但习惯以单词或词组来回答,对不同的地名、人名发音也不熟悉。思维品质与文化意识上,学生对"美"的看法虽受媒体与主流文化影响,但作为高中生,有一定思维能力,能够简单表达自己的看法,学生对各个国家的爱美实践虽然陌生,但基本能尊重文化差异;不过,从时间与社会的全球变迁视角看"美",还是对学生的批判思维与跨文化鉴赏能力提出了挑战。学习能力上,学生具备一定的自主学习能力和合作能力,在支架辅助的情况下基本能够完成相应的情景任务;课前学生能够自主通过教师提供的网络资源进行预习,增加背景知识,作为构建大观念的准备工作,课中学生可以在教师引导下主动或半主动地调适英语学习策略。

学习风格方面,大部分学生独立解决问题的能力稍弱,对持续的单一信息输入渠道易产生疲惫。对此,通过多模态语境下自主性学习和合作性学习相结合的学习活动,能有力提升学习效果,实现教学目标。

3. 单元教学设计

本单元将整合成为一个大观念"多样的美与个体表达",并基于大观念重新梳理、组合各课时,设计成三个主题小观念(见图5-2)。

阅读、互动与写作板块整合为主题小观念1"美的多样化与自我认同",作为三个

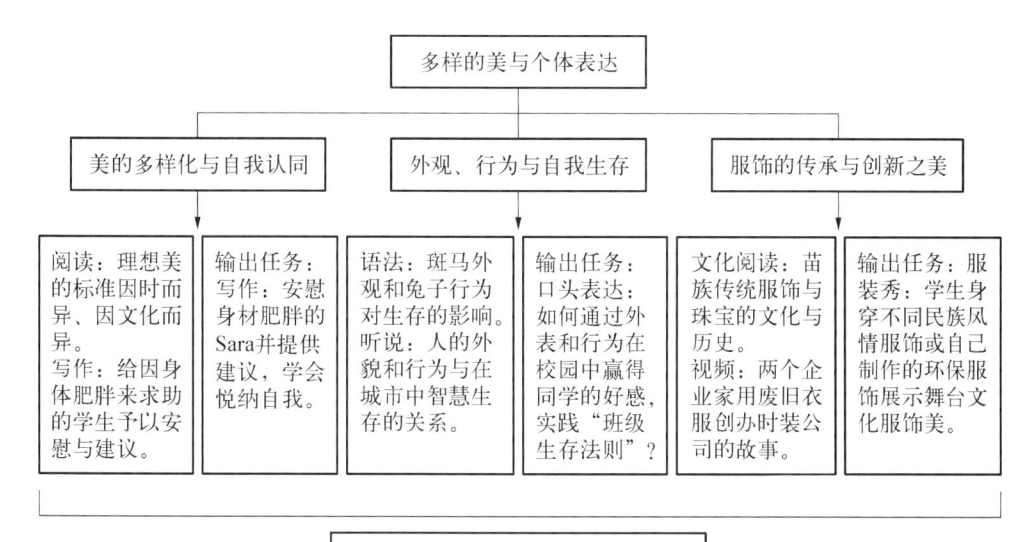

```
                        多样的美与个体表达
                              │
        ┌─────────────────────┼─────────────────────┐
  美的多样化与自我认同      外观、行为与自我生存      服饰的传承与创新之美
        │                     │                     │
   ┌────┴────┐           ┌────┴────┐           ┌────┴────┐
```

| 阅读：理想美的标准因时而异、因文化而异。写作：给因身体肥胖来求助的学生予以安慰与建议。 | 输出任务：写作：安慰身材肥胖的Sara并提供建议，学会悦纳自我。 | 语法：斑马外观和兔子行为对生存的影响。听说：人的外貌和行为与在城市中智慧生存的关系。 | 输出任务：口头表达：如何通过外表和行为在校园中赢得同学的好感，实践"班级生存法则"？ | 文化阅读：苗族传统服饰与珠宝的文化与历史。视频：两个企业家用废旧衣服创办时装公司的故事。 | 输出任务：服装秀：学生身穿不同民族风情服饰或自己制作的环保服饰展示舞台文化服饰美。 |

The Way We Are 我们的存在方式

图 5-2 大观念引领下的单元教学设计

课时的读写整合设计（见图 5-3）。内容涉及不同文化对美的不同定义，如非洲的肥胖美、欧洲或亚洲主流的苗条美以及各地区的特定装饰美。该小观念探讨了美的相对性，以及不同文化中对美的看法如何随时间和地点而变化，引导学生形成正确的自我认同。

| 读写整合主题观念 美的多样化与自我认同 | 输入 阅读：理想美的标准因时而异、因文化而异，没有理想的"美"，每个人都以自己的方式展现"美"。写作1(聚焦内容)：给因身体肥胖来求助的学生予以安慰与建议。写作2(聚焦修辞)：结合学生信件，学习修辞手法，并使用其中2种方式修改润色信件。 | 输出 口头输出：角色扮演，打电话安慰因肥胖而沮丧的求助者并提供建议。纸笔输出(聚焦内容)：结合例文与评价量表进行情景写作，侧重安慰与建议的内容。纸笔输出(聚焦修辞)：运用学生的初稿，尝试运用修辞手段润色语言，使其更具表现力。 | 读写整合输出任务 安慰身材肥胖的Sara并提供建议，学会悦纳自我。 |

The Way We Are 读写整合

图 5-3 大观念引领下的读写单元整合设计

语法板块和听说板块形成主题小观念 2"外观、行为与自我生存"。语法板块中关于动物的外观和行为(如斑马的外观和兔子的行为)对其生存策略的影响,以及听说板块中关于人在城市环境中如何通过外貌和行为来适应和生存的讨论。该小观念强调了外观不仅是文化标识,也是生存工具。

文化聚焦阅读板块和视频形成主题小观念 3"服饰的传承与创新之美"。内容涉及文化阅读板块中的苗族传统服饰和珠宝,以及视频板块中的"Junky Styling"再造时尚的实践。该小观念探讨如何将传统工艺与现代环保时尚理念结合,展示文化的传承与创新如何在当代服装设计中共存。

5.2.2 单元课时设计

单元主题	单元目标	课时目标	学习内容	活动方式	评价设计	评价依据
多样的美与个体表达	美的多样化与自我认同	\multicolumn{6}{l}{第一课时}
		1. 通过略读和扫读,学生能够找出并列出作者关于理想美的论点和支持细节。	学生学习梳理两个关于理想美的论点,找到两个论点下的事实性信息。	个体活动 对子活动	学生能够识别文章的观点:美因时代而异、因文化而异,了解不同文化、不同时代中人们对"美"的态度及其背后的社会历史原因。	学业质量水平一 1-9 能通过读与看,抓住日常生活语篇的大意,获取其中的主要信息、观点和文化背景;能借助多模态语篇中的非文字资源,理解语篇的意义。 学业质量水平二 2-9 能识别语篇中的内容要点和相应支撑论据;能根据定义线索理解概念性词汇或术语;能理解文本信息与非文本信息的关系。
		2. 学生能够通过复述来总结理想美的关键要点。	学生运用课文所学向同伴及全班回答课文最后提出的问题或者回应标题的问题。	对子活动	学生能够回答"这是否意味着我们都以自己的方式美丽?/有理想的美吗?",向同桌及全班分享。	学业质量水平一 1-4 能简要地口头描述自己或他人的经历,表达观点并举例说明。 1-12 能识别语篇直接陈述的情感、态度、价值观和社会文化现象。

续 表

单元主题	单元目标	课时目标	学习内容	活动方式	评价设计	评价依据
多样的美与个体表达	美的多样化与自我认同	3. 学生能够通过帮助失落的Sara来表达自己对美的看法。	学生角色扮演，与求助者通过电话对话提供帮助。	对子活动 全班活动	学生能够表达安慰和理解并提出建议帮助求助者；同时基于checklist进行表达与评价。	学业质量水平一 1-6 在口头表达中，能根据交际场合和交际对象的身份选择恰当的语言形式（如正式或非正式、直接或委婉的表达方式），表达意义、意图和情感态度；能借助手势、表情、图表、图示等非语言手段提高表达效果。
第二课时							
多样的美与个体表达	美的多样化与自我认同	1. 学生能够识别回复信中关键信息。	学生阅读并分析范文格式及主要内容，从而总结出范式与检查表。	个体活动 小组活动 全班活动	学生指出范文所列出的提供建议的手段，并在文中指出依据。	学业质量水平一 1-10 能区分语篇中的主要事实与观点；能基于所读和所看内容，进行推断、比较、分析和概括。 1-11 能识别语篇的类型和结构，辨识和分析语篇的文体特征及衔接手段，识别语篇为传递意义而选用的主要词汇和语法结构。 1-14 能运用语篇的衔接手段构建书面语篇，表达意义，体现意义的逻辑关联性；能借助多模态语篇资源提高表达效果。 1-13 能以书面形式简要描述自己或他人的经历，表达观点并举例说明；能介绍中外主要节日和中华优秀传统文化；书面表达中所用词汇和语法结构能够表达主要意思。
		2. 学生能够正确使用信函格式。	学生根据合作学习所得的评价标准进行格式规划。	小组活动 全班活动	学生依照提示，进行 salutation, introduction 及 1st body para. 的格式布局。	
		3. 学生能够使用相应表达方式撰写片段，表达理解、给出建议，并展示出一定的读者意识。	学生利用阅读学习成果与主题相关表达进行片段写作。	个体活动 小组活动 全班活动	学生完成片段写作，并根据评价表进行互评。	

续 表

单元主题	单元目标	课时目标	学习内容	活动方式	评价设计	评价依据
多样的美与个体表达	美的多样化与自我认同	第三课时					
		1. 学生能辨析常用英语修辞手法并了解其功能特征。	学生赏析并从修辞及其效果两个方面评价两篇范文的异同之处。	个体活动 小组活动	学生根据所提供情境和例句，识别常见修辞手法，并尝试讨论有说服力的建议信的构成要素。	学业质量水平三 3-10 能批判性地审视语篇的结构和连贯性。 3-11 能识别语篇中使用的隐喻等修辞手法并理解其意义。 学业质量水平二 2-14 能在表达过程中有目的地选择词汇和修辞，确切表达意思。
		2. 学生能用修辞手法润色建议信内容使其具体且有说服力。	学生辨析常用英语修辞手法并了解其功能特征。	个体活动 小组活动	学生将六种常用修辞手法与例子配对，并能在修改的语段中识别出所出现的修辞手法。	
		3. 能通过与同伴的探索和协商迁移所学知识，并创造性地运用于问题解决之中。	学生运用1—2种修辞手法润色自己的初稿，并进行同伴互评。	个体活动 全班活动	学生交换润色文稿并交换修改建议。	

说明：评价主要依据是高中英语学业质量水平对应内容，适当参考《普通高中英语课程标准（2017年版2020年修订）》或《义务教育英语课程标准（2022年版）》中对应的内容要求与教材中对应的单元教学设计目标。

5.2.3 读写三课时的教学实践与调整

理想的教学设计不是一蹴而就的，而是在实践中不断优化。下面以行动研究的方式，通过三位教师对教学设计的调整（对问题的修正），谈谈"教-学-评"协同发展和读写单元整合的理念对教学的引导。

1. 阅读教学(第一课时)：执教者：原名师基地学员、上海海事大学附属北蔡高级中学蔡湘芝老师

（1）第一轮教学的计划和行动

首先，研读单元语篇，理解单元的主题意义，对主题阅读语篇进行详细解读。由主题语篇可知，单元主题意义和"美"相关，从"the way we look, the way we behave, the way we are dressed"等不同层面展开；主题阅读从两方面原因解释了理想美的标准：一是因时代而异，二是因文化而异，旨在引导学生理解理想的美并不客观存在，从而学会认识自我、欣赏自我。其次，分析学情，进行"教-学-评"协同发展的阅读教学设计。新课标要求培养学生的核心素养，并将英语学科核心素养各要素的发展以三个水平划分，可以此作为评价依据。授课学生是市特色高中高一平行班的学生，大部分处于学业质量水平一和学业质量水平二的水平层次。

根据新课标要求与学生的核心素养分析，设计如下课时目标：

① 学生能够通过略读和扫读，找出并列出作者关于理想美的论点和支持细节；

② 学生能够通过复述来总结理想美的关键要点；

③ 学生能够通过投票选择"时代最美青年"来表达自己对美的看法。

根据上述教学设计，开展了如下教学行动：阅读语篇第一段以非洲尼日利亚女孩想要增肥的例子挑战关于美的传统看法；第二段是关于外在美的看法随时间推移而改变；第三、四段是关于美的看法因文化而异；第五段进行总结。就此，导入环节，将某位明星瘦身成功与非洲女孩增肥进行对比，衔接文章主题，体现身材(figure)因文化而异，而后，让学生根据第一段最后一句提问"Is one ideal of physical beauty really more attractive than another?"略读文章，在匹配大意中梳理文章脉络，初步了解主旨。而后，调整语篇的组织顺序，先衔接"体形的看法因文化而异"学习第三、四段"美的标准因文化而异"，再学习第二段"美的标准因时代而异"。学生由此梳理人们改变身体的三大原因，回应文章结尾的问题"Does this mean that we are all beautiful in our own way?"和文章标题"Ideal Beauty"。最后，在读后产出活动中，学生小组合作，投票选出"时代最美青年"，从多个方面阐述投票原因。作业必做项是教材中语篇的总结填空，选做项是信件写作。

(2)第一轮教学的观察与反思

观察发现,导入部分选用的名人图片带有主观色彩,并未给学生充分的自主选择权,学生直接选择了因变瘦而开心的那张图片,而不是胖胖的沮丧的图片;此外,教学过程中虽然通过世界地图的辅助,帮助学生将不同地区位置与地区名字对应起来,但每个地区的具体审美实践仍不够直观具体;第一轮阅读教学的各项任务都有学生听不懂指令要求,无法作答或复述;小组活动中,学生基本没用课堂所学内容;课后通过与专家及组内教师研讨,发现主题阅读与主题写作也有所脱离,需要调整使之顺畅衔接。就此,蔡老师进行了单元主题的深度梳理与单元整体教学设计的改进,开展了第二轮行动研究。

(3)第二轮教学的计划和行动

根据第一轮教学的观察和反思,第二轮教学计划进一步厘清大、小观念与各语篇的联系,使主题阅读契合大、小观念的方向,深化学生对大、小观念的理解。单元整合成大观念"多样的美与个体表达",在这一大观念的引领下调整单元整体框架。通过组合各课时内容,设计出三个主题小观念,其中之一便是"美的多样化与自我认同",也是第一课时阅读教学所要探讨的。就此,蔡老师换班再次进行主题阅读教学,结合单元主题大观念与读写整合的主题小观念,从以下四个方面加强课时与课时、活动与活动、内容与内容之间的衔接,对第一轮的教学行为进行修正和完善。

① 读写整合,加强课时衔接,确保主题小观念的达成。

针对第一轮教学的碎片化问题,蔡老师重新梳理了单元语篇,在第二轮教学中明确了单元主题的大、小观念,并以其中一个小观念整合阅读和写作。第一轮教学是读后产出"post-reading"投票最美时代青年"vote for the most beautiful youth of our times"。作业的选做项就是依据该产出活动进行信件写作:学生会正在开展"海附最美少年"的选拔活动,假如你的同学李华纠结是否报名参加,请给他写一封信,信件需包含:a)鼓励他参与;b)给出相应的理由(词数120左右)。由于读写三课时相互关联且指向大观念"多样的美与个体表达",为确保课时的衔接,保持单元内容与读写整合的连贯,蔡老师将阅读课堂的读后产出"post-reading"修改为"电话安慰因肥胖沮丧的Sara"。作业方面也做了同步调整:必做项在总结教材文本的基础上,增加了3篇主题相关的阅读练习,为后续写作提供素材;选做项是将读后产出"post-reading"的口头表达转化为书面表达——Sara 因为身材较胖经常被人嘲笑,感到很苦恼,每次照镜子后自我感觉更糟糕,甚至都不想来上学,假如你是班主任蔡老师,请发送 E-mail 劝慰 Sara,提供相关建议,并期待她早日来校(词数 120 左右)。如此一来,第二课时的写作课堂继续依据 Sara 的情境进行内容产出;第三课时跟进同一情境,将课堂对话中的一条建议转化为文字(词数 50—60),学生运用修辞润饰语言,由此实现读写整合的主题小观念"感受多样的美并对外表形成自我认同感"。

② 多模态教学,加强活动衔接,增强教学逻辑。

与单一的纯文本语篇讲解相比,多模态教学更能激发学生兴趣。所谓"多模态",即调动两种或者两种以上的感官,通过语言、图像、声音、动作等方式,与外部环境进行交际互动,因而更能引起学生注意,提高参与度。因为第一轮教学的读后产出"post-reading"调整为安慰因胖而沮丧的 Sara 并提供建议,蔡老师在课前创设了真实的多模态情境与之呼应:课前突然接到 Sara 电话,她因为胖被人嘲笑,加上越照镜子越发沮丧,希望请假居家学习,鉴于即将上课,教师只能稍加安慰并提出课后电话联系;在读后产出"post-reading"中,蔡老师再次让学生回顾课前的情景演绎,让学生帮助情境里的班主任老师电话联系 Sara 并给出安慰与建议。整个活动过程没有呈现文字类的语篇让学生阅读,而是将图片、声音与画面等模态进行整合,让学生感受真实的电话沟通场景,让学生利用课堂所学和已有的生活经验解决真实的问题。读后的产出活动与教师课前的情景演绎相呼应,围绕阅读的主题小观念有始有终,教学逻辑更为严密。

③ 优化教学辅助,加强内容衔接,提升教学有效性。

虽然第一轮教学已经运用了多种非连续文本来辅助学生理解,但仍有不足。对此,第二轮教学进行了两方面改进,以加强活动衔接,提升课堂教学有效性。

其一,针对第一轮教学导入部分选用图片带主观色彩的问题,重新选取两幅某明星面带微笑的胖瘦对比图,由此也带来了学生更多样的选择,有学生表示无论胖瘦都是美。此外,导入部分和第一段的衔接也做了微调(见表 5-1)。为了让导入和第一段的内容更紧密,让学生的互动反应得到评价与反馈,重新设计问题,将某明星的情境同第一段的文本相结合,并设计了相应题目,使体形的文化差异得到强调,为接下来美的文化差异做铺垫。

表 5-1 导入部分的改进前后

Pre-reading Which picture of the person is more beautiful?	Pre-reading Which picture of the person is more beautiful?
1. What did she do? Why? 2. Is her ideal of beauty consistent with the mainstream? Why? (before)	1. Which culture favors slim star? A. Mainstream.　　B. Nigerian.　　C. Magazine. 2. Which culture favors overweight star? A. Mainstream.　　B. Nigerian.　　C. Magazine. 3. Who followed the beauty standard in Nigerian culture? What did she do and why? (after)

其二,针对第一轮教学世界地图各地区审美不够直观的问题,蔡老师进行了世界地图与板书的结合。"美"因文化而异,同时因时代而异,对此,全程以图片呈现,让学生感知不同国家地域的理想美,以地图呈现"美"的实践时,用图片代替文字,板书呈现文字,二者结合,共同诠释 ideal beauty(见表 5-2)①。

表 5-2 结合地图与板书的改进前后

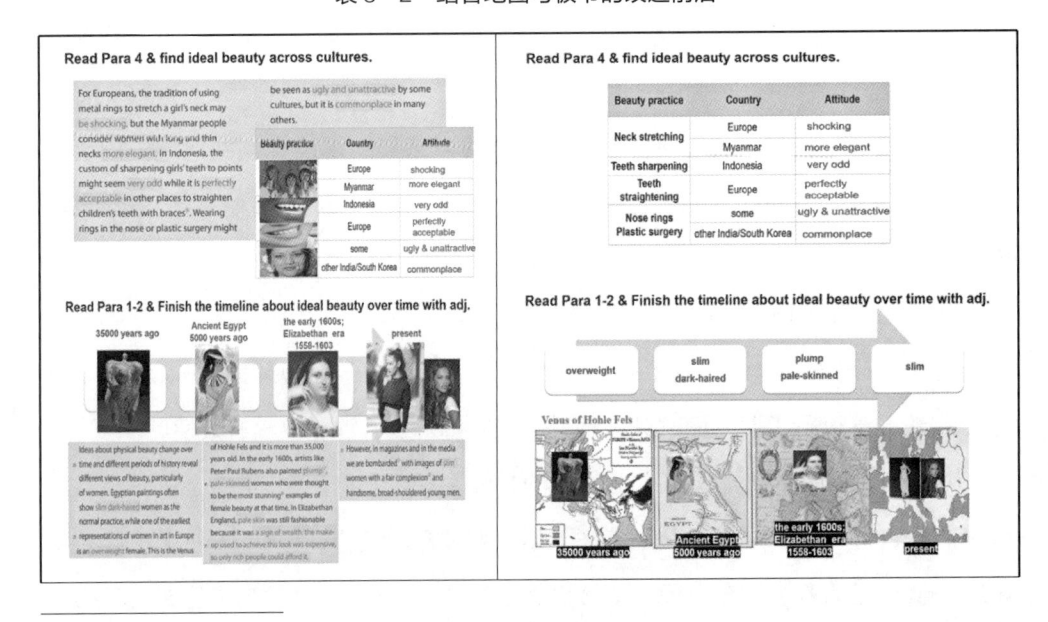

① 出版本书时已将地图略去。望了解。

续 表

| (before) | (after) |

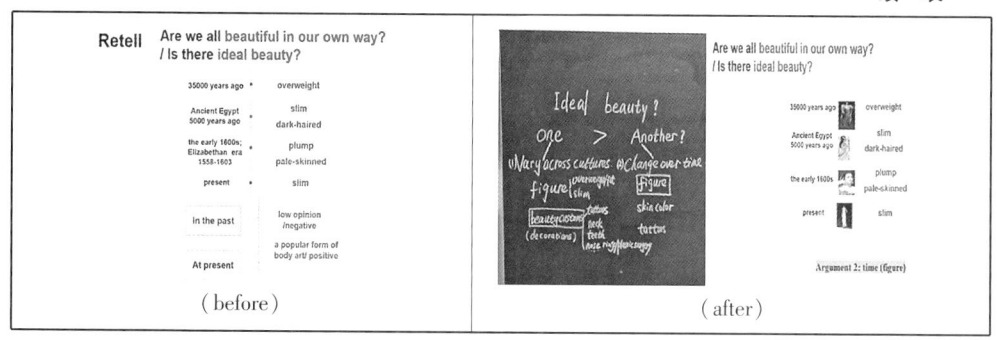

④ 开展过程性评价,加强"教－学－评"衔接,动态生成课堂互动。

为了提高学习效率,整个教学实施过程中,蔡老师全程评估学生的学习与掌握情况,并给予实时反馈。在活动前通过指令或指导语检测问题"ICQ(Instruction Checking Questions)",即,了解学生是否明晰活动要求与内容。比如,学生可能会用短语或单词作答"skimming"环节中的提问"Should we read all the information of the passage?""What sentence should we read?"对此,教师在学生回答前进行提醒"Please answer the question with complete sentences",及时要求学生完善语言表达。又如,在复述"retell"和读后产出"post-reading"前不断对指令进行强调,要求学生从两个辩论"arguments"中选择一个观点表达,或提出自己的一个观点回答"Is there ideal beauty?"。由此,学生在对子活动"pair work"中明显比第一轮表达得更清晰,且能补充自己的思考与理解。

每一次课堂互动都是动态生成的,在第二轮教学实践中,学生在创设的情境中融入了课堂实际情况。如 Sara 除了因身体肥胖而痛苦,还因个子不高而自卑,有学生还结合班主任老师身高偏矮的实际情况,用自身例子安慰 Sara,引起全班同学的情感回应,蔡老师借此在总结时对这一课堂生成的内容及时做补充与反馈,顺水推舟地反问道:"Miss Cai is short, does this mean I am not beautiful?",学生迅速回应:"No, you are beautiful."。此外,在课堂结束前,蔡老师哼唱歌曲"You are beautiful, you are beautiful, you are beautiful, wow wow",为这堂主题阅读课画上圆满句号。

(4) 第二轮教学的观察与反思

观察发现,学生回答问题、文章主旨理解、任务完成度及任务评价都较第一轮有了提高，通过同主题的课堂阅读与课外阅读练习，学生对主题有了更深刻的认识，感悟"美的多样化"，逐步形成"自我认同"，且能够运用课堂所学和知识储备完成作业的选做项（劝慰Sara的信件写作）。

可见，大观念引领下的单元主题阅读教学，打破了碎片化的课时教学，通过单元主题大观念与读写整合等主题小观念，将单元课时进行链接，使课时与课时、活动与活动、内容与内容之间循序渐进、环环相扣，在"教-学-评"一体化的设计理念下，提升单元内部的连贯性，促进教学目标的达成，促进学生对单元主题的深度学习，有效落实学科核心素养。另一方面，螺旋上升的行动研究，也让我们看到教学实践中观察、反思与总结的重要性，行动者即研究者，每一位站在讲台上的一线教师都是这场教育改革的参与者和探路人。

2. **写作教学**（第二课时）：**执教者：原名师基地学员、洋泾中学周晔老师**

这节课是大观念视角下读写整合单元设计的写作教学，主要关注内容的生成与结构的规范。下面从大小观念的确定与读写整合单元的逻辑框架、教学目标的设定与实现、教学设计与实施的优化这三个方面来谈谈周晔老师对这节课的教学实践。

（1）大小观念的确定与读写整合单元的逻辑框架

大观念的确定与主题小观念的构建：周老师与其他两位教师共同将本单元整合为一个大观念"多样的美与个体表达"。这一大观念的确定，既符合高中英语课程标准的要求，又贴近学生的生活实际和认知水平。基于大观念，他们进一步梳理、组合各课时内容，设计出三个主题小观念，"美的多样化与自我认同"就是本节写作课要呈现的主题小观念。

读写整合单元的逻辑框架：本次教学围绕"beauty"这一主题展开，探讨美学概念随时间流转、社会变迁而发生的变化。读写整合单元的设计遵循了"阅读—写作（内容）—写作（修辞）"的逻辑线，旨在通过阅读激活学生的前序学习成果，为写作提供素材和灵感；再通过写作实践，将阅读所得转化为个性化的表达。这一设计体现了认知学习理论中的信息加工模型，即学习是一个信息接收、编码、存储、提取和应用的过程。

（2）教学目标的设定与实现

教学目标的设定：根据实际学情和读写单元整体设计，周老师将本节课的教学目标设定为：

① 学生能够识别回复信件中的关键信息；

② 正确使用信函格式；

③ 利用主题相关表达进行片段写作，并展示一定的听众意识。

教学目标的实现：为实现教学目标，周老师进行了三版教学设计，第三版设计特别注重了读写整合的实效性，通过复现阅读文本中的主题语境表达、增补写作表达素材库、调整范文结构和作文"template"等措施，打通读写之间的壁垒，激发学生对阅读语篇学习成果的复现和利用。

（3）教学设计与实施的优化

① 导入环节的改进。

在第一版教学设计中，采用云图导入写作素材的方式，经由教学实践和反思，改为复现阅读文本中的主题语境表达。这一改进不仅激活了学生已有的知识体系，还增强了学习的连贯性和系统性，为学生提供了学习抓手，帮助学生更好地理解和吸收新知识。

② 写作表达素材库的增补。

为了丰富学生的写作素材库，从第一版设计开始便在学习单"worksheet"后以附录形式设置了可利用表达，第二版设计中又增补了阅读中表达和适当主题相关拓展。这一举措不仅为学生提供了更多的语言资源，还促进了他们对语言知识的深度加工和灵活运用，通过优化信息的呈现方式和组织结构，减少学生的认知负担，提高学习效率。

③ 范文的微调和评价工具的完善。

在第二版教学设计试讲后，周老师对范文进行了微调，并调整了作文"template"和"checklist"的条目。这一改进使范文更加贴近学生的实际水平，增强了其示范作用，同时也使评价工具更加连贯和易于操作。这一过程中，周老师运用形成性评价和终结性评价相结合的策略，通过自评、互评和师评等多种方式，全面、客观地评估学生的学习成效。

④ 活动比重与时间分配的调整。

在第二版课后反思中发现执行层面上可以进一步优化，如将"salutation"和"introduction"合并为一个段落，留出更多时间让学生自评与互评。这一反思体现了教师对教学实践的敏锐洞察力和持续改进的精神，同时也加强了对基础语法错误的关注，为学生后续修辞写作课的学习打下基础。

3. 写作教学（第三课时）：执教者：原名师基地学员、上海市实验学校徐如青老师

这节写作课的情景设置为：一个微胖的女孩时常被同学嘲笑她的体型，她为此很困扰，所以向同学寻求帮助。该主题既是回应单元主课文"The Way We Are"的主旨引领，也是引申了一名中学生长期被同学取笑的困扰，是迁移也是回归。通过这节课的学习，学生能够辨析常用英语修辞，并有意识地运用修辞手法来润色建议信的内容，从而使建议更具说服力。

学情方面，通过之前课时的学习，学生在信件内容的学习后，能够知晓规范的信件格式，能够全面地提供信件内容，如表达理解和关心、提供建议和表达期许等。但是，也出现了学生不知如何展开建议内容、不知如何将建议写得温暖有力量等问题。对此，这节课便是基于学生的写作文本展开。

徐老师选择了两篇学生的习作，一篇建议内容比较空洞，一篇建议内容比较具体且温暖有力，让学生体会差异。他先是从内容的翔实度上引导学生去思考两个问题：怎样的建议比较有建议性？如何让建议的提出有力量？借助这两个问题，徐老师引出了英语修辞的常见手法，并用实例帮学生明确常见的修辞含义。同时，为了帮助学生使用这些修辞，徐老师选择了一篇文章，并对其进行语言润色，让学生体会润色前后的语言和内容的差异，从而强调修辞手法的适当使用。接着，学生选择1—2种修辞手法，对自己第一版的文章进行修改，并进行组内互评（由于课内时间紧张、写作任务难度较高，课堂内未进行全体学生的修改展示）。最后，为了继续给学生做示范，徐老师对课堂开始时那篇内容单薄的文章进行了修改，让学生在赏析过程中寻找文本中的修辞运用，这也是给课后作业做的一个示范。课后作业有两项：一是修辞手法的拓展学习，二是运用合适的修辞手法润色第一稿写作文本。

5.3 高二年级案例

本小节将以高中英语(上外版)选择性必修二 Unit 1 Scientists 为例,通过下述六个步骤,实现大观念引领下"教-学-评"协同发展的读写单元整合。

5.3.1 研读单元内容,梳理语篇主题意义

单元主题是"科学家",单元的话题涉及两个主题语境:第一个主题语境是"人与自我",主题群是"做人与做事",涉及"优秀的品行、正确的人生态度、公民义务与社会责任以及生命的意义与价值";第二个主题语境是"人与社会",主题群是"历史、社会、文化",涉及"对社会有突出贡献的人物"。单元语篇类型丰富,包括人物专栏、人物传记、描写文写作、广播节目、电视节目、宣传册等。

本单元主题的相关语篇有:

Reading A: Saving Tibet One Seed at a Time,语篇类型是人物专栏,主要介绍已故生物学家钟扬的主要成就、工作内容及其可贵品质;主题意义在于引导学生体会科学家不畏艰难、勇于奉献的可贵品质和崇高精神。Listening: Stephen Hawking,语篇类型是广播节目,主要介绍霍金经历及主要成就。Viewing: Do You Know These Female Scientists? 语篇类型是电视节目,主要介绍女科学家的研究领域及其成就;主题意义在于引导学生总结科学家们工作道路上面临的困难及其对待困难的态度。Reading B: Rosalind Franklin,语篇类型是人物传记,主要介绍女科学家罗莎琳·富兰克林的生平经历和科学成就;主题意义在于引导学生关注女科学家的遭遇与成就,培养学生不畏艰难、勇往直前的精神。Writing: Writing a descriptive essay to share your evidence of exploring science,语篇类型是描述性写作,主要描述班级参观科学展的经历;主题意义在于结合科学探索方面的个人经历写作,引导学生践行科学探索研究。Further Exploration: Creating a full-colour booklet of a group of Chinese scientists,语篇类型是宣传册,主题活动是制作中国科学家集的全彩小册子;主题意义在于深入思考中国科学

家的事迹,学习宣扬科学家精神。

5.3.2 建构语篇关联,提炼单元主题大观念

高中英语每套新教材每个单元的教学都是通过多个语篇、多课时组成。与传统碎片化、浅层化教学不同,单元整体教学不能简单地将几节课拼凑按顺序讲授,而应该在单元讲授前进行整体设计,以学生认知发展为基础,将几个子主题进行深入分析,明确主题意义,形成单元主题大观念,以此开展整体式教学。在大观念教学中,学生不是被动地接收孤立的信息,而是在大观念的指导下,主动地将新知识与已有知识链接起来,同时链接跨学科知识,形成主题大观念。

对此,围绕"科学家"这个话题,依据各语篇的主题内容,我们可以从"知"与"行"两个层次提炼两个单元小观念:由 Reading A、Reading B、Listening、Viewing 提炼出单元小观念 1"描述科学家的成就、探寻科学家精神",对应"知";由 Writing 和 Further Exploration 提炼出单元小观念 2"宣扬科学家精神、践行科学探索研究",对应"行"。

每个小观念都有相应的输出任务:小观念 1 的输出任务是每位同学向小组推荐一名科学家的故事并说明理由;小观念 2 的输出任务有两项,一是写一篇描述自己参观科学展经历的作文,二是小组合作制作中国科学家集的全彩小册子。

就此,本单元的主题大观念可以概括为"描述科学家的生平、成就或感人事迹,体会科学家不畏困难、勇于奉献、热爱科学的精神,在生活中宣扬科学家精神,学习并践行科学实践探索"。

5.3.3 梳理单元学习内容和结构化语言,提炼单元语言大观念

学生会学习到大观念相关的具体词汇、表达方式、语篇结构、描写方式等,形成语言大观念,语言大观念主要从语言表达方式和语篇文体特征两个方面展开。

语言表达方式上,本单元主要涉及两类主题词汇和表达方式的理解与运用:一是描述科学家,包括科学家性格特征描写,精神品质评价,科学家的经历、工作、贡献

或成就等;二是推荐科学家,涉及动词-ing/-ed作表语评价科学家工作及其精神、问询建议与提供建议表达方式等。就此,本单元语言小观念1是"围绕科学家主题,语义整合性学习词汇和表达方式":关于人物性格特征描写、精神品质评价的表达有:"spent a lot of time and effort, spent countless hours, despite all these hardships, they persisted, was deeply devoted to this work, have never regretted, undying passion for science, took up every challenge head-on";关于人物经历、工作、贡献或成就的表达有:"seeds, biology, chemist, virus, crucial, breakthrough, suffering, wheelchair, varying climates and environments, the structure of DNA was a double helix, mastered X-ray crystallography";动词-ing/-ed作表语介绍或评价科学家及其精神的表达有:"his job is studying animals, it is highly challenging, he was deeply devoted, I can be quietly satisfied, her efforts often went unnoticed";问询建议与提供建议的表达有:"What do you recommend? What's your favorite ...? I highly recommend ..., I really think you should read it."。

语篇文体特征上,本单元主要有人物专栏、人物传记、描写文写作等,最核心的是叙事类文体。单元的描述方式也多样。就此,本单元的语言小观念2是"运用恰当、合理的描述方式在对应的语篇结构中,描述科学家、推荐科学家、践行科学实践"。从描述方式看,包括:

① 人物传记按照时间顺序、以第三人称简要叙述主人公生平经历、科学成就,尽管面临各种困难但仍然无所畏惧,勇往直前;

② 使用大量具体的数字来刻画主人公精神品质,突出其做出的贡献,如"more than 40 million seeds from nearly 1,000 different kinds of plants, more than 80 percent of the seeds, at a height of 4,000 meters above the sea level, be preserved for more than 100 years, walked at least 10,000 kilometers";

③ 通过直接引用人物的话,以及运用具体描述人物工作状态的词汇,使人物的形象更为生动感人,如"I have never regretted being a scientist. Imagine what you do today will benefit many people, even after you die. Everything difficult is worth the price.";又如"starting eating lots of peaches, fell ill because they had plant allergies, ate only one meal a day, was deeply devoted to this work";

④ 使用感官细节和对话表情达意，如"I saw handmade models of motor cars, trains, ships, aircraft, X-ray machines, etc.. The workings of the heart, lungs and other organs of the body were displayed vividly before my eyes."描述看到的物品，非常生动形象有画面感；又如"That's so cool! I said excitedly. The inventor glowed with pride. I'm always fascinated by ..."通过对话感受人物强烈的情感与态度；

⑤ 使用合适的衔接词，如"despite, even though, but"等；如"Nothing got in the way of her scientific research even though science was considered a 'man's world'"表明要迎难而上坚持科学研究的决心；如"in 1956, Franklin found that she had cancer, but she continued to work until her death"强调对科学研究的坚持；如"receive no credit even though she had provided the crucial information that allowed Waston and Crick to make their breakthrough"表达作者对富兰克林的遗憾与可惜。（此部分摘自"空中课堂"）

通过单元语言小观念1和小观念2，可以将单元语言大观念概括为：综合运用词汇、表达方式、语篇结构描述科学家的生平与成就，推荐中国科学家的故事，评价科学家的工作态度及其精神品质，介绍个人践行科学探索的经历。

5.3.4 基于主题大观念和语言大观念，构建单元大观念

基于以上主题大观念和语言大观念，本单元的大观念可以概括为"了解科学家的生平与成就，学习科学家不畏苦难迎难而上的精神品质，在生活中宣扬科学家精神并身体力行参与科学实践探索"。核心素养综合表现则是：综合运用与科学家工作经历、成就、品质等相关的词汇与表达方式，按照个人事迹记叙模式，制作中国科学家小册子并结合自身科学实践经历，在思想和行动上弘扬科学精神，追求科学探索。

通过主题大观念和语言大观念，学生对单元主题意义会有更深的理解，零碎的知识经过系统化、结构化，在新的情境中能够举一反三进行迁移与运用。同时，在大观念视角下，教师站在一定高度重视道德、文化、思维和社会实践，全方面促进学生的发

展,实现教育的立德树人目标。

5.3.5　根据主题和语言大、小观念,制定单元和课时目标

根据本单元内容的整合与提炼,以大、小观念的建构和应用为出发点设计具有统整性、体现素养的单元教学目标与课时目标,围绕每个语篇的意义探究逐步形成对"科学家"这一主题的深层认知、价值判断与行为取向。教学目标不再局限于课时,而是围绕单元主题语境内容提炼大观念、小观念,通过听、说、读、写、看等方式探究主题意义,目标由大到小,各课时之间目标相互关联,实现对主题的深度认知、思维提升、情感升华、价值判断等。这种基于主题意义的单元整体教学,有助于核心素养从抽象概括变得具体、可操作、可实现。

基于单元小观念1,设定教学目标:

① 描述科学家的生平、工作、成就,分析科学家面临的困难,总结科学家的精神品质;

② 整合中外科学家工作中面临的挑战,梳理出相应的精神品质。

基于单元小观念2,设定教学目标:

③ 描述科学探索中的个人经历;

④ 宣传科学故事,弘扬科学精神。

以单元小观念1为例,总计5课时,分别是Reading A第1课时、Vocabulary Focus第2课时、Grammar in Use第3课时、Listening与Viewing and Speaking第4课时、Reading B第5课时。每个课时的教学目标都是为单元小观念1服务的,同时为单元小观念2奠定基础。

5.3.6　大观念引领下实施"教-学-评"协同发展的单元教学活动

教学内容与目标确定后,教学活动和评价活动的设计就是关键。新课标要求教师从英语学习活动观的视角,设计学习理解、应用实践、迁移创新等一系列体现综合

性、关联性和实践性等特点的英语学习活动,培养学生综合语言应用能力,促进学生学科核心素养发展。每项活动都有相应的评价任务,在每一课时中动态评价学生对所学内容的掌握,以评促教、以评促学。

而基于英语学科核心素养的教学评价应以形成性评价为主并辅以终结性评价,定量与定性相结合,注重评价主体的多元化、评价形式的多样化、评价内容的全面化和评价目标的多维化。单元评价既包括对各课时中每个学习活动效果的评价,也包括单元整体学习效果的评价。此外,针对不同层次的思维和学习,教师可选用不同的评价方式。对于低阶思维,可以通过语言知识测试和语言技能测试评价知识掌握情况,这也是传统教学中最常用的;对于中阶思维,可以通过课堂问答、可视化思维工具、课堂展示、口笔头作业、自评互评量表等方式评价反馈;对于高阶思维,可以通过"KWL"调查表、单元总结、档案袋、问卷调查等方式来评价。而核心素养则最终通过指向素养的单元测验、项目式学习、自我反思等评价综合表现。下面呈现其中的四项方式:

1. 可视化图形

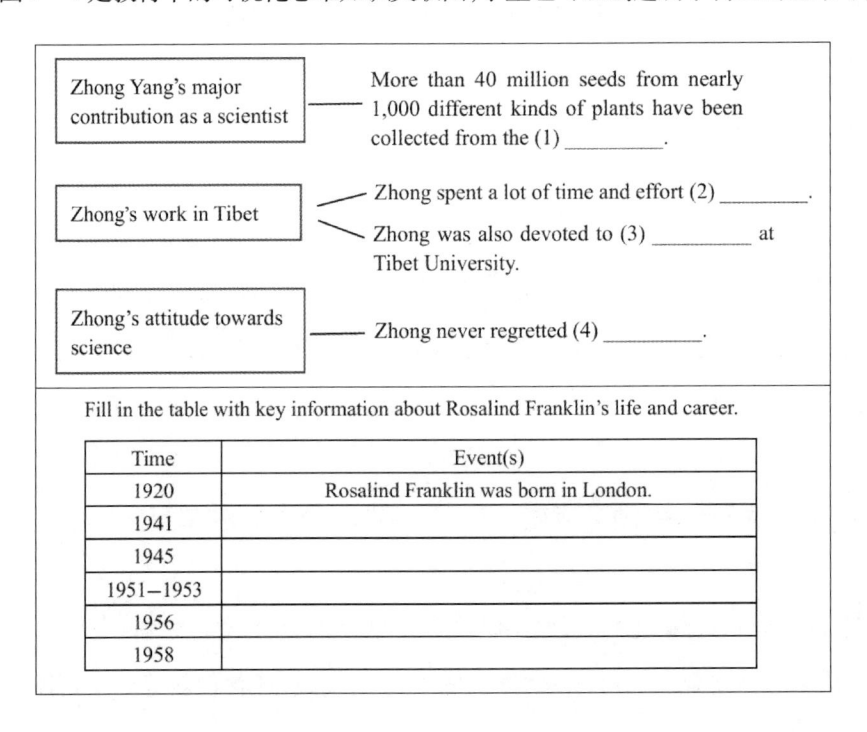

图5-4是教材中的可视化思维知识关联图,学生也可以创造属于自己的思维导图。

Zhong Yang's major contribution as a scientist	— More than 40 million seeds from nearly 1,000 different kinds of plants have been collected from the (1) _____.
Zhong's work in Tibet	— Zhong spent a lot of time and effort (2) _____. — Zhong was also devoted to (3) _____ at Tibet University.
Zhong's attitude towards science	— Zhong never regretted (4) _____.

Fill in the table with key information about Rosalind Franklin's life and career.

Time	Event(s)
1920	Rosalind Franklin was born in London.
1941	
1945	
1951—1953	
1956	
1958	

1920	Rosalind Franklin was born in London.
1941	She graduated from university.
1945	She earned her doctorate in physical chemistry.
1951—1953	She worked as an X-ray Crystallography expert at King's College.
1956	She found that she had cancer.
1958	She passed away.

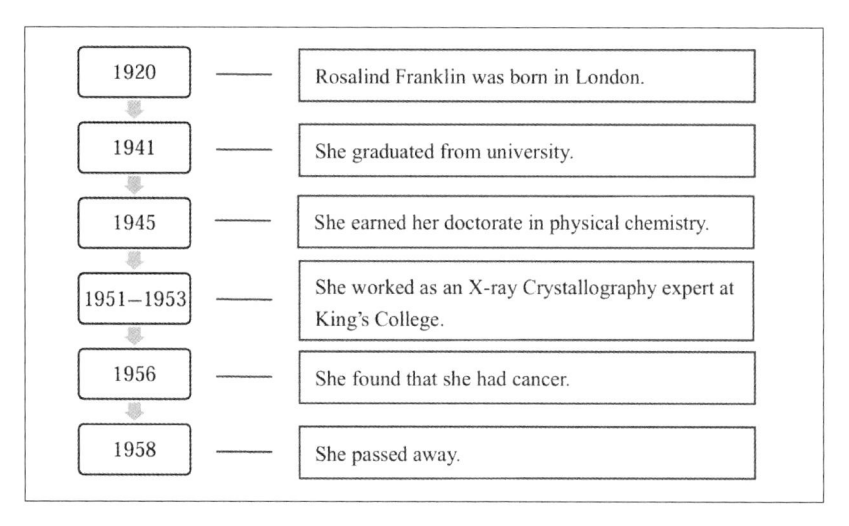

图 5-4　可视化思维知识关联图

2. KWL 调查表（见表 5-3）

表 5-3　KWL 调查表

What I Know	What I Want to Know	What I Learned
1. some famous scientists and their achievements, such as Hawking, Marie Curie, Jane Goodall, etc; 2. their good qualities; 3. Zhong Yang passed away in a car accident and his wife donated all the compensation money.	1. more detalis about Zhong Yang and other scientists; 2. how to describe them in English; 3. why we need to promote the spirit of conduting scientific research and exploration.	1. scientists' deeds and qualities: build the seed bank, devoted, persistent; 2. how to describe a scientist in oral and written English; 3. overcome difficulties when facing them.

3. 自评互评量表（见表 5-4）

表 5-4　自评互评量表

Writing Checklist
☐ Do I create a dominant impression in my writing?
☐ Do I use sensory details or dialogues to convey the dominant impression?
☐ Do I arrange the details appropriately?

Evaluation Sheet
Evaluation of Group _____'s Presentation
Group members: _____
Directions: Circle your choices and complete the sentences.
1) I find the title **impressive/less impressive** because _____.

	2）I **am/am less clear** about their choices of scientists and their reasons because ＿＿＿＿＿＿＿＿＿＿＿＿． 3）I find the fact they presented **impressive/less impressive** because ＿＿＿＿＿＿＿＿＿＿＿＿． 4）I find the quote they introduced **impressive/less impressive** because ＿＿＿＿＿＿＿＿＿＿＿＿． 5）I **am/am less clear** about their opinion of each scientist because ＿＿＿＿＿＿＿＿＿＿＿＿． 6）I find their reflection **inspiring/less inspiring** because ＿＿＿＿＿＿＿＿＿＿＿＿． 7）I find their visual aid **appealing/less appealing** because ＿＿＿＿＿＿＿＿＿＿＿＿． 8）There is more I would like to say about this presentation.

4. 自我反思（见图 5-5）

Self-assessment

Look at the expected learning outcomes of this unit. Tick the items you think you have done well.

☐ A. Understanding sufferings and great achievements of scientists
☐ B. Talking about the life and work of some famous scientists
☐ C. Creating a full-colour booklet of a group of scientists
☐ D. Analysing and evaluating scientists' attitudes towards difficulties
☐ E. Identifying the author's feelings in reading
☐ F. Writing a descriptive essay about my personal experience of exploring science

Write a reflective note on what you think you need to improve. You may include some or all of the following points:

▷ What you still find difficult
▷ Possible cause(s) of the problem(s)
▷ Your plan to solve the problem(s)
▷ Learning resources that you could use

图 5-5　学生自我反思

总而言之，要实施大观念引领下的读写单元整合教学，教师必须熟读课标与教材，厘清各语篇内在逻辑，梳理出大、小观念，深化对主题意义的理解，掌握核心知识与观念，同时贯穿过程性评价，实现"教－学－评"的协同发展，以达到立德树人、培养核心素养的育人目标。

第六章

写作的互动式教学
（Interactive Teaching of Writing）

此章节让我们聚焦写作部分，谈谈如何通过写作教学促进对学生思维品质的培养。

6.1 互动式教学的意义：提升思维品质

思维品质是我国英语学科核心素养的重要内容，体现了学生语言学习过程中的心智特征；英语学科背景下，思维品质的培养注重思维的逻辑性、批判性与创造性，要求英语教学从以语言知识与技能为重心转变到运用语言服务思维为重心，这对当前的中学英语写作教学具有重要的指导意义。写作是表达思想情感、实现沟通交流的一种重要手段，如何增强学生的写作动机，激发学生的写作思维，尤其是培养学生的高阶思维是中学英语教学工作中的当务之急。

原名师基地学员姚欢老师在真实课堂中，就题为"An Incomparable Person"的文章进行发散性讨论时，课堂中大部分学生只能选取近期教材中提到过的人物进行"半生不熟"的议论，无法联系自身更广泛的阅读体验或生活中实际存在的身边人进行更为独到的阐述；长此以往，学生将不再具有独立思考的能力，最终沦为人云亦云的"乌合之众"。对此，要培养学生的思辨能力，就是要引导学生学会观察生活、主动思考,提出质疑的同时又不盲目批判。教师应当引导学生积极讨论各类话题,发挥自己的发散性思维和反向思维能力,结合自身实践经验形成自己的观点。

为了在写作教学中体现思辨能力培养的导向,教师应当充分利用写作课的特性,采用"互动式教学"来调动学生积极性,鼓励学生依托已有的知识储备探索新的问题,并在班级范围内形成求知探讨的教学氛围。此外,利用写作课堂帮助学生养成发声习惯,努力让自己的声音被他人听到、认可,同时也聆听他人的观点并进行思考,同样有助于学生在今后工作和学习中与人有效沟通。只有愿意思考、敢于批判、尊重创新,才会不断地突破自我,挑战自我。

6.2　互动式教学的理论基础:二语写作反馈系统模型

2013年,于书林根据芬兰学者恩格斯托姆(Engestrom)(1987)的活动系统模型提出了二语写作教师反馈系统模型,包括反馈主体(教师)、反馈工具(语言、符号等)、反馈客体(学生写作文本)、反馈规则(时间、标准等)、学习共同体(学生、教师等)、劳动分工(权力地位、读者与作者、反馈分工、语言水平和写作水平等)和成果(写作修改、学生写作水平提高)等。受该模型启发,本研究据此修改确立了"二语写作反馈系统模型"(见图6-1)。

较之原模型,本模型的研究对象由"二语写作教师反馈"拓展至"二语写作反馈",在保留其余元素的基础上,将反馈主体、反馈个体与学习共同体三项合并为"反馈共同体"一项,即同时包括教师、学生与习作,使其融合成一个有机整体。如此修改的原因是,随着近年来人工智能的发展,新兴的电子测评技术使学生通过在线方式获得反馈,

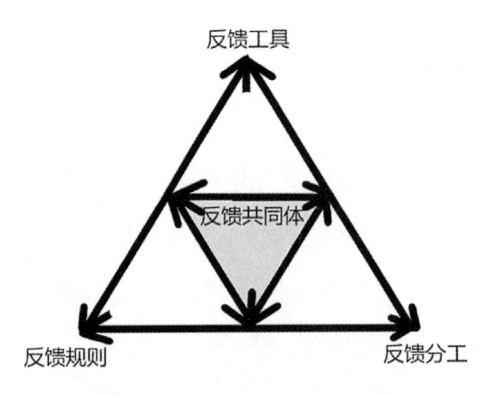

图6-1　二语写作反馈系统模型

教师不再是唯一的反馈来源,原先的学习共同体也因而具备了一定的反馈作用;此外,过程性写作教学中的反馈可能存在互为主体性,当学生根据教师的反馈进行修改,再把修改的结果反馈给教师时,学生便成了反馈的主体。因此,将原模型的反馈主体、反馈个体与学习共同体三合一为"反馈共同体",既强化了写作反馈的主体间性,又顺应了当下人工智能发展大潮的时代要求。

原名师基地学员、上海市建平中学的顾问老师还对此进行了实证研究,并得出如下结论:师生普遍认同教师应将写作反馈标准明确告知学生并将反馈渗透到写作教学过程的每个环节;教师在反馈过程中应当兼顾内容和形式,充分了解教师反馈、同学互评和在线测评各自的优势和短板,根据学生的不同情况尝试"同伴互评+教师反馈""网站测评+教师反馈",甚至"网站测评+同学互评+教师反馈"的多元化反馈组合方式;教师是习作的读者也是评语的作者,因此在反馈用语上应当多鼓励、少批评、多对话、少命令,建立一种平等的"作者"与"读者"关系。总之,教师要认识到写作是不断完善发展的开放动态过程,教师应对学生写作给予多元化、多维化,强化主体间性的过程性反馈。

6.3 互动式教学的原则

"互动",从词的构成上说,按照辞典解释,"互"是交替、相互,"动"是起作用或变化,"互动"因而就是指一种相互作用或使彼此发生变化的过程。所谓"互动式教学",就是要打破教师讲授为主的教学模式,通过多种互动形式,如师生互动、生生互动、生机互动的形式来调动学生主动参与学习,并且在这个过程中不断进行"教师—学生—社会人"身份的转换,彼此发生相互促进的积极作用,帮助学生通过学科问题来反思自我,认识世界。具体到实践,互动式教学有两个原则:一是教师角色从"权威"走向"谦逊",二是将评价权交给学生群体。

6.3.1 教师角色从"权威"走向"谦逊"

在课堂中,教师作为知识的输出者,往往将自己摆在"权威"的位置上,教师所讲的才是重点,教师认可的才是准确的。但是,教师的过度压制反而会使得学生不由自主地放弃主动思考能力,形成"言听计从"的被动学习习惯,最终导致丧失学习主动性、学习效率低。对此,想要让学生主动思辨,培养其思维品质,就要把舞台还给学生,无论学生的观点是否准确或成熟,都要鼓励学生抓住一切机会参与到写作话题的讨论中。

如弗莱雷(Freire)所倡导的"提问式教育(problem-posing model of education)",通过对话的方式刺激学生的主动性和思辨意识。在提问模式下,教师不再进行压制性的"教学",也不预设答案唯一的问题,而是把自己设定为同样具有困惑的思考者,然后围绕题目通过"追问—结合学生回答提出思考—继续深入追问"的方式,将探讨型的对话机制引入师生关系和教学中。事实上,提问本身就是一种批判形式,通过提出和解决问题,学生可以逐渐形成自己的确定的观点。

就写作教学而言,作为写作前的准备,教师引导学生对话题中关键点进行发散性探讨,描绘出对应的思维导图。由于教师不设立场、不预设答案、不做信息输出方,仅仅作为信息传递的参与者,因此任何观点都会被合理采纳,学生会产生思考的成就感,更易于产生创新思维。在这种模式下,教师和学生的角色得以互换,学生和教师可以同时以"社会人"的身份进行平等的探讨,甚至在学生擅长的领域中,教师换位为"弱势群体",接受学生的"指导"。整个过程中,教师的权威性只需体现在关键时刻,以保证学生的思路仍位于与话题相关的界限范围内即可。

6.3.2 将评价权交给学生群体

由于师生的互动模式发生变化,生生互动的模式也随之改变。传统意义上的"生生互动"更多地局限于学生之间的小组讨论,但这种互动是比较空洞的,因为学生的讨论不会改变任何课堂现状。"互动式教学"中的生生互动则更具影响力,关键的一点便是教师可以将评价和否决的权利还给学生群体,让学生以组织的形式来讨论评价每位学生个体的观点。

在写作课堂中,教师作为引导者会不断激发学生提出观点,在这些众多观点中,一定会有成熟与不成熟、全面与不全面的质量区分。但决定这种区分的,不应当只是教师,还应该包括学生群体本身。学生可以在思维导图中选出自己赞同的观点,解释赞同的原因,并进一步提出自己的补充有论据或实例,也可以提出自己的不同意见并给出修正建议。对此,教师只需引导讨论方向,发挥查漏补缺的补充作用即可。

在这种模式下,学生不仅可以模拟自己在实际生活中遇到讨论、辩论时的场景,学会如何取舍观点,也可以通过观点的碰撞激发思想的活力,激励他们在互动中不断思考,不断创新;以学生群体为单位的讨论,实际上更有助于筛选和形成更具思辨性的观点,这个过程也是帮助学生理清自己思路,使其之后的写作过程逻辑性更强。另一方面,学生作为同龄人群体,更易理解彼此的思路和逻辑,相比教师视角的成年人固定思维,学生之间类似的经历更能使之共鸣,学生之间的互动更能带来充足的、接地气的讨论,通过一场小辩论达成共识,使其彼此更加信服讨论的结果。

6.4 教学案例

原名师基地学员、上海师范大学附属学校的沈传辰老师认为,在日常教学中,写作反馈常以"教师批改"或"师生互动"为主,忽视"生生互动"的潜力。此外,较多以同伴反馈为主题的实证研究往往止于一堂课例的研究,如何在课后继续做好同伴评价工作却少有提及。因此,在写作的互动式教学方面,沈老师将从"课堂内"和"课堂外"两个角度来综合探讨有效开展同伴评价的策略,"课堂内"重点聚焦如何设计一堂以同伴评价为主的写作课,"课堂外"旨在探讨课后持续开展同伴评价活动的途径和方法。

课堂教学实践分为三个阶段:实践、反思、再实践。第一次实践基于支架理论开展同伴评价教学,在学校内部进行公开课展示;经过评课和反思后,针对教学模式进行修改,再进行二次实践。

6.4.1 第一次教学实践

教学素材是高三周测作文,话题是"你想成为电影中的什么角色?"。课前,沈老师批阅了学生的所有作文并做点评。为了给课堂内的同伴评价活动留出思维空间,在阅卷过程中,沈老师将评语单列在外,待课堂结束后再发给学生。此外,还针对学生的写作问题进行了分类统计,发现了两个共性问题:一是展开的内容与主题句不符;二是行文逻辑层次不明或者句间逻辑混乱。就此,沈老师将行文逻辑的修订列为课堂的教学重点。以下是教学过程及其设计思路:

1. 阅读范文确立评判标准

引入环节开门见山,直接告诉学生课堂将重点聚焦行文逻辑的修订;随后,向学生分发官方范文和年级里的高分作文,通过分析其主题句和论据之间的逻辑关系,剖析文章的层次结构,引导学生总结出"好作文的标准",形成一份"checklist",为后续评价环节做好铺垫。下表是课堂现场与学生互动所生成的作文评判标准(当堂板书的内容)(见表6-1):

表6-1 作文评判标准

Proper order: 1. Argumentative, expository: 　　general→specific 　　　　(topic sentence→supporting details) 2. Narrative writing: order of time, space, process 　　The use of link words: 　　because of, however, on the other hand, ...	Ways to enrich the writing: 1. change the angle 2. details (life, attitude, ...) 3. synonyms 4. more parts

在该教学环节中,教师扮演引导者的角色,通过"范例支架"的搭建,帮助学生确立作文评判标准。这份评判标准也是一个"工具支架",在后续教学活动中,是同伴之间展开评价活动的重要参考。

2. 带领学生修改问题作文

帮助学生构建"checklist"这个"工具支架"后,展开同伴作文的评判工作。为了让学生能够顺利完成互评活动,沈老师先引导学生基于"checklist"找出问题作文的不足之处,并提出改进建议。通过一次评价示例,学生能够基本明确评价标准的使用方法,并提出有针对性的改进措施。而课堂伊始在现场板书中所形成的"ways to enrich the writing"板块也为学生提供了很好的"建议支架",使学生在提出改进建议时方向明确。最后,沈老师向学生提供自己的修改版本,供学生作为范例参考。

3. 生生互评,提出改进建议

完成上述各项铺垫工作后,沈老师向学生随机发放了同学的作文,进行同伴互评。鉴于课堂时间有限,该教学环节采用"jigsaw correction"模式,要求学生基于"checklist",针对同伴作文的指定部分展开评价,指出问题所在,并提出改进建议。

4. 参考教师评语,评判自己的评价

课后,沈老师将教师评语发给学生,要求学生将"教师评语"与"自己对同伴的评价"进行比较。如果学生发现自己的评价内容与教师评语较为吻合,说明学生已基本掌握了写作评价的方法;如果学生不认可教师评价,想提出不同意见,可与教师进一步交流。

6.4.2 第一次教学实践反思

在同伴评价方面,第一次教学实践存在四个方面的优点,在后续教学实践中,可继续沿用(或改进后沿用):其一,注重多重支架的搭建,学生在教师设定的系列模板中,可以迅速找到问题所在,进行有效评价,提出合理的改进建议;其二,在让学生自主活动前开展"反馈培训",可降低主观因素对同伴反馈的影响,确保评价活动的客观公正;其三,落实书面评价,这不仅能为最后的作业任务提供相关素材,也有利于学生开展深入思考,组织合适的语言;其四,教师介入的时间把握恰当,根据过程性写作理论,教师只是组织者和引导者,因而在实施同伴反馈的过程中,需尽可能少地介入同伴反馈活动,尤其不宜事先对评判对象给予主观评价——虽然教师事先对学生作文

进行批阅并写了评语,却是在课堂结束后才发给学生进行参考,能排除主观因素对学生互评活动的干扰——毕竟同伴反馈不等于没有教师反馈,教师反馈安排在最后呈现,既较为合理,也是必要的。

然而,第一次教学实践也存在一些需要调整和改进的地方:

1. 支架搭建过于细节,有较多预设答案,这会禁锢学生思维,使同伴评价变成模板化评价,致使演绎较多、互动较少,学生的思维活力无法被充分激发;对此,在支架搭建的过程中,教师应当减少预设,指明方向即可。

2. 整堂课忽视了"语言支架"的搭建,致使学生在产出环节可参考调用的词汇不足。

3. 教学活动仅安排了一次互评,缺少与原作者的互动,同伴反馈活动不具有实质上的双向性;对此,教师应当增设评价者与被评价者的互动环节,以增强双方对写作的认识。

4. 学生以学号进行分组,较为随意。对此,冯美娜(2015)在总结了诸多实证研究的基础上,提出了分组方式的优化策略,表示教师可以按照"组内异质、组间同质"的原则来组建同伴小组。现场评课的专家则提出了"组内同质、组间互质"的改进建议,提出了分层范文的构想:让能力层次较低的学生参考中间层次的范文,通过相互讨论和评价,力争达到中间水平;让能力层次较高的学生参考高分范文,通过互评活动,努力达到上层水平。而无论是采取组内还是组间互质,都有一个共同点——在学生之间形成差异——这是激发学生互动意愿的有效策略。

6.4.3 教学设计修改与再实践

根据第一次教学实践所发现的问题,沈老师对教学模式做出了修改,在新一次高三周测后,在课堂内又实施了一次同伴互评活动。本次作文的话题是:假设自己是学校前任影评社社长,收到新任社长的求助信,请教如何才能干好这份工作。

首先,写作教学前的准备工作,包括:

① 进行阅卷,为学生的作文写下评语(沿用第一次教学实践的做法,将教师评语

单独处理,最后发给学生);

② 统计学生的共性问题,确立教学目标(共性问题依然是展开内容与主题句不符);

③ 为了方便学生的语言组织,准备一份《常用关联词参考》,并允许学生带电子词典或汉英词典,作为"语言支架";

④ 将学生按照均分进行分组,高分段的同学设为 A 组,低分段的同学设为 B 组,每组 2 至 3 人;

⑤ 采用混合式教学模式,下发预习材料,A 组同学阅读官方范文和高分范文,B 组同学阅读中等水平的范文,参照第一次教学实践时所确立的评判标准"checklist",进行范文评价。

完成了上述准备工作后,正式实施课堂教学。具体的教学流程和实施成效如下:

1. 带领学生简单回顾第一次教学实践时所确立的评判标准,分别让 B 组和 A 组学生谈论各自范文的优点(由于 B 组是中等水平的作文,也允许学生谈论范文缺点)。该环节旨在开展反馈培训,使学生明确评判方向。由于水平差异,教师安排 B 组学生优先回答,并要求 A 组同学说出一些 B 组同学没有谈及的内容。现场互动中,B 组学生主要关注文章的逻辑性和关联词的使用,A 组学生则额外关注了好词好句和文章结构的复杂性,尤其对一篇平行层次的范文表示赞赏。不过,此次能力分组出现了一个意外情况:由于 B 组学生预习质量不高,无法充分展开互动,教师演绎偏多;相反,A 组学生能各抒己见,较好地总结出范文优点。我们由此可以总结出一个教训:在规划分组和设计预习任务时,还需要关注学生的态度差异。

2. 组内互换作文,相互点评文章的主体部分,并提出改进建议,写出更好的段落。整个过程中允许学生与原作者交流,允许学生查词典。鉴于能力差异,教师要随时准备给予 B 组更多帮助。从实施成效看,学生获得了更多课堂互动时间,基本达成了预设的"增进互动"目标,内容修改的质量也有所提高。

3. 发还教师评语,供互评双方进行参考,并布置作业,要求学生基于同伴和教师的评价,写出自己的修改稿。

6.4.4　课堂外开展同伴评价

根据 N. 汉森(N. Hansen)与刘娅菲(Q. Liu)(2005)的教学研究,如果教师和学生都对同一稿进行反馈,学生会更加重视教师的反馈。质言之,就学生的主观能动性而言,要长期实施同伴评价存在一定难度,笔者在日常教学实践中也发现,学生(尤其是高三学生)往往倾向于接受教师评价,对互评作业的热情不高。针对这一现实难题,教师可以采取以下措施,在课外有效推动同伴评价的开展:

其一,适当安排几次同伴评价课,正式给学生一段课堂时间展开互评活动。在完成评价环节后,正式布置作业,要求学生基于同伴和教师的评价,写出自己的修改稿。上述案例的两次教学实践亦表明,在正式开设同伴评价课后,评价性作业的完成率也较高。

第二,将教师面批和同伴评价相结合。首先,将学生按照英语写作能力进行排序,优先面批水平较高的学生,了解其文章的优点所在。随后,面批其余学生的作文,在批改过程中势必会发现学生作文的问题所在,此时可以向学生指出问题,但不直接给出修改建议或深入点评,而是让其找特定同学求助,再回来找教师汇报同伴求助的结果。举例来说,在前期批阅中,发现学生 A 的对比手法写得很好,在后续面批的过程中发现学生 B 的论证手法单一,则可指定学生 B 向学生 A 进行咨询,回来向教师汇报咨询成果。整个过程中,教师起到组织、引导的作用,也起到最后审查、把关的作用。随着面批量的增多,教师对学生作文的优缺点也了解得更详细,学生之间的互补性也能更精准地把握,"指派"的同伴互评也将更具针对性,更为高效。

第七章

现代信息技术赋能的读写单元整合
(Integration of Reading and Writing Units Empowered by Modern Information Technology)

7.1 现代信息技术促进文本深度阅读

阅读是高中英语教学的核心部分,学生阅读能力的发展不仅可以培养学生良好的语感,更重要的是能够拓展学生的知识视野,让学生在阅读过程中获得多重收益。而深度阅读要求学生不仅能理解文本的表面意义,还能分析、评价和批判文本内容。对此,信息技术工具,如电子词典、翻译软件和在线讨论平台,可以帮助学生更好地理解复杂词汇和文化背景,促进批判性思维的发展。可以说,随着互联网技术的迅速发展,数字化的校园环境为高中英语教学提供了更多空间,注入了更多活力。对此,教师不仅要注重对资源的引入,更重要的是要能够充分发挥现代信息技术对教学的推动作用,提升学生的学习参与意识和思维创新意识,推动学生核心素养均衡发展。

下面我们来看看上海市浦东新区川沙中学教师围绕"以信息技术为驱动,促进文本深度阅读"所做的研讨和教学实践。

7.1.1 现代信息技术的价值分析

现代信息技术对文本阅读的促进可以体现在下述三个方面:

其一，有效创新了高中英语阅读教学的方式。依托数字化校园环境，高中英语阅读教学可以很好地融"听、说、读、写、看"于一体，学生可以进行个性化的学习尝试，摆脱以往单一枯燥的答题训练，更加符合这一阶段学生的年龄特征，同时也方便学生进行拓展学习。

其二，充分发挥了学生在英语阅读教学中的主体性地位。数字化的阅读环境改变了传统的灌输式教学，学生主动进行阅读。而结合学生阅读过程中存在的共性问题，教师可以利用大数据更好地开展个性化指导，使课堂教学的效率显著提升。

其三，有利于培养学生的自主学习能力。高中阶段学生能够自主地总结一些有效的学习方法，并善于通过思维导图、延伸阅读、师生交流、生生互动等途径获取多重信息，数字化阅读方式的开展便能够为学生创造多种个性化的自主学习方式。除了教师布置的任务之外，学生还可以结合自身需求，开展形式多元的学习尝试，可以很好地培养学生的自主学习能力；同时改变了点对点的单一教学模式，通过多种学习资源来分配学习任务，学生的学习意识由此显著增强。

依托学校的"C30"教育平台，"互动"板块可以为教师课堂内容提供多样化展示平台，有效提升课堂趣味性。比如，思维导图等能够帮助学生梳理文章或知识点脉络，帮助学生理清思路；观点云和投票功能可以帮助教师收集学生观点，特别是对课堂上的"沉默"群体，教师能较为及时便捷地了解学情，同时让学生实时看到他人观点并实现生生互评。电子课本可以将阅读可视化，操作简单便捷，省时省力。此外，课堂上，针对某些探究性问题，学生可以采取分组协作的方式进行作答，形式可以选择手写作答，也可以选择拍照作答，学生在笔记本上作答完毕，拍照提交即可，这种形式能够很好培养学生的互动交流和合作探究能力。

7.1.2 现代信息技术在深度阅读教学中的应用

以高中英语（上教版）必修一 Unit 4 The 1940s House 阅读教学为例。学生为学校高一资优班学生，语言表达能力较强，课外知识面较广；上一课时已简单了解文本的基本内容和信息，但对信息之外的人物情感变化及其体现的精神品质尚未进行总结;学生对20世纪40年代有所了解,但对具体的生活和人物在实验前的想法还缺乏深入思考;学生在日常生活中,较多接触多模态信息,因此对视频、海报等多模态语篇的学习兴趣较高,同时学生的合作意识较强,能够在阅读过程中自主学习讨论合作。

1. 教学设计

教师从下述三方面进行了教学设计,以信息技术为驱动,促进文本深度阅读:

(1) 制作逻辑清晰思维导图,提升学生思维品质

思维导图是一种可视化工具,可以帮助学生整理和组织思维,促进逻辑思考和批判性思维发展。教师可以利用信息技术工具制作思维导图,将复杂的英语阅读内容以图形化形式展现给学生:通过使用"C30"平台的词云图和"X-mind"等思维导图软件平台,创建结构清晰、层次分明的思维导图,将文章的主题、关键词、主要观点等信息呈现出来。这可以帮助学生快速了解文章结构和内容框架,提高学生对文章整体的把握能力。同时,可以引导学生使用思维导图进行思维组织和批判性思考——在阅读后,要求学生根据文章内容制作思维导图,通过思维导图的节点和连接线,将主题、细节、论点等进行关联,再在思维导图上加入自己的思考,如提出问题、提出观点或进行相关主题文本的引用——从而提高学生的逻辑推理能力、对文章的深度理解能力和分析能力。针对必修一 Unit 4 的阅读文本,教师利用信息技术工具制作思维导图框架,以核心词"challenges and solutions"引导学生在阅读过程中找到主人公在20世纪40年代的房屋中所经历的挑战和如何应对挑战的线索,帮助学生梳理文本结构,进而推断人物所具备的品质。

(2) 运用信息技术即时反馈,促进学生学习能力

信息技术提供了多种形式的反馈渠道和工具,可以帮助教师实时了解学生的学习情况,及时给予指导和支持,从而促进学生的学习成果。教师可以利用信息化平台设计阅读过程中的活动,并通过分析平台所收集的学习数据,了解学生在阅读过程中的表现,如阅读速度、理解程度、词汇理解程度等,进而根据学生实际情况给出针对性指导和反馈,并提供相关的学习资源和策略。此外,教师还可以利用在线作业系统进行即时评估,为学生设计多元评价测试,如选择、填空、问答、语音题等,学生完成测试

后系统自动给出评分和评价,教师由此可以迅速了解学生的掌握情况,及时指导。可以说,即时的反馈不仅能帮助学生了解自己的学习成绩和不足之处,激发他们的学习动力,同时为教师提供了调整教学策略的依据。针对必修一 Unit 4 的阅读文本,教师让学生用形容词或词组总结人物在克服困难中所体现的品质,用观点云功能收集相关信息,在板书和学生端生成词云图,在读后让学生设计问卷选择题,选择想住在现代房屋、20 世纪 40 年代的实验房屋或者两个都可以。教师运用投票功能了解学生选择,并阐述理由。学生完成问卷后,系统自动生成选择结果,教师由此迅速了解学生的思路,并进一步设计追问,给予个性化指导,并及时调整教学策略。

(3) 搜集丰富文化教学资源,建立学生文化意识

文化意识的培养对于学生的跨文化认知、态度和行为取向具有重要意义,而借助信息技术,教师可以利用网络资源搜集文化教学素材,将与阅读语篇相关的材料,如传统习俗、文化历史、文学作品等提供给学生作为阅读材料,扩展学生的文化视野,增加他们对不同文化的认知。通过数字化教学平台"C30"平板把相关文化素材生动地展示给学生,使学生更加直观地了解和体验不同文化的特点,激发学生的兴趣;同时,教师创建讨论组,组织学生分享自己对素材的见解,也可以在群组内互相学习,促进对不同文化的理解和尊重。学生可以在小组活动中分享自己的阅读体验、观点和理解,同时也可以借助信息技术工具与其他学生进行互动和反馈,有利于激发思维和创造力。针对必修一 Unit 4 的阅读文本,教师通过"C30"平台展示和文本相关的纪录片海报,引导学生回忆故事情节和关键要素,在读中环节引导学生观看纪录片片段,探寻视频中 Lyn 的丈夫参加实验的原因。在这个过程中,运用"be capable of, modern day, take part in, labor-saving devices"等相关主题词汇,学生就影片内容进行思考和讨论,使用相关表达"have obsession for, survive the 1940s"等,帮助学生了解西方的"二战"历史文化和人们当时的生活和思想态度,促进学生的跨文化理解。

2. 教学过程

① Review the key elements of the text.

教学活动与学习支架:Review the main idea of the experiment(who/what/why);借助海报帮助学生回忆文本主要信息。

设计说明：To help students recall what has been learned and stimulate students' background knowledge.

② Find out Lyn's feelings before the experiment.

教学活动与学习支架：Watch the video, find out why she took part in the experiment and how she felt at beginning；借助视频，进一步了解人物在实验前的感受，并总结她的情绪。

设计说明：To help students know about the characters better in the context.

③ Find out how they got on with the difficulties and their qualities.

教学活动与学习支架：Read through the passage and find out their solutions to the difficulties and the qualities they have；借助"观点云"，收集学生的看法（见图 7-1）。

图 7-1 观点云

设计说明：To help Ss understand the characters more deeply.

④ Find out Lyn's feelings after the experiment.

教学活动与学习支架：Find out Lyn's feelings now and the reasons behind it.

设计说明：To help Ss understand what makes a better life.

⑤ Discussion：What kind of house will you choose?

教学活动与学习支架：Choose their answers and share their reasons；借助"互动投票"，了解学生对实验的看法及原因（见图 7-2）。

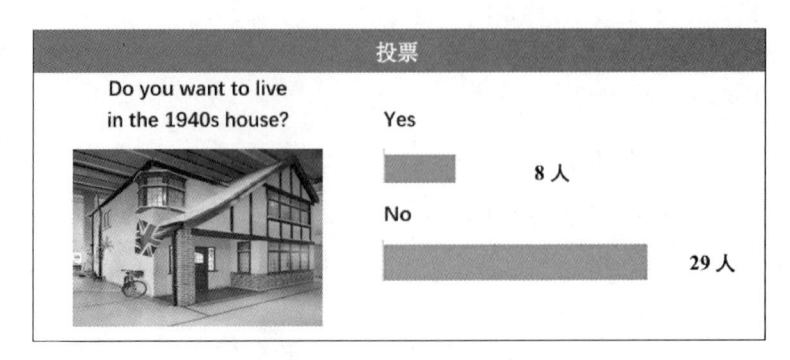

图 7-2　课堂实时投票

设计说明：To guide Ss to reflect on the meaning of family life and what they have learned from the family.

3. 典型片段说明

见表 7-1。

表 7-1　片段说明表单

序号	起止时间	操 作 经 验
1	读中	让学生总结人物所体现品质,用形容词或者词组,"观点云"功能收集相关信息(见图 7-1)。
2	读中	让学生找出人物是怎样克服困难的,"电子课本"功能进行圈画(见下文中的图 7-3)。
3	读后	让学生选择想住在现代房屋、20 世纪 40 年代的实验房屋还是两个都可以,借助"投票"功能了解学生选择,并阐述理由(见图 7-2)。

4. 教学反思

通过试讲和反思,有以下三点值得注意：

(1) 深度阅读应聚焦于写作目的及文本立意

试讲时,教师选择了教材中不同年代的生活对比,这个环节是参考教材的练习,但是文中并没有完全从四个方面提及现代生活的东西,这种对比是站不住脚的。经过对文本信息的详细梳理,更好的教学设计是站在学生视角去考虑问题。比如,同样是用思维导图,但以"人物经历的困难——物质和精神层面困难——具体例证——解

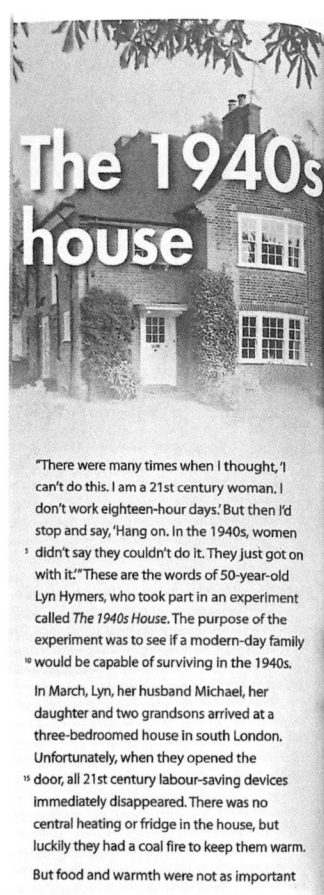

图 7-3 电子课本

决方案"为主线,引导学生聚焦 Lyn 一家如何遇到问题、如何解决问题、又如何体现品质,这样能更好地实现文本信息结构化。此外,阅读过程中也需要进一步挖掘在克服困难时家人相互支持、积极向上的品质,这是学生需要深度思考的方面。

(2) 数字化驱动的教学应充分调动学生的积极性

试讲时,通过对比,教师提问学生"What makes a better life?",并从 Lyn 的视角总结"What contribute to a better life?"。然而,这个"better"的定义非常含糊,且在价值观的引导上容易把学生引导向关注"modern technology, enough food"这样的物质生活条件,弱化了文本想要表达的——面对困难、克服困难的勇气。对此,更好的教学设计是删去不同年代生活的对比以及对"better life"的总结,只在最后一段 Lyn 实验结束后让学生分析 Lyn 的话,再去总结探讨什么是"better life"。

(3) 对文本的解读应基于学生视角

试讲时,在读后阶段教师发布投票问学生:"Would you like to take part in the experiment?",这样的提问,对没有经历的学生来说,很难给出深度思考的答案。对此,更好的教学设计是改为:"Do you want to live in the 1940s house or a modern house?",实则暗藏第三个选项"both of them",如此的开放性选择让学生在学习课文后有话可说。这不仅可以引导学生复述文本,而且能让学生体验到实验背后的目的,更能让学生探讨如何面对困难责任,如何走出舒适圈,培养像 Lyn 一家人那般直面困难的勇气,去思考生命的意义和价值。

可以说,现代信息技术为高中英语深度阅读提供了丰富的资源和工具,在文本解读的过程中,教师如何合理地利用信息技术来指导学生有效利用这些资源和工具对文本进行深入分析和思考,从写作目的上探讨挖掘主题意义,引领学生的思想道德品质、心理素质,是落实英语核心素养的重要方面。

7.2　现代信息技术促进写作的混合式学习模式

新课标不仅明确了学科的核心素养,包括语言能力、文化意识、思维品质、学习能力,更是在学习能力的二级指标中提出:"学生能开展课外学习,能利用网络资源等扩充学习内容和信息渠道;开展自主学习和合作学习,反思学习效果并据此优化学习策略和方法,运用英语进行交流和表达。"具体来说,在学习策略方面,新课标对培养学生的元认知策略提出如下要求:学生通过图书馆、互联网、报纸、杂志、广播或电视等多种渠道查找语言学习所需的信息和材料,并通过观察、比较、分类和总结等手段,概括语篇的文体、语言和结构的特点。在教学评价方面,新课标也做了如下说明:作为评价过程的主要参与者,学生应在教师的指导下,学习使用适当的评价方法和可行的评价工具,积极参与评价,发现和分析学习中的具体问题。

对此,原名师基地学员马金鑫老师从建构主义学习理论出发,尝试利用互联网平台,通过各种现代化教学设备,在议论文写作教学的实践过程中引入混合式学习模式,结合学习单、核对清单等评价手段,激发学生的写作热情,提升学生的写作能力,培养学生的自主学习能力和学科核心素养,以达到新课标所要求和期望的教学成效。

7.2.1 理论基础：建构主义学习理论

根据建构主义学习理论,学习是学习者在一定的情境中借助教师和其他学习者的帮助并依据自己的经验进行意义建构的结果(Bednar, Gruendeman, 1991)。在建构主义看来,知识具有一定情境性,需要在具体情境中习得和应用;知识也具有一定社会性,学习者之间只有通过不断的讨论、对话、协商才能获得对知识的深层次建构和理解。可以说,情境创设、协作式探究和意义建构是学习发生的三个关键环节,其中更是以学习者的自主建构为核心(何克抗,2004)。

回顾过去,我们在建构主义学习理论的基础上建立了教学支架、交互式教学、同伴合作等有效教学策略;着眼现在,我们也可以借助建构主义学习理论这一理论基础来实践混合式学习模式于写作教学课堂,通过情境、协作、会话和意义建构这四个建构主义学习理论的关键要素,来培养高中学生的高阶思维和核心素养。

7.2.2 教学案例：议论文写作指导

1. 课例背景

授课对象是上海市重点中学建平中学的高二学生,这些学生的英语综合水平较高,故将选择性必修课作为设定的课程类型。针对选择性必修课程规定的表达性技能,新课标的要求是:"以口头或书面形式传递信息、论证观点、表达情感;根据表达的需要,设计合理的语篇结构。"鉴于牛津英语(上海版)教材高二第一学期第二单元已涉及议论文写作,且议论文又是直接表达作者观点和主张的常用文体,是检验学生表达能力的最佳方式,故将示例课程设定为议论文写作指导。

2. 教学目标

考虑到授课对象没有接受过系统的议论文写作指导,因此设计教学目标时,马老师把了解议论文的文体概念和文本结构放在首位;鉴于议论文的核心是通过示例论证作者观点,因而还须让学生知道如何通过论证细节来强化论点;此外,基于以往写作课的观摩体验,宜提供核对清单帮助学生评价习作以此强化所学。于是,这节写作课的教学目标如下:

① 清楚认识议论文的结构和概念;

② 知道如何通过相关的论证细节来强化论点;

③ 养成校对核对清单、进行自我检测的习惯。

3. 教学过程

凡是涉及新知,离不开定义的讲解,而不同于教师灌输的传统做法,马老师尝试将定义交由学生推导。为此,马老师先从网络上筛选出一篇文章,并将其修改为一篇结构完整的议论文范文,而后通过不同的任务单,让学生得出作者的论点、论证方法和各段功能,学生由此可以根据黑板上的板书来推导出议论文的总体构架和文体概念。

【活动一】根据范文推导议论文的文本结构

Read the film review from a netizen and answer the following questions.

The Wandering Earth has surged a "hard science" storm around the world. While many sci-fi fans speak highly of the film, I find it disappointing, as the main characters are awful.

The main protagonists (主角), a brother and a sister, are depthless and one dimensional. The sister literally spends 90% of her lines crying or shouting for someone to save her, which is awkward and involves too much "tear points" but got little touching.

Another problem with the actors is that they take family relation more seriously than human survival and their emotional expressions are not natural.

Overall, the story and CGI (电脑特效) are decent, but the characters leave much to be desired.

— Jason

> **Questions:**
> 1. What does Jason think of the film?
> 2. Which sentence in the introductory paragraph concisely summarizes Jason's main point(s)?
> 3. What is the function of the last paragraph?

在该部分,教师可以从网上筛选出适合做范文的文章,如没有完全合适的,教师应做适当修改,使其符合教学目标。就本课教学任务而言,学生须对议论文结构有清晰认识,故范文须符合议论文的基本结构,即有论点、论证和结论。对此,马老师在学生阅读时利用上述三个问题逐步引导学生得出议论文的结构,并针对议论文的论述核心——举例论证部分——设计了下述表单(见表7-2),让学生通过填入关键信息了解支撑细节与论点之间的关联。

表7-2 论证表单

From what aspects does Jason illustrate his disappointment at the main characters?

Aspect	Supporting details
role-setting	
	too much crying and shouting
cultural value	
	unnatural emotional expression

【活动二】根据范文明确议论文的文体概念

经过活动一的引导,学生很容易通过任务单(见表7-3)的问题推导出议论文的定义:议论文是通过实例(evidence)在论证某一问题(issue)时而发表的观点(statement/opinion)。

表 7-3　任务单

What is argumentative writing?

> Argument essays seek to state a/an _____ on a/an _____ and give several reasons, supported by _____, for agreeing with that position.

【活动三】通过视频信息填充强化议论文结构意识

既然学生对议论文的结构和概念有了大致了解，接下来便是动手实践了。此时，很多教师会直接布置写作任务，但马老师增加了一个环节：鉴于学生刚接触议论文，直接写一篇完整的议论文恐有难度，故他同样在网络上寻得一篇话题相同的影评。但此次的展示形式是视频，且为了降低难度，马老师在任务清单上提供了视频文本，并要求学生在观看过程中将丢失的信息补充完整。如下所示：

Read the transcript below from a video clip regarding *The Wandering Earth* and fill in the missing words while listening.

... a (1) _____ sci-fi movie like this, and you know, what makes a movie like this work are the (2) _____. And they were able to not only use great film makers but great (3) _____ and some of the effects in there are actually (4) _____. But I think it's exciting that each country can have their own heroic attributes(英雄属性), their own people contributing to the betterment (改善) or if there is a danger, like in this movie presents, something bad's gonna happen, the sun's gonna explode, they have the potential to come with the resources, with the ingenuity(才智) ...

通过填入关键信息，例如第 4 空的"spectacular"，学生很容易得出影评人对《流浪地球》是持赞赏态度——这点也正符合了新课标在语言技能方面对学生利用多模态语篇中的图形、表格、动画符号以及视频等理解意义的技能要求。而选用这个视频很重要的原因在于，和【活动一】不同，它的结构是缺失的。为了让学生发现这点并再次强化议论文的结构特征，马老师还设计了核对清单（见表 7-4）。

作为英语课程的有机组成部分，科学的评价体系无疑是实现课程目标的重要保障，课堂评价活动应为检测教学目标服务，发现学生学习中的问题并提供及时反馈和

表 7-4 核对清单

Proofread the comment with checklist below:

Checklist
1. Did the commentator state his viewpoint about the film directly? ☐ 2. Did the commentator offer arguments for his viewpoint? ☐ 3. Did the commentator support his arguments with various details? ☐ 4. Did the commentator summarize his viewpoint? ☐ 5. Did the commentator use signpost expressions to present/refute his argument? ☐

帮助，促进学生更有效地开展学习。通过逐一比对上述核查清单的各项内容，学生可以清楚看到，相较于标准的议论文，视频中的影评存在哪些不足。

【活动四】布置相关话题的议论文写作任务

待学生充分了解议论文的结构和概念后，马老师布置了课堂写作任务。鉴于选择的两份素材均为关于《流浪地球》这部科幻片，故马老师在布置写作任务时特意选择了电影话题"Some people hold the view that film stars are guarantee of box office, others believe plot matters a lot, what's your point of view?"并辅以相关的词汇表达（见表 7-5）。因时间有限，课堂展示环节仅要求学生分小组呈现议论文的主要结构特征，即主旨句、主题句和结论，余下作为回家作业。

表 7-5 相关词汇表达

Vocabulary regarding film review:

protagonist	主角	supporting role	配角
screenwriting	电影剧本创作	plot	情节
low-budget film	低成本影片	blockbuster	大片
lines	台词	know-how	专业技能
computer-generated imagery (CGI)	电脑合成影像；电脑特效	visual impact	视觉冲击
artistic tension	艺术张力	screen violence	银幕暴力
storyline	剧情	box office	票房收入

续 表

cast	演员表	star v.	领衔主演
film critic	影评人	subtitle	字幕
localize	使……本地化	cultural self-confidence	文化自信
Hollywood movie	好莱坞影片	sci-fi film	科幻电影

7.3 如何使用 ChatGPT 辅助高中英语读写单元整合

7.3.1 大语言模型赋能英语文学阅读思维型课堂

新课标指出,思维品质指思维在逻辑性、批判性、创新性等方面表现出的能力和水平,体现英语学科核心素养的心智特征。原名师基地学员顾问老师认为,以小说为代表的英语文学作品富含生动的语言、鲜活的人物、复杂的情节、多元的视角和深邃的思想,能让学生在学习语言的同时引发对情感、态度和价值观的深入思考,是提升思维品质的上乘语料。

在英语文学阅读方面,黄远振(2013)、兰春寿(2015)、钟畅蓉(2021)和赵有珊(2023)基于林崇德(2010)的三棱思维结构模型,相继探索了适合国内学情的英语文学阅读思维型课堂模式。然而,现有的国内外研究较少聚焦人工智能技术在文学阅读课堂中提升思维品质的实践应用:国外学者史密斯(Smith)和约翰逊(Johnson)(2021)以及伦达赫尔(Lundahl)(2022)研究了如何使用数字工具和在线平台提升学生文学语篇分析能力和思维品质,但主要涉及电子书、在线讨论区和虚拟现实等技术,对当下兴起的以 ChatGPT 为代表的大语言模型未作探讨;国内外语学界虽有少量研究关注了大语言模型的思维品质提升功能,但大多集中于大学英语学段,除了孔蕾(2024)从课堂教学实践的微观层面进行探讨之外,基本聚焦于宏观层面的英语学科发展(张震宇、洪化清,2023;许家金、赵冲,2024)。

所谓"大语言模型",乃是基于深度学习,利用神经网络和海量文本数据训练机器学习人类语言知识和规则后形成的人工智能系统(胡开宝、高莉,2024)。目前国内外广为使用的大语言模型包括 ChatGPT、Claude、文心一言、通义千问等,这些交互式问答系统能够在准确理解提示语的基础上,概括大意、整理要点、交互问答,生成用户所需的文字、图片、音频、视频、程序代码等,还可通过连续的人机对话优化反馈结果。可以说,大语言模型所具有的生成性、交互性和多功能等特征,对高中英语文学阅读教学中的思维品质培养具有潜在的重要作用。实践表明,大语言模型在该领域有巨大的价值和潜力,有助于实现学习活动的多样化、学习过程的探索化和学习反馈的个性化。拥有远超人类的信息存储、检索、处理和产出能力的大语言模型打破了人类教师的知识垄断地位,同时也革命性地推动课堂教学由单向的知识输入模式转变为侧重思维品质培养的人机合作探究模式。

具体到高中英语文学阅读教学,教师可以通过以下三个维度构建大语言模型:

① 厘清文本结构和主要情节,深度理解关键语句,多模态建构意义。期望能生成思维导图和故事配图,捕捉所有行为动词;

② 情感分析可视化,解读人物心理变化,多角度进行推断与评价。期望对情感色彩进行定量赋值和评价;

③ 设计反串剧本,完成读后续写,人机交互进行评价与反馈。期望通过联想续写故事结局。

当然,现有的大语言模型依然存在复杂超长文本理解不到位、输出表述不够自然连贯、多模态信息处理能力不足、训练数据真实有效性难以保证等技术局限,因此其生成内容需要经过筛选、整合、拓展和重构才能将其迁移运用;此外,还缺乏对于思维和情感的关注,而这些恰好是教师所擅长的。因此,大语言模型背景下,教师应积极将自身角色从传统意义上知识的传授者转变为资源的评估者、情境的建构者、技术的指导者、学习的促进者、思维的培养者和情感的呵护者,注重学生的参与、思考和互动,构建平等对话型的师生关系。

总的来说,英语教师应积极拥抱大语言模型技术,在数智化教育环境中进一步探索指向思维品质培养的合作探究式学习、问题解决式学习、项目驱动式学习和悦趣游戏式学习,充分发挥人机协同的优势,提升逻辑性思维、发展批判性思维和激发创造性思维的应用场景与策略,不断推动课堂教学模式和学习范式的变革与创新。

7.3.2 如何使用 ChatGPT 辅助高中英语写作教学

写作教学在高中英语学科教学中占据着基础性地位,新课标明确指出"英语语言能力构成英语学科核心素养的基础要素",而发展学生英语语言技能的一个重要维度就是帮助其用所学语言知识、文化知识等,根据不同目的和受众产出新的语篇。英语写作能力涵盖多维度的能力范畴,不仅包含词汇、语法、语篇等浅表性语言要素,也包含语用能力、文化意识、思维品质等深层次素养要求。因此,科学的写作训练与能力培养对于学生语言水平的发展与提高具有积极的促进作用,英语写作教学在促进学习者语言能力进步、思维广度深化以及跨文化认知方面,扮演着极其重要的角色。如何切实提高学生的写作能力已成为当下基础教育阶段英语教学领域重点关注的话题。

然而,目前英语写作教学实践正遭遇一系列错综复杂的难题。这些问题主要体现在:学生间语言能力的广泛差异,教学模式的僵化单一及个性化、差异化教学策略的缺失,评价体系的不足之处,文化背景多样性带来的教学壁垒,真实语言情境与有效交流机会的匮乏,自主学习与创新能力培育的不充分。这些因素的相互交织,阻碍了英语写作教学的成效及学生英语写作水平的提升。对此,我们应该努力探寻一种创新写作教学的思路和方法,以突破目前写作教学方法单一、教学设计创新不够、写作范文不典型且质量不高、教学效果不显著等瓶颈,同时解决班容量大教师难以做到生生面批、即时批改并提供反馈等现实问题。ChatGPT 技术的引入,恰好能为解决这些既存挑战提供新的思路与策略,为英语写作教学的改革与发展开辟新路径。

近年来,ChatGPT 人工智能发展迅速,应用场景广泛,已在众多行业中得到应用,发挥重要作用,教育领域也不例外,很多大学教师已尝试利用 ChatGPT 进行教学。就写作教学而言,ChatGPT 可以帮助教师在写作教学前快速、有效获取丰富的教学资源,在写作教学中精准生成基于真实情境的写作题目,在写作教学后及时提供个性化批阅反馈,利于学生学习写作方法和提升写作能力,亦能降低写作焦虑、提高写作动力。

下面我们来看看上海市新川中学孙辰玥老师在笔者指导下,对使用 ChatGPT 辅助高中英语写作教学所作的思考和尝试。

1. ChatGPT 辅助英语写作教学的优势

ChatGPT 拥有多重功能,包括生成语言学习文本、执行信息检索与总结任务、支持多语种翻译、创建教案与教学大纲、提供教辅资料、设计测试并完成评阅等。ChatGPT 既可以作为学生的工具与伙伴,为他们创造一个接近真实的语言学习环境,从而促进自主学习;也可以作为教师的智能助手,在教研活动和教学备课方面提供有力支持,实现实时教学测评,并承担简单重复性的工作。因此,ChatGPT 在英语写作教学中的应用实践研究已成为一个热门话题。ChatGPT 在多个方面展现出优势,包括:

① 提供写作资源与灵感:ChatGPT 能为学生提供丰富的写作资源,涵盖词汇、语法、句型、段落和文章结构等,有助于学生提升英语写作技巧与质量;

② 个性化教学:ChatGPT 能根据学生个性化需求进行定制化教学,提供更加符合学生需求的资源与指导;

③ 高效批改并及时反馈:ChatGPT 能减轻教师批改作业负担,通过自动化完成如语法检查等重复性的工作,节省时间与精力,提高批改效率,使教师能更专注于学生的个性化学习需求与问题解答。

2. ChatGPT 参与的三个写作教学阶段

(1) 写作教学前阶段

在写作初期准备环节中,教师扮演课堂教学活动规划者的角色,并作为目标语言及其文化背景的提供者;当 ChatGPT 被整合进写作教学活动之后,这两个职责中的部分内容亦可由 ChatGPT 来分担。ChatGPT 能够依据给定的提示词,高效地完成知识的检索与整合任务。教师可以更为轻松地接触到海量且地道的英文原文资料,为写作教学活动充实背景知识库及多样化题材的示例文章。这一转变意味着教师在教学设计、目标语言传授及目标文化展现方面的负担得以减轻,同时也对精准运用 ChatGPT 提示词以提升教学效能的能力提出了更高要求。

当然,ChatGPT 在写作前阶段提供输入语料时存在局限性,因此,教师需担当起对 ChatGPT 所产出内容的评估与筛选职责。首先,鉴于 ChatGPT 缺失真实情境信息的特性,教师需依据教学目标与学生能力水平,对素材的难易程度进行适时调整;教师的教学实践经验、对教学目标的明确把握、对教学进度的精准控制,以及通过日常接触对学生特性的了解,均构成了这一调整过程中的重要考量因素。其次,考虑到 ChatGPT 所生成的内容来源广泛,可能混杂不实信息或偏见内容,甚或产生不适宜课堂教学语境的语言表达模式,教师须对此类问题保持高度警觉。

(2) 写作教学中阶段

在传统的写作课堂中,教师扮演着多重角色,包括组织课堂活动、监控目标语言和文化的输入与输出、构建和维护课堂内的社会关系。随着 ChatGPT 的引入,教师能够引导学生利用这一工具来生成写作提纲,并与学生自创的提纲进行对比分析。在写作过程的各个环节,ChatGPT 能够充当在线词典、翻译器和百科问答工具等角色,并通过对话的方式与学生进行互动,实际上承担了一部分原本由教师负责的指导工作,从而减轻了教师的工作负担。与此同时,教师的角色也相应地转变为更多地培训学生如何有效地使用 ChatGPT。在这个过程中,提示词发挥着至关重要的作用,学生需要通过这些提示词与 ChatGPT 进行有效的互动。常见的提示词类型有命令式、角色扮演式以及设定明确参数的约束式,提示词的清晰度和具体性直接影响到结果的满意度;如果结果不尽如人意,教师可以指导学生通过循环和迭代的提问方式与人机系统进行协商调整,直至达到满意的效果。

(3) 写作教学后阶段

ChatGPT 引入写作教学活动后,教师可指导学生利用其对初稿进行评价。ChatGPT 能指出语言错误、逻辑问题,并在词汇选择、文风语境等方面给出建议。与传统评价相比,ChatGPT 能直接生成基于学生作文修改后的文本,做到因人而异。学生可对 ChatGPT 生成的文本提出反馈,通过互动协商形成终稿。但这一便利性也带来了抄袭风险,教师需引导学生更深刻理解写作目标和体裁结构,丰富内容,提高语言表达水平；教师和 ChatGPT 共同为学生提供修改支架，增强学生完成任务的信心，避免抄袭现象。

3. 使用 ChatGPT 辅助写作教学的案例

如前所述，写作教学前，ChatGPT 根据提示，在不同的情景背景下迅速形成相关教学资源，大量的样本数据可以提供多方位的视角和知识点，为此，教师可以通过与 ChatGPT 进行多轮对话，快速高效地获取教学提示和教学资源。写作教学中，ChatGPT 根据提示，将学生的生活实际、已有的知识储备和写作教学目标联系起来，生成一段基于生活实际情景的作文题目。为此，教师同样可以通过与 ChatGPT 进行多轮对话，让作文题目更精准贴合学生生活，更符合写作课的教学目标和教学内容。写作教学后，教师通常需要对学生的作文进行评阅，这往往是整个写作教学最耗费精力的环节，但教师可以通过给 ChatGPT 一个评阅的指令，批量评阅学生的作文，不仅便捷高效，还可以通过附加一些评分标准，让 ChatGPT 给出的评价更加详细准确。

下面通过四个教学案例具体阐述如何有效使用 ChatGPT 辅助高中英语写作教学。

案例一：运用 ChatGPT 辅助说明文写作教学

1. 写作教学前

第一步，教师根据作文主题"中国传统文化"，输入问题"Can you give some supporting details for the content of English writing teaching with the theme of Chinese traditional festivals?"，ChatGPT 根据以上要求，给出了"Introduction to festivals, Cultural elements, Language learning, Writing prompts, Descriptive writing, Storytelling, Compare and contrast, Reflective writing, Research and presentation, Peer review and feedback"等方面的教学提示，并对每个方面进行了简单介绍。鉴于学生通过前阶段学习对"Introduction to festivals"和"Cultural elements"两个方面的英语知识已有较深入的认识，教师可以把写作内容定为"Introduction to festivals, Cultural elements, Language learning, Writing prompts, Descriptive writing"，根据这五个板块，选取贴合学生生活实际的教学资源进行教学活动

设计。

第二步，教师继续在对话框中输入"Can you give some examples for Introduction to festivals, Cultural elements, Language learning, Writing prompts and Descriptive writing?" ChatGPT会根据问题对提示语中的各个方面进行举例说明。比如，对"Introduction to festivals"，ChatGPT举例说明如下："The Mid-Autumn Festival is a traditional Chinese festival that takes place on the 15th day of the eighth lunar month. It is a time for family reunions, moon gazing, and eating mooncakes"；对"Descriptive writing"，ChatGPT举例说明如下："The night of the Mid-Autumn Festival was filled with the soft glow of lanterns and the sound of laughter. Families gathered together to enjoy the beautiful full moon and share delicious mooncakes."

可见，写作教学前，教师可以通过与ChatGPT的多轮对话，不断收集和整合写作所需的背景知识，以更便捷的方式获得大量真实、准确的英语文本，减轻了课前收集教学资料和知识背景的备课压力。

2. 写作教学中

第一步，教师输入指令"请生成一道以'中国传统节日'为主题的高中英语说明文写作题目，要求情境真实，提供关键词和提示问题"，ChatGPT生成如下回复：

题目：假设你是李华，你的美国笔友Tom对中国传统节日很感兴趣。请你写一封信，向他介绍中秋节。

关键词：中国传统节日；中秋节；介绍

提示问题：

1. 中秋节是什么时候？(Introduction to festivals)

2. 中秋节有什么特别的意义或传说？(Cultural elements)

3. 人们在中秋节通常会做些什么？(Cultural elements)

4. 你为什么喜欢中秋节？(Language learning)

5. 请描述一下你记忆中最深刻的一次中秋节。(Descriptive writing)

6. 你认为中秋节对于中国人来说意味着什么？(Writing prompts)

第二步，教师若觉得回答还不够贴切，可以继续提出要求进行修改，若是得到符合要求的题设，教师就可以继续输入"请将关键词和问题翻译成英文"，进而根据学情选择问题，形成完整的、最贴合学生生活和教学目标的英语作文题目。ChatGPT 生成如下回复：

Key words: Chinese traditional festivals; Mid-Autumn Festival; admire the moon
Questions:

1. When is the Mid-Autumn Festival?

2. What is the special significance or legend of the Mid-Autumn Festival?

3. What do people usually do during the Mid-Autumn Festival?

4. Why do you like the Mid-Autumn Festival?

5. Please describe the most memorable Mid-Autumn Festival in your memory.

6. What do you think the Mid-Autumn Festival means to the Chinese people?

可见，写作教学中，教师通过 ChatGPT 可以快速生成契合学生生活、贴合教学目标的作文题目，有效减轻了教师的教学任务压力，提升了教学效率。

3. 写作教学后

教师可以将学生的一篇作文输入 ChatGPT，并输入"请从词汇、语法、内容、观点表达、问题描述、句间逻辑关系等方面对这篇作文进行评分（每项以10分制）"。学生作文如下：

Dear Tom,

I'm glad to hear that you are interested in Chinese traditional festivals. The Mid-Autumn Festival is one of my favorite festivals. It falls on the 15th day of the eighth lunar month. The Mid-Autumn Festival has a long history and is rich in cultural elements. It is said that the festival originated from the worship of the moon. On this day, people usually gather together to enjoy the full moon, eat mooncakes, and appreciate the beauty of nature.

In addition to these traditional activities, there are also many modern ways to celebrate the Mid-Autumn Festival. For example, we have barbecue, watch movie, or play games with friends and family. I like the Mid-Autumn Festival because it is a time for family reunions and a symbol of harmonious and happiness. It also gives me a chance to learn more about Chinese culture and traditions.

Last year, I had a memorable Mid-Autumn Festival with my family. We went to a park and had a picnic under the moonlight. We ate delicious mooncakes and played some games. It was a very happy and relaxing evening.

In conclusion, the Mid-Autumn Festival is not only a traditional festival, but also a cultural heritage of the Chinese people. I hope you can come to China and experience this wonderful festival for yourself.

Best wishes,

Li Hua

对此，ChatGPT 生成评价如下：

以下是对这篇作文的评分：

词汇：8分。使用了一些较为准确的词汇，如"lunar month""worship" "gather""appreciate"等，但部分词汇表述不够准确。

语法：8分。语法基本正确，没有明显的语法错误，但存在一些小问题。

内容：7分。内容较为完整，介绍了中秋节的时间、起源、传统活动以及个人感受，还描述了去年的一次难忘经历，但欠缺更深入的个人情感和体验。

观点表达：8分。观点明确，表达了对中秋节的喜爱，并希望笔友能来中国体验。

问题描述：9分。能够清晰描述中秋节的相关信息，让读者对这个节日有一定了解。

句间逻辑关系：8分。句子之间的逻辑关系较为清晰，衔接自然。

总体来说，这篇作文表现不错，可以给到8分。

除了对文章进行整体分析，ChatGPT 还可以在教师的要求下，对学生作文中存在不足的句子进行逐句的分析和修改,比如,当教师输入"请对以上文章中词汇和语法不足的句子进行改写,并整理出来",ChatGPT 生成如下回复:

1. The Mid-Autumn Festival is one of my favorite festivals. It falls on the 15th day of the eighth lunar month.

可改为 The Mid-Autumn Festival is one of my favorite festivals, which falls on the 15th day of the eighth lunar month.。

2. For example, we have barbecue, watch movie, or play games with friends and family.

应改为 For example, we have barbecue, watch movies, or play games with friends and family members.。

可见,ChatGPT 不仅可以对学生习作进行整体性的统一评价,还可以针对不同文章提出个性化的修改意见;如果修改意见有不清楚的地方,还可以进一步与 ChatGPT 对话,直到得到足够明确和准确的解答。写作教学后,教师运用 ChatGPT 辅助教学,可以有效节省批改学生习作的时间,并解决了原本需要为整个班级学生进行一对一讲解的难题。

案例二:运用 ChatGPT 辅助议论文写作教学

1. 写作教学前

教师根据作文主题"高中生做志愿者是否有必要",输入问题"Can you give some supporting details for the content of English writing teaching with the topic of whether it is necessary for high school students to volunteer?" ChatGPT 根据上述要求,不仅给出了教学提示,一并给出对应的例子。ChatGPT 生成如下回复:

1. *Personal Development*

 – *Empathy and Compassion: Volunteering helps students develop empathy and compassion by exposing them to diverse situations and people.*

— Example: A student volunteering at a homeless shelter learns about the challenges faced by the homeless, fostering a deeper sense of empathy.

— Self-Esteem and Confidence: Engaging in volunteer activities boosts self-esteem and confidence as students see the positive impact of their efforts.

— Example: A student organizing a charity event feels a sense of accomplishment and pride when the event is successful.

2. Educational Benefits

— Skill Development: Volunteering provides opportunities to develop and practice a wide range of skills, such as leadership, communication, and teamwork.

— Example: A student volunteering at a community center learns leadership skills by organizing activities and events.

— Resume Building: Volunteering experiences can significantly enhance a student's college application and resume, showcasing their commitment to community service.

— Example: College admissions officers often look favorably upon applicants who have a history of volunteering.

3. Societal Impact

— Community Engagement: Volunteering fosters a sense of community and belonging, encouraging students to be active and responsible citizens.

— Example: A student volunteering at a local park cleanup event contributes to a cleaner and safer community environment.

— Social Responsibility: Encouraging volunteering instills a sense of social responsibility and the importance of giving back to society.

— Example: A student participating in a food drive learns about the issue of hunger and the importance of helping those in need.

基于以上内容，教师可以将此次写作方向确定为"personal development""educational benefits"和"societal impact"。可以看到，ChatGPT在查询话题类写作

材料时能够给出更详细、更丰富的内容,这可能是得益于 ChatGPT 模型对此类话题的数据有更多搜集,由此能够大大提升教师的备课效率和内容丰富度。

2. 写作教学中

教师输入指令"请生成一道以'高中生做志愿者是否有必要'为主题的高中英语议论文写作题目,提供关键词和提示问题"。ChatGPT 生成如下回复:

In recent years, the importance of volunteering has been increasingly emphasized in high school education. However, some argue that students should focus solely on their academic studies. Write an essay discussing whether it is necessary for high school students to volunteer. In your essay, consider the following questions:

1. Personal Development: How can volunteering contribute to a student's personal growth and self-esteem?

2. Skill Development: What skills can students acquire through volunteer work, and how might these skills benefit them in the future?

3. Community Engagement: How does volunteering foster a sense of community and social responsibility among students?

4. Educational Benefits: Can volunteering enhance a student's academic experience or college application? If so, how?

5. Balancing Act: Is it possible for students to balance academic responsibilities with volunteer commitments? What strategies might help them achieve this balance?

经过筛选,去除第五个问题后,基本形成了一个适合本节写作课主题的题目。可见,对于议论文的体裁,ChatGPT 也能够帮助教师完成题目的拟写,提升教学效率。

3. 写作教学后

教师输入指令"请从词汇、语法、论点表达、论点论述、句间逻辑关系等方面对这篇作文制定评分标准,每项以 10 分制"。

ChatGPT 生成如下回复:

> 词汇(10分)
>
> 词汇丰富性(5分)：使用多样且恰当的词汇，避免重复使用同一词汇。
>
> 词汇准确性(5分)：词汇使用准确，符合语境，无明显用词错误。
>
> 语法(10分)
>
> 句子结构(5分)：句子结构多样，复杂句和简单句结合使用，避免单一结构。
>
> 语法准确性(5分)：语法使用正确，无明显语法错误，如主谓一致、时态一致等。
>
> 论点表达(10分)
>
> 论点清晰度(5分)：论点清晰明确，直接回应题目，无模糊或含糊不清的表达。
>
> 论点支持(5分)：论点有充分的理由和证据支持，避免空洞的陈述。
>
> 论点论述(10分)
>
> 分析深度(5分)：对论点的分析深入透彻，能够从多个角度进行论证。
>
> 逻辑性(5分)：论证过程逻辑严密，论点之间有清晰的逻辑关系，避免跳跃性思维。
>
> 句间逻辑关系(10分)
>
> 过渡自然(5分)：句子之间的过渡自然流畅，使用恰当的连接词和短语。
>
> 逻辑连贯(5分)：整篇文章的逻辑连贯，段落之间有明确的逻辑关系，避免内容脱节。

教师通过ChatGPT形成了一份贴切的评分标准，并对学生的作文进行打分。

从写作教学前、教学中和教学后的三个阶段，可以看到ChatGPT对英语议论文写作教学的辅助作用是非常显著的，因为ChatGPT模型对此类体裁的数据收集较为全面，所以给出的回复内容非常丰富且全面，可以很大程度上减轻教师备课压力，提升教学效果。

案例三：运用 ChatGPT 辅助应用文写作教学

1. 写作教学前

第一步，教师输入"请提供一些高中英语应用文写作的素材"，ChatGPT 根据要求回复如下："High school English practical writing primarily includes letters, e-mails, reports, notices, diaries, speeches, and other types. Below, some writing materials and templates for these types of documents are provided to help you better master and apply them."

① Letter

[Your Name]

[Your Address]

[City, Postal code]

[E-mail Address]

[Date]

Recipient's Name]

[Recipient's Address]

[City, Postal Code]

Dear [Recipient's Name],

I am writing to formally invite you to [event or occasion], which will be held on [date] at [location]. This event is significant because [reason for the event].

We would be honored if you could join us as [specific role, e.g. guest speaker, participant, etc.]. Your participation is highly valued and would greatly enhance the experience for everyone involved.

Please let us know your availability by [RSVP date], so we can make the necessary arrangements.

Looking forward to your positive reply.

Sincerely,

[Your Name]

② E-mail

Subject: [Brief Subject Line]

Dear [Recipient's Name],

I hope this e-mail finds you well. I am writing to [state the purpose of the e-mail].

[Provide details about the situation or request. Be clear and concise.]

Please let me know if you need any further information or if there are specific requirements I should prepare for.

Thank you for your attention to this matter. I look forward to your reply.

Best regards,

[Your Name]

③ Notice

[School Name]

[School Address]

[City, Postal code]

[Date]

To all students,

Subject: [Title of the Notice]

This is to inform you that [describe the event or the important information], scheduled to take place on [date] at [time] in [location]. [Explain the purpose and significance of the event, if necessary].

All students are required/requested to [mention any requirements, e.g. bring specific items, wear particular attire, etc.].

For further information, please contact [contact person's name] at [contact information].

Thank you for your cooperation.

Sincerely,

[Your Name]

[Your Position]

④ Diary

Date: [Date]
Weather: [Weather Condition]

Dear Diary,

Today was an [adjective, e.g. exciting, challenging] day. I started off by [describe the first activity of the day]. It was [describe your feelings or outcomes].

Later, I [describe another significant event of the day]. It was quite [describe the experience or your reaction].

[Reflect on the lessons learned or overall feelings about the day.]

Looking forward to [mention any plans or hopes for the future].

Goodnight,

⑤ Speech

Good [morning/afternoon/evening],

Today, I am here to talk about [topic]. This topic is important because [explain its significance or impact].

First, let's consider [main point 1]. [Elaborate with examples, facts, or figures].

Furthermore, [main point 2]. This is crucial because [explain the relevance or implications].

In conclusion, [summarize key points]. I urge all of you to [call to action or concluding remark].

Thank you for your attention.

Best regards,

[Your Name]

基于以上内容和模板,教师将"e-mail"作为本次应用文英语写作教学的体裁。

2. 写作教学中

教师输入指令"请生成一道以 e-mail 为体裁的英语应用文题目,要求贴合高中生生活实际,主角是李华,并给简要的提示"。ChatGPT 生成回复如下:

Background:

Li Hua is a high school student. Recently, his school library organized a seminar on "How to Effectively Use Library Resources". Li Hua was unable to attend this event due to some reasons, but he is very interested in it and wishes to know the specific content and main information discussed at the meeting.

Task:

Assuming you are Li Hua, please write an e-mail to the librarian asking for information about the seminar and expressing your desire to obtain the lecture materials or other relevant resources.

Prompts:

Start with a greeting and introduce yourself.

State the purpose of your e-mail.

Express regret for missing the seminar.

Request information and materials from the seminar.

Conclude with thanks and anticipation for a response.

Structure Tips for the Sample:

Subject: Inquiry about the "Effective Use of Library Resources" Seminar

Greeting and self-introduction

Reason for writing the e-mail

Expression of regret for missing the seminar

Request for information and materials from the seminar

Thank you and anticipation for a response

可以看到，ChatGPT 的回复不仅包括了作文题目所需要的背景和提示，还罗列了作文的结构提示，这在写作教学中可以帮助学生更好地规划自己的作文结构，同时也帮助学生自己总结出电子邮件写作的格式，省下了教师原本在该部分教学所需的精力。

3. 写作教学后

由于应用文的评分标准与其他体裁不同，写作后可以先通过 ChatGPT 形成合适的评分细则。教师在对话框中输入"请给出在英语应用文写作中所需要注意的评分点"，ChatGPT 生成回复如下："Purpose Fulfillment, Format Appropriateness, Clarity and Conciseness, Professional Tone, Accuracy of Information, Grammar and Mechanics and Persuasiveness (if applicable)"。经过教师的筛选，最后决定将其中的"Purpose Fulfillment""Format Appropriateness""Clarity and Conciseness""Accuracy of Information"和"Grammar and Mechanics"作为评分的五个方面，然后再与 ChatGPT 进行对话，输入"请以'Purpose Fulfillment''Format Appropriateness''Clarity and Conciseness''Accuracy of Information'和'Grammar and Mechanics'作

为评分的五个方面,形成上面写一份电子邮件的英语作文的具体的评分细则,总分为 100 分"。以下是 ChatGPT 生成的回复:

1. Purpose Fulfillment (20 points)

— 20 Points: The e-mail precisely addresses the task, effectively communicating the request for information and expressing interest in the seminar materials.

— 15 Points: The e-mail mostly meets the intended purpose but may lack slight details that fully convey the request or interest.

— 10 Points: The e-mail addresses the general purpose but includes some irrelevant information or omits key elements.

— 5 Points: The e-mail somewhat addresses the purpose but fails to make a clear request or express clear interest in the seminar materials.

— 0 Points: The e-mail does not address the purpose, missing or misunderstanding the task.

2. Format Appropriateness (20 points)

— 20 Points: The e-mail adheres perfectly to the conventional format with a clear subject line, appropriate salutation, structured body, and polite closing.

— 15 Points: The e-mail follows the format with minor deviations that do not impact readability or professionalism.

— 10 Points: Some errors in format that affect the presentation or professional appearance but are not critical.

— 5 Points: Major errors in format that significantly affect readability and professionalism.

— 0 Points: Incorrect formatting that severely undermines the professionalism or readability of the e-mail.

3. Clarity and Conciseness (20 points)

— 20 Points: The e-mail is exceptionally clear and concise, with every sentence *contributing to the purpose without redundancy.*

– 15 Points: Generally clear and concise with minor redundancies or unclear statements.

– 10 Points: Occasional lack of clarity or conciseness that may confuse the reader or dilute the message.

– 5 Points: Frequent unclear or verbose passages that obscure the primary message.

– 0 Points: The e-mail is consistently unclear and verbose, making it difficult to understand the main points.

4. Accuracy of Information (20 points)

– 20 Points: All information provided in the e-mail is accurate, relevant, and supports the request effectively.

– 15 Points: Mostly accurate information with minor errors that do not mislead.

– 10 Points: Some inaccurate or irrelevant details that slightly mislead or distract from the main purpose.

– 5 Points: Frequent inaccuracies or irrelevant details that mislead or confuse the reader.

– 0 Points: The e-mail contains largely inaccurate or irrelevant information, failing to support the request properly.

5. Grammar and Mechanics (20 points)

– 20 Points: The e-mail is free from grammatical or mechanical errors, showcasing perfect language use that enhances readability and professionalism.

– 15 Points: Minor grammatical or mechanical errors that do not significantly hinder understanding or professionalism.

– 10 Points: Some grammatical or mechanical errors that occasionally affect readability but the e-mail remains understandable.

– 5 Points: Frequent grammatical or mechanical errors that often affect readability

and professionalism.

- 0 Points: Pervasive grammatical or mechanical errors that make the e-mail difficult to understand and appear unprofessional.

可以看到,在应用文写作教学过程中,ChatGPT 从题材收集到题目编写,到结构搭建,最后到作文评分,都能够给到教师充足的材料支持,但同时也需要教师对 ChatGPT 所给出的资源有一定辨识能力,不能盲目套用,而是要有想法地挑选,方可有效助力写作教学。

案例四:用 ChatGPT 辅助描述文写作教学

1. 写作教学前

教师首先需要准备描述文的写作要求和注意事项,在与 ChatGPT 的对话框中输入"请给出英语描写文写作时的注意事项"。ChatGPT 生成回复如下:

When writing descriptive texts in English, it's important to pay attention to the following key points to ensure the effectiveness and attractiveness of your text:

1. Clarify Your Purpose: Before you start writing, clarify what message or emotion you want to convey through your description. This will help you choose the most appropriate details to support your theme.

2. Use Vivid Details: Describe scenes, characters, or objects with specific and vivid details that allow readers to form a clear image in their minds. Enhance your descriptions by using sensory details (see, hear, smell, taste, touch).

3. Organize Structure: Arrange paragraphs and information flow logically and coherently. You can organize the text by spatial order (from one place to another) or by order of importance (from the most important or striking details to less significant ones).

4. Use Metaphors and Personification: Employing rhetorical devices like metaphors and personification can increase the expressiveness and creativity of your writing, making descriptions more vivid and interesting.

5. Control Style and Tone: Choose an appropriate style and tone based on the object and purpose of your description. For example, use a heavy and slow tone when describing a sad scene, and a lively and cheerful tone for a happy event.

6. Avoid Overuse of Clichés: Try to avoid overly common or unoriginal expressions to maintain originality and freshness.

7. Precise Vocabulary Selection: Select words that most accurately convey your intentions. Precise vocabulary not only improves the clarity of the description but also enhances the professionalism and persuasiveness of the text.

8. Review and Edit: After completing the first draft, perform multiple reviews and edits to check for grammatical errors, optimize vocabulary usage, and ensure the text's fluency and consistency.

经过筛选,去掉第八条,上述内容便可作为描写文的写作要求,对学生的写作进行教学指导。

2. 写作教学中

教师输入指令"请生成一篇高中英语描写文的作文题目"。ChatGPT生成回复如下:

"A Day at My Favorite Café"

Essay Prompt:

Imagine spending a full day at your favorite café. Describe the setting, the atmosphere, and the people you encounter. Use vivid details to convey the sensory experiences of being there — what you see, hear, smell, and taste. Reflect on why this place holds special significance for you and how it influences your mood or thoughts throughout the day.

可以看到,ChatGPT所生成的题目还是很贴合生活情景的,咖啡店现在是大多数人消遣或学习办公的场所,这让学生可以在写作中有较大的发挥空间。

3. 写作教学后

根据作文题目,教师可以继续通过 ChatGPT 生成与题目相对应的作文评价标准,在对话框中输入"在上述题目的基础上,生成一篇作文的评分标准"。ChatGPT 生成回复如下:

Scoring Rubric for the Descriptive Essay: "A Day at My Favorite Café"

This rubric provides a framework to evaluate the descriptive essay based on specific criteria. The total possible score is 100 points, divided into five key components:

1. Purpose Fulfillment (20 points)

- 20 Points: The essay fully captures the essence of spending a day in the café, with detailed descriptions that align perfectly with the essay prompt.

- 15 Points: The essay adequately describes the café experience but might miss minor details or slight nuances requested in the prompt.

- 10 Points: The essay addresses the main theme but lacks detail or deviates slightly from the specific aspects mentioned in the prompt.

- 5 Points: The essay only partially addresses the theme, missing significant elements of the café experience.

- 0 Points: The essay fails to address the theme appropriately, missing the core purpose of the assignment.

2. Sensory Details and Vividness (20 points)

- 20 Points: The essay excels in using sensory details, providing a rich, vivid, and immersive description that allows the reader to feel present in the café.

- 15 Points: Good use of sensory details, though some descriptions may lack depth or vividness.

- 10 Points: Moderate use of sensory details; descriptions are present but not engaging or vivid enough to fully draw in the reader.

- 5 Points: Few sensory details are used, making the descriptions feel flat and uninviting.

- 0 Points: Minimal to no sensory details, resulting in vague and unengaging descriptions.

3. Organization and Structure (20 points)

- 20 Points: The essay is well-organized with a clear introduction, body, and conclusion that enhance the narrative flow and readability.

- 15 Points: Generally well-organized but may have some flow issues or unclear transitions.

- 10 Points: Organization is apparent but lacks smooth transitions or logical sequence in places.

- 5 Points: Poor organization and structure, making it difficult to follow the progression of the day or understand the layout of the café.

- 0 Points: The essay lacks any discernible organization, significantly hindering understanding and engagement.

4. Language Use and Style (20 points)

- 20 Points: Exceptional use of language and style, with creative expressions and precise vocabulary that perfectly suit the descriptive nature of the essay.

- 15 Points: Good language use and appropriate style, though it may lack some creativity or precision.

- 10 Points: Adequate language use with some errors in style or word choice that may distract from the impact of the description.

- 5 Points: Limited language skills and inappropriate style, affecting the clarity and effectiveness of the description.

- 0 Points: Poor language use and style, severely impacting the readability and quality of the essay.

5. Grammar and Mechanics (20 points)

— 20 Points: The essay is free from grammatical and mechanical errors, demonstrating meticulous attention to detail.

— 15 Points: Few minor grammatical or mechanical errors that do not detract significantly from the essay's quality.

— 10 Points: Some noticeable grammatical or mechanical errors that occasionally disrupt the reading experience.

— 5 Points: Frequent grammatical or mechanical errors that consistently distract from the content.

— 0 Points: Pervasive errors that make the essay difficult to understand and detract significantly from its overall quality.

This rubric ensures a comprehensive evaluation of the descriptive essay, focusing on how effectively the student conveys their personal experience and observations while adhering to the structural and linguistic standards expected in high school level writing.

从ChatGPT的回复中不难发现，它的回答与前面制定描述文写作注意事项有很大的关联性，其评分标准基本都是在前面内容的基础上制定，这使教师在写作教学中可以做到前后呼应，倘若只是在网上查找资料，便很容易导致前后不一而大大降低教学效果。

综合以上四个案例，我们发现在处理不同的文体写作时，ChatGPT体现出不同优势：

1. **说明文**（Expository Writing）

信息丰富：ChatGPT访问的训练数据包括广泛主题，使其能够生成信息翔实的内容；

逻辑清晰：能够构建清晰的解释和定义，帮助解释复杂的概念或过程；

结构化良好：能够有效地组织信息，使文章逻辑连贯，易于理解。

2. 议论文（Argumentative Writing）

辩证分析：可以提出一个观点，并用逻辑和事实支持该立场，展现辩证的思维方式；

多角度考虑：能够探讨不同的视角，为论证增加深度和多样性；

说服力：通过有效的论据和证据支持，增强文章的说服力。

3. 应用文（Practical Writing）

格式精确：能够根据指定的格式要求生成内容，如商务信函、电子邮件，可以自动遵循正确的格式和专业的语言风格；

多场景适应性：从商业请求到学术求助，能够调整其语言以适应各种具体情况。

4. 描述文（Descriptive Writing）

细节丰富：能够生成详细的感官描述，在读者脑海里重建被描述的场景或对象；

文风多变：能够调整语言风格来匹配描述的氛围，无论是诗意的还是直白的叙述；

创造性表达：利用其广泛的词汇和语言结构知识，创造出引人入胜的描述。

通过以上四个体裁的案例，我们可以看到 ChatGPT 在英语写作教学中，不仅可以应对多样的作文体裁，迅速生成高质量的文本，适应不同的写作需求和风格，为教师提供大量的教学素材和教学思路，还可以基于学生的作品进行个性化的评价，甚至给出具体的修改意见和指导。无论是对于教师的教学效果和教学效率，还是对学生的个人提升，ChatGPT 都能够提供很大的帮助，教学辅助作用十分明显，尤其是在需要大量、多样化和结构化的内容时。不过，要注意的是，ChatGPT 也有其局限性，比如不能进行原创研究或提供超出训练数据范围的见解。对此，ChatGPT 最适合与人类编辑和专家的输入相结合使用，以确保内容的准确性和适当性。

第八章

读写单元整合中不同文体的写作技能强化
(Strengthening Writing Skills in Different Genres Through Integrated Reading and Writing Units)

强化是一种行为心理学的概念,指的是通过奖励或惩罚来增强或减弱某个行为;强化可以在多个领域发挥作用,并具有多种功能。从教育领域来看,强化可以是一种有效的教学策略,通过对某些教学策略的强化,促进学生此项技能的提升。可以说,专项训练是从策略过渡到技能的必要通道,而技能强化又分为两个部分:单项强化技能和综合技能强化。对基于"教-学-评"协同发展的中学英语读写单元整合实施来说,技能强化是其中必不可少的一个环节,甚至可以说是最基础的部分。

文章的常见文体有记叙文(Narration)、描写文(Description)、说明文(Exposition)、议论文(Argumentation)及应用文(Practical Writing)等,各文体往往交叉使用,互相渗透。下面就来一一说明读写整合中不同文体的写作技能强化。

8.1 记叙文的写作技能强化

什么是叙述?原名师基地学员康蕾认为,叙述就是把事情的前后经过记载下来或说出来,它是文学创作的基本艺术手法之一,在写作中是一种使用频率最高的表述方法,也是文学创作的最基本方式,各类文体或多或少都会涉及。通过强化记叙文的写作技能，学生可以塑造和解释一个特定的事件或遭遇，让读者可以建立经历之间的联系并感同身受；即使说明性或辩论性的内容，也可以利用叙事写作为主体段落提供佐证；此外，因为故事通常是以时间顺序发生，记叙文写作的技能强化还能帮助学生学会调整自己的写作和提供过渡以增强行文的逻辑，提高写作的流畅度。

8.1.1 记叙文写作的故事性

记叙文是记人叙事的文章，它主要是用于说明事件的时间、背景、起因、过程及结果，即通常说的五个"W"（what, who, when, where, why）和一个"H"（how）。因此，写好记叙文，首先要对所写的事件或人物进行分析，弄清事件发生、发展一直到结束的整个过程，然后再收集选取素材，这些素材都应该跟五个"W"和一个"H"有关。尽管不是每篇记叙文里都必须包括这些"W"和"H"，但动笔之前，围绕五个"W"和"H"进行构思是必不可少的。

待文章的框架确定后，关键的一步就是选取支持故事的素材。选材要注意取舍，面面俱到反而使情节罗列化，使人不得要领，所以应该从表现文章主题的需要出发，分清主次，定好详略，突出重点，详写细述那些能表现文章主题的重要情节，略写粗述那些非关键的次要情节。

此外，记叙文作为一种文体形式，有五种表达方式：

① 叙述，是表述时间过程的艺术；

② 描写，是展示空间状貌的艺术；

③ 议论，是谈看法的说理艺术；

④ 抒情，是抒发和倾吐的流露宣泄艺术；

⑤ 说明，是科学性和实用性相结合的告知艺术。

这五种表达都是写好记叙文、增强故事性所要掌握的基本功。

1. 增强记叙文故事性的两个层面

（1）在内容层面增强记叙文的故事性

【活动1】Do you still remember the first time you celebrated birthday with your friends? Write a narrative essay to recreate your experience that day. Use the outline below to guide your writing.

Celebrating a Birthday with My Friends

Introduction:

Are birthdays important?

Do you like birthdays? Why or why not?

How do you usually celebrate your birthday?

How did you celebrate your birthday with your friends for the first time?

Body paragraph:

On that day what did you do first?

What did you do next?

What did you do later?

What did you do finally?

【活动1】是叙述和朋友一起过生日的场景,这个写作任务看似普通,但要把这么一个普通的事情写得生动却需要下一番功夫。而文章开头部分的思考,可以很自然地就为后面的生日记叙做铺垫和引入;正文可以按照时间顺序对生日当天所做之事进行有条理的叙述。为了使叙述更加丰富和生动,我们可以利用以下这些问题来拓展深入叙述细节: How many friends came? Did you have a party? Did you have a special dinner? Did you get any presents from your friends? Did you have a good time? How did you feel then?。文章的结尾部分也可以开拓性地思考回答这些问题:"Is there anything that you didn't do but would like to do next time?" "How will you celebrate your next birthday?",如此叙述的生日聚会一定不会显得枯燥乏味。

(2) 在文字层面增强记叙文的故事性

【活动2】Give as many specific words as possible to create effective writing.

General — John has a good sense of humor.

Specific — John loves to tell funny stories about his childhood and to play practical jokes on his friends.

General — The math test was easy.

Specific — The math test had only fifteen true-false questions, and all of the answers came from the first five pages of the book.

General — In spring, the weather in Beijing can be very nasty.

Specific — In spring, the wind may blow all day long. The air is then filled with fine dust which sometimes shuts out the sun. There is no escape of the fine dust. It gets into your eyes, your ears, your nostrils, and your hair, and penetrates through closed windows.

通过看【活动2】的练习,我们很容易识别一般单词和特定单词的区别,更具体、更具信息性的词汇,更能让读者看到、听到或感受到作者想要表达的东西,也就更具故事性。

2. 范文学习

【活动3】读范文回答问题

The very wealthy English Baron Fitzgerald had only one child, a son, who understandably was the apple of his eye. His wife died when the child was in his early teens. So Fitzgerald devoted himself to fathering the kid. Unfortunately, the son died in his late teens. Meanwhile, Fitzgerald's wealth greatly increased. He spent a lot on art works of the masters. Later Fitzgerald himself became seriously ill. Before his death, he had carefully prepared his will as to how his wealth would be settled — to sell his entire collection at an auction(拍卖).

Because of the large quantity and high quality of his collection, a huge crowd of possible buyers gathered for the auction. Many of them were museum directors and private collectors eager to bid(出价). Before the auction, the art works were shown, among which was a painting of Fitzgerald's son by an unknown artist. Because of its poor quality, it received little attention.

When it was time for the auction, the auctioneer gaveled(敲槌) the crowd to attention. First the lawyer read from Fitzgerald's will that the first art work to be auctioned was the painting of his son. The poor-quality painting didn't receive any bidders except one — the old servant who had served the son and loved him, and who for emotional reasons offered the only bid.

As soon as the servant bought the painting for less than one English pound, the auctioneer stopped the bidding and asked the lawyer to read again from the will. The crowd became quiet, and the lawyer read from the will: "Whoever buys the painting of my son gets all my collection." Then the auction was over.

> **Questions on the sample:**
>
> How many people were involved in the story?
>
> From the introduction, what do we know about Fitzgerald's family?
>
> What was the purpose of the auction described in the story?
>
> Why did the painting of Fitzgerald's son receive little attention?
>
> What happened to the art work that was auctioned first?
>
> How did the auction end? Why?

文章一开始就介绍了 Fitzgerald 一家的背景,并由此引出文章的主题"拍卖"。正文部分主要以时间顺序来叙述整个拍卖的过程和进展,但在文末,作者用戏剧冲突的手法给了读者一个意料之外的结局,从而也烘托出了故事的"高潮"。学生在读完这篇文章后如果能回答出"Questions on the sample",便能够体会出这篇文章的精彩所在了。日后,记叙文写作时也可以带着一些问题来组织素材,或是模仿拍卖这篇文章的戏剧冲突手法增强叙述的故事性。

I still remember the day when I first came to the college. That morning when the bus carried me to the gate of the college, I was so excited that my heart was beating very fast, as if it would leap out of my mouth. From now on I would be a student of this college. After registration we were led by an instructor to the dormitory. I was so clumsy that I did not know how to make the bed and fix the mosquito net.

In the afternoon I took a walk around the campus together with my roommates.

Thinking of studying in such a beautiful place made me feel quite proud of myself. As we were walking along, talking and laughing, a voice was heard saying, "Oh, look at these freshmen!" It was our middle-school-student appearance that gave us away. We continued our tour of the college, inspecting every building and every garden, until the sun began to set. In the evening we sat together talking about the past and the future. We were so excited that no one wanted to go to bed. For the first time we were going to live without parents, but with roommates.

> **Questions on the sample:**
>
> What is the topic of this passage?
>
> What is important about the day?
>
> What are the events? How does the writer guide us from one event to the next?
>
> Do you think the quotation sentence is particularly effective in this narration?

读完这篇范文,一定会对作者的大学第一天印象深刻,那么作者是如何把这天叙述得跌宕起伏的呢?学生在读完这篇文章后如果能回答出"Questions on the sample",便能够体会出这篇文章的精彩所在了。首先,作者用一句话开门见山,概括了文章的写作主题和用意,"I still remember the day when I first came to the college"交代这篇文章主要记录描述作者大学报到的第一天。接着,作者用生动的语句表达了这天的非凡意义,进而通过时间顺序转换活动场所,一一交代这天的所见所闻和所为。这篇文章中间的过渡词汇清楚明了,帮助读者清楚了解作者的叙述脉络。在文章结尾处,作者也恰到好处地添加了自己的心理活动,使这天的兴奋激动继续延续,让人意犹未尽。此外,引用对话也是记叙文增强故事性的一种好方法,适当地用直接引语代替简洁的主观叙述,可以客观生动地反映人物的性格、品质和心理状态,使记叙更生动、有趣,使文章内容更充实、具体。

3. 技能操练

【示例】Make a list of events to support the topic sentence.

On Wednesday evenings my uncle and I usually spend an enjoyable hour playing basketball.

Event 1　Have dinner

Event 2　My uncle picks me up

Event 3　Zoom over to the sports center

Event 4　Have a quick change of clothing

Event 5　Play for an hour

Event 6　Hit the showers

Event 7　Go into the sauna for ten minutes

Event 8　Stop for beer or ice cream

Event 9　I am ready for a good night's sleep

On Wednesday evenings, my uncle and I usually spend an enjoyable hour playing basketball. After dinner, my uncle picks me up in his station wagon and we zoom over to the sports center. After a quick change of clothing in the locker room, we play an exciting hour of basketball. Then we usually go into the sauna for ten minutes before hitting the showers. On the way home, we sometimes stop for beer or ice cream; of course, the loser always pays the bill. When I get home, I am ready for a good night's sleep.

【练习1】Find and choose events you will use to support the topic sentences given below.

Sunday has always been a busy day for me.

Event 1:

Event 2:

Event 3:

Event 4:

Event 5:

【练习2】Find and choose events you will use to support the topic sentences given below.

My friends and I had an unforgettable trip last summer vacation.

Event 1:

Event 2:

Event 3:

Event 4:

Event 5:

【练习3】Choose a significant event from your life and think about it. What could it be?

Topic 1: A childhood event

Think of an experience when you learned something for the first time, or when you realized how important someone was for you.

Topic 2: Achieving a goal

Think about a particularly meaningful achievement in your life like being admitted into the school or university to which you applied.

Topic 3: A failure

Think about a time when you did not perform as well as you had wanted. It could be your failure in passing an exam, cooking some delicious food according to a recipe or making a speech before a large audience. Then express how you felt then and what you learned from the failure.

Topic 4: A bitter experience

Have you ever had the experience of losing the trust of a dear friend? Think about a time when you did not stand up for yourself or someone else in the face of adversity or challenge. What is the lesson you learned?

Summary: conventions of writing a narrative essay

Tell your experience from a particular point of view and stick to it throughout your essay.

Tell your reader what you are writing about — the topic.

Arrange the events into their order of occurrence. Show the happenings with vivid words, sensory details or brief dialogues.

Make a point. Connect these events with words and phrases which will enable your reader to make sense of what you have written.

8.1.2　记叙文的结构

一个典型的段落通常由三个部分组成：主题句、足够多的支持观点和自然的结束句。

主题句(Topic sentence)：一个组织良好的段落涉及一个中心概念，通常用主题句来表达。主题句有助于在段落中组织思想，它告诉读者要讨论的主题，并将讨论限制在单个段落内的一个特定概念；它也统一了段落中的讨论，即所有的支持句必须与主题句相关。

支持句(A number of supporting ideas)：除了有一个有效的主题句，一个好的段落应该得到充分的支持和自然的总结。首先，应该有许多支持语句，它们以某种方式扩展、描述或说明主题句所陈述的内容。而支持是否充分，不能用句子数量来衡量，而是要用内容——细节如何令人印象深刻或令人信服地支持你的主题句。

结论句(A concluding sentence)：除了主题句和支持句之外，段落末尾通常会有结论句。结论句可以被认为是整个讨论的总结，通常通过重复段落的主旨思想来结束讨论，且通常用与主题句中使用的词语不同的词。

就记叙文而言，同样如此：

① 开始部分，通常有一个主题句，它清楚地告诉读者何时何地发生了什么行动、涉及谁，并通过一些意见或态度词来限制主题，由此为读者提供了理解整个故事所必需的背景信息；值得一提的是，虽然大多数记叙文采用主题句模式，但也有一些不需要主题句的特殊情况。

② 中间部分,讲述故事本身,可以通过描述颜色、气味、触觉和声音等实现叙事的生动;

③ 结论部分,陈述叙述的要点或者简要讲述后来发生的事;值得一提的是,如果故事讲得很清楚,可以从叙事细节中得出一个自然结论,就无须多余的结尾段落。

下面我们根据主题句和结论句的有无,分别来看看三种情况:

1. 有结论句、无主题句的记叙文

【范文1】I began by oversleeping — somehow I had forgotten to set my alarm clock. Then I had drunk my morning coffee black and eat my cereal dry because my roommate hadn't replaced the quart of milk she finished yesterday. After missing my bus and arriving late for my first class, I discovered that the history paper I thought was due next week was actually due today. And because my lab partner was still mad at me from the mess I made of things last week, we accomplished almost nothing in two hours. All in all, it was a terrible day.

在这个例子中,作者在开始时并没有提供主题句,而是用几件有着前因后果互相关联的小事件把关键词 terrible 叙述得淋漓尽致,最后自然而然地总结了段落的主要内容:这是一个糟糕的日子。

2. 有主题句、无结论句的记叙文

【范文2】Mary Ann is determined to do well in her classes this semester. She is not going to miss any classes, and she's going to tape all of her lecture classes as well as taking notes. She has blocked out three hours a day on weekdays to study, as well as Sunday afternoons. She has also formed a study group with friends who share her classes and has a tutor for her calculus class. Finally, Mary Ann is declaring her own "dead weeks", the two weeks prior to finals for intensive studying since her poor finals preparation last semester badly hurt her grades.

在这个例子中,作者开门见山就用了一句主题句"Marry Ann is determined to do well in her classes this semester."让读者清楚明白写作意图,之后也是围绕该主题句层层展开叙述"How is Marry Ann determined to do well in her classes this semester"。

3. 有主题句、有结论句的记叙文

【范文3】Sunday was a long day. I had to get up at 5:00 a.m. to attend an Easter sunrise service. Then I had duties at the church the rest of the morning. In the afternoon I visited the manor rest home and talked to shut-ins who seldom have visitors. Then I went to my aunt's for dinner and played cards with uncle Herman until about 9:00 p.m. Then I drove up into the hills with my family for a special Easter midnight chapel service in the pines. We stayed in a mountain cabin with ten other people that night and didn't get to sleep until after 2:00 a.m. I was exhausted after twenty-one hours of activity.

在这个例子中,作者既用了主题句"Sunday was a long day",也用了结论句"I was exhausted after twenty-one hours of activity",首尾呼应,使内容更完整、结构更紧密;中间也是按照时间先后顺序——交代关键词"long"和"exhausted"的细节叙述。

通过上述三篇范文,我们看到,一般主题句位于开头,用来表达内容的中心思想。中间内容的展开可以有多种方式:

【范文1】按照事情的起因、经过和结果的顺序安排事件的叙述,突出"a terrible day";

【范文2】按照论说的重要程度安排,一般先次要后主要,最主要的理由放在最后;

【范文3】按时间和地点转换的空间顺序叙述事件的发生,突出"long"和"exhausted"两个关键词。

虽然结论句不是一定要有,但恰当的结论句可以深化主题,可以照应开头,也可以总结全文。

8.1.3 记叙文写作的完整性和连贯性

所谓"完整性(Unity)"是指一个段落思想和内容的统一,"连贯性(Coherence)"则是段落的组织和形式的连贯。一个段落真正突出的不是组织本身,一个好的段落也必须是统一的和连贯的。

1. 记叙文写作的完整性(Unity)

【活动1】Underline the one sentence in the group that does not relate clearly to the topic and controlling idea given for that group.

Topic: I am sick of eating hamburgers.

a. I've been eating hamburgers twice a day all the semester.

b. They are starting to taste like dog food.

c. I love big macs from McDonald's.

d. I'm getting fat from eating greasy hamburgers.

e. I get a stomachache just thinking about eating another hamburger.

该活动要求画出一个与主题不相关的句子。这组的主题是"I am sick of eating hamburgers",选项c是说我喜欢汉堡,其余选项都在说我吃厌了汉堡。这便是在我们日常写作练习中要注意的文章的统一性。

【活动2】Cross out the unrelated sentences so that the paragraph is unified.

My brother is driving me crazy. First, he borrows my razor and doesn't put it back. Then, he'll sneak into the kitchen and eat the pancakes I've cooked for myself. <u>He helped me with my homework.</u> Then he borrows my car without asking and returns it with the gas tank empty. Finally, he borrows money from me and never pays it back. I'll be glad when he moves out of the house. <u>My sister is also moving out.</u>

该活动要求辨别并删除与段落主题思想不符的信息,加下划线的两句便与主题句"my brother is driving me crazy"不符。

2. 记叙文写作的连贯性(Coherence)

连贯性意味着段落粘连或保持在一起,在一个连贯的段落里,每个句子都以读者容易理解的逻辑方式与周围的句子自然地联系起来。我们可以通过以下顺序实现连贯性:从一般到具体/从具体到一般、时间顺序、空间秩序、事情发展顺序。我们还可以通过重复关键词,通过时态、数字和人称的一致性,通过过渡性表达实现连贯性。

这里有必要说说过渡性表达(Transitional expressions)。过渡性表达有以下这些方式:

① 表示添加:again, and, also, besides, equally important, first(second, etc.), further, furthermore, in addition, in the first place, moreover, next, too;

② 举例说明:for example, for instance, in fact, specifically, that is, to illustrate;

③ 表示强调和突出:above all, after all, in fact, particularly, that is;

④ 表示逻辑关系:accordingly, as a result, because, consequently, for this reason, hence, if, otherwise, since, so, then, therefore, thus;

⑤ 表示对比:although, and yet, at the same time, but, despite, even though, however, in contrast, in spite of, nevertheless, on the contrary, on the other hand, still, though, yet;

⑥ 总结或概括:all in all, in conclusion, in other words, in short, in summary, on the whole, that is, therefore, to sum up;

⑦ 表示时间顺序:after, afterwards, as, as long as, as soon as, at last, before, during, earlier, finally, formerly, immediately, later, meanwhile, next, since, shortly, subsequently, then, thereafter, until, when, while;

⑧ 显示地点或方向:above, below, beyond, close, elsewhere, farther on, here, nearby, opposite, to the left (north, etc.)。

【活动3】Arrange the ideas that develop the topic sentence in the order of time, space or climax, numbering them 1, 2, 3. Be prepared to explain your choices.

We all experience change, even positive change, as stress. Take Jesse Carter for example, who has gone through a number of changes this year.

_____ Jesse cut back from four to two cups of coffee a day.

_____ His father died early in the year.

_____ Jesse was promoted at his job.

_____ He gained fifteen pounds and had to buy many new clothes.

该活动是训练学生在知晓主题句的前提下,利用连贯性原则,按照恰当的顺序把supporting details 有逻辑地展开来支持主题句。

【活动4】Fill in the blanks with appropriate transitional expressions that suggest time sequence.

Last Friday the thirteenth everything went wrong. (1) _____ I overslept. When my alarm went off at 7 a.m. as it usually does, I decided to lie in bed for a few more minutes. Forty minutes (2) _____ I woke up again. (3) _____ I rushed into my bathroom to wash my hair. (4) _____ turning on the hot water full force, I returned to my room and collected my hot rollers and blow dryer. Returning and stepping into the shower, I (5) _____ stepped back out. As I tried to recover from the boiling water, I promised myself that I would never turn on just one tap again. (6) _____ I hastily dried my hair, dressed, and ran out to find that I had missed the 9:00 shuttle bus. (7) _____ I began running through yards and alleys in an effort to make it to class. (8) _____ I reached the Chemistry Building and rushed down the hall because I was late for class. (9) _____ I sat down and opened my notebook, I discovered that I had left my lab report back in my room. Slowly closing my book, I concluded that at least one superstition has a basis in fact.

该活动的写作任务是让学生在语篇中练习填写恰当的时间顺序。记叙文中最常用的就是按事情发生的时间或空间顺序进行叙述,且就目前中学生的实际英语水平而言,最值得练习的记叙方法也是按时间顺序,这种记叙顺序无论在时态、连接词还是过渡词等方面都比较容易掌握。

【活动5】读范文回答问题

An Unusual Dream

I don't dream very often, but when I do, I always have unusual dreams. As a matter of fact, I had an extraordinary dream last week.

It was a very beautiful day and I was on a big ship. The sea was calm and quiet, the sky blue and clear, and the sun warm and bright. Suddenly, heavy clouds covered the sky. The sun disappeared; the wind began to blow; and the sea turned to gray. There was such a fierce storm that the ship almost sank. At that moment, another ship appeared from out of the dense fog. It was a pirate ship with a black flag and a crew of armed pirates. The pirates jumped onto our ship and the battle began. I was assailed by three pirates at once. One pirate had a long beard; the second had a big black mustache; and the third one had a wooden leg. I had a sword in my hand and I fought bravely. All around me a violent battle raged. Soon I was wounded and lay bleeding on the deck. Then, all at once, a very beautiful girl appeared on the other ship. She gave some sharp commands and all the pirates disappeared. Their ship vanished too. It seemed to have been gulped down. Immediately the storm stopped and the sun came out again. I was dazzled.

Just then I awoke and found that I was in my own bed. The sun was shining and there was a ray of light on my face. Perhaps it was that sunbeam that had changed my nightmare into a dream of adventure.

Questions on the sample:

When and where did the action in this narrative essay take place?

Who were the persons involved?

What are the major details?

What are the words that enable you to see and hear the happenings?

> How are the major details connected? Find out the words or phrases that help you move smoothly when you read the essay.
>
> What is the point the writer is making about dreams? What is the purpose of writing this essay?

这篇文章开头从一般叙述(general)到特定叙述(specific),引出并强调突出了中心内容"unusual/extraordinary dream",正文着力叙述描写了作者这个"unusual dream"。值得一提的是,作者并不是"tells a dream",而是用各种生动的词汇描绘出一个个画面,不是"tells"而是"shows the happenings"。此外,文章结尾也很巧妙且戏剧性地烘托出原来这是作者的南柯一梦。

【活动 6】You are to finish a composition titled "A Terrible Trip" according to the opening paragraph given below.

A Terrible Trip

Opening paragraph:

It was a trip which began well enough, but suddenly everything seemed to get out of control. A lot of terrible things chose to go wrong on the same day.

Now you have a try:

In your body paragraph, tell at least three things to back up the thesis statement which is underlined in the opening paragraph.

In your concluding paragraph, tell briefly the result of the happenings, or state what you learned from the experience.

该活动是一个开放性写作任务,提供了主题和开头,关键词便是"terrible trip"。

总结一番,好的叙事文章必须有清晰的结构,包括开头、正文和结论。它必须是统一的、连贯的。写作时要确保所有细节都有助于主题的扩展,同时以清晰的逻辑顺序呈现。

8.1.4 虚构类记叙文的写作

记叙文其实可以分为虚构类和非虚构类两种：虚构类记叙文是指作者通过想象编写出来的非真实的记叙文，如小说、戏剧、童话等；非虚构类记叙文指的是基于真实事件的记叙文（见图8-1）。非虚构类记叙文中，个人经历类是学生最熟悉、接触最多的，这类作文围绕个人经历展开，往往通过记叙一件事来讲一个道理、抒发某种感情或者记录个人成长。但青少年时期是想象力最丰富的时期，学生完全可以尝试进行故事的编写。

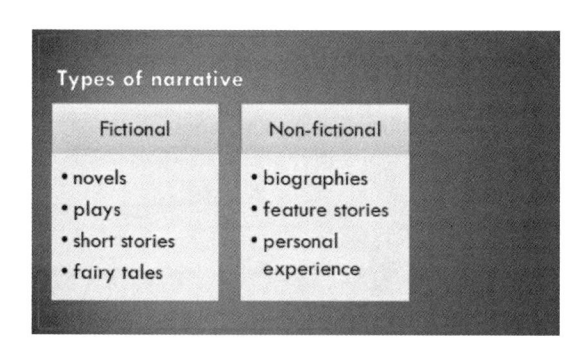

图8-1 记叙文的两大类别

虚构类记叙文，简单来说，就是叙述一个虚构故事的文章。作者借助丰富的想象力创造人物、设置场景给读者带来文学上的享受。在故事中，人物往往要解决一个主要的问题或者冲突。作者通过精心的设计和生动的描写一步步展示人物解决问题的过程。绝大多数的小说、童话都属于这个范畴，如"哈利·波特"系列、《汤姆·索亚历险记》、《夏洛的网》等，教材中也有不少虚构类记叙文，如牛津英语（上海版）中的"A Practical Joke""Green Orchids""The Phantom of the Opera"等。那么，如何写好虚构类记叙文？我们可以回忆一下自己最喜欢的一本小说或故事，思考最吸引自己的地方是什么，是个性鲜明的人物还是曲折的故事情节，又或者是作者精心构建的奇妙世界？从中提炼出好故事的一些共性。

就此，我们来看看原名师基地学员丁学勤老师对虚构类记叙文写作的见解。虚构类记叙文通常包含四个要素：setting（背景）、characters（人物形象）、plot（情节）和theme

(主题)。丁老师将从这四个方面,以牛津英语(上海版)课文"Green Orchids"和"Two Geniuses"为例,谈谈好故事的特点,以说明如何在编写故事的过程中做到合理虚构。

1. Setting

Setting"故事背景",交代故事发生的时间、地点、天气、环境等。这些是故事发生的必要信息,作者通过细致的描写为情节的发展或人物的塑造埋下伏笔。以课文"Green Orchids"为例,故事的开始作者交代了人物,故事发生的两个场景(办公室和地球另一端的山谷),以及人物面临的困境(一个重要选择)。以下是交代背景的文本内容:"Harry Saleem, an obese man with too much money and power, faced a choice. Outside his office waited his personal doctor, bringing him vital news about the only medicine that could save his life. On the other side of the world, one of his engineers waited for his decision on an important matter of business."

2. Characters

故事一般有主要角色和次要角色。比如,在"Green Orchids"一文中,Harry Saleem就是主角,而医生和工程师则是配角。在故事中,作者会在人物刻画上下许多功夫,一般会通过下述五种方式进行人物刻画:人物的所言、人物的所思、人物的所行、对人物的直接描述、其他角色对人物的评价等。下面是课文"Green Orchids"的一个段落:"No, let the fool wait," growled Saleem. "Business comes first." Despite the health problems caused by his huge weight, he was still obsessed with making money. He raised a fat finger, and one of his staff hurried to switch on a large television set. 这里既有直接描写"he was still obsessed with making money",又有人物话语描写"Business comes first",旨在指出人物的贪婪和唯利是图,"the fool"和"growl"反映了人物的粗鲁,"huge weight"和"a fat finger"等又刻画出一个肥胖懒惰的病态形象,员工赶紧去开电视这个侧面描写则又暗示了 Harry Saleem 的性格可能比较暴躁,给读者留下了想象的空间。

3. Plot

一般来说,故事情节的发展遵循这样一个模式(见图 8-2):第一部分是故事的引入或者开端,介绍故事发生的背景,如时间、地点等;接着第二部分是情节提升,描述故事情节的发展,呈现问题、矛盾冲突等;第三部分是故事的高潮,故事发展达到顶端,这是整个故事最紧张最精彩的部分,往往会出现出人意料的转折点;第四部分是情节回落,问题、矛盾冲突等得到解决,故事接近尾声;最后就是故事结局,合理结尾以交代事件结果。

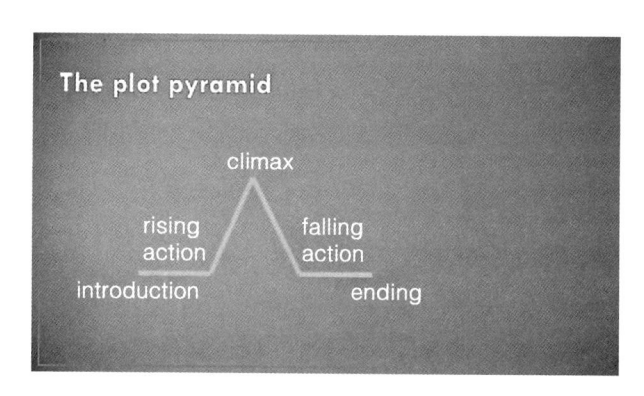

图 8-2 故事情节的发展模式

（1）故事的引入（Introduction）

为了使故事更具吸引力,作者往往在开头设置悬念,引发读者一探究竟的兴趣。以课文"Two Geniuses"为例。故事的引入部分介绍了这样几个要素：

Who：Einstein and his driver Hans.

Where：at a university.

When：one evening.

What：Hans was going to give the lecture for Einstein.

这些背景信息有助于读者快速理清头绪,跟上情节的发展。此外,作者还利用文章标题巧妙设置了一个悬念。文章标题是"Two Geniuses",然而目前文中只出现了一个"genius",即 Einstein,这让读者忍不住去探究另一位天才是谁。以下是引入部分的文本内容：

Einstein often received invitations to explain his theories at different universities. On these trips, his driver Hans often said to him, "It's a pleasure to drive a genius like you, Dr Einstein."

One evening, on their way to a university, Einstein said, "I'm so tired. I wish I could avoid giving my lecture tonight, Hans, but I don't want to let my audience down."

"I know what to do," said Hans. "I can give the lecture for you. You can trust me. I've listened to your lecture so many times that I've learnt it by heart. No one knows you at this university, so they won't find out."

(2) 情节提升(Rising action)

情节提升部分,可以进行情节的铺垫,逐渐呈现故事的核心冲突。该部分一般按照事情发展的先后顺序展开描述。在"Two Geniuses"的故事里,随着 Hans 代替 Einstein 做讲座这个意外事件的开始,故事情节开始逐渐提升,矛盾冲突逐渐升级,当一名观众提了一个 Hans 无法回答的难题时,气氛变得十分紧张。读者也已经被故事深深吸引,忍不住期待 Hans 会如何解决这个困境。以下是情节提升部分的文本内容:

So, they changed places. At the university, Hans was guided to the front of the hall. Einstein took a seat, listened to Hans give his lecture without difficulty, and joined in the applause at the end.

However, before Hans left, a man shouted, "I'd like to ask you a question." He then asked a question so difficult that Hans had no idea what he was talking about.

(3) 故事的高潮(Climax)

故事的高潮往往是整个故事的转折点,随着情节推动到最高潮,人物性格也完整展现。在"Two Geniuses"的故事里,情节发展到最高潮,Einstein 的焦虑进一步凸显了困境的严重程度,然而,如此令人紧张的困境却被 Hans 轻松化解,充分反映了 Hans 的机智,也令读者会心一笑。以下是高潮部分的文本内容:

Einstein turned pale. "Oh no!" he thought. "Now we're in trouble." But Hans just laughed and said, "That's such an easy question that even my driver can answer it. Hans, please . . ."

(4) 情节的回落(Falling action)

高潮过后便是情节的回落,矛盾冲突已经解决,故事接近尾声。以下是情节回落部分的文本内容:

Einstein stood up and answered the question perfectly.

（5）故事的结尾（Ending）

故事结尾一般交代故事的最终结局,有时作者也会阐明故事的意义;故事的意义也可以在文章的开头出现。

4. Theme

比如,在"Green Orchids"的故事里,文章第一句话就揭示了主题:"Life is a series of choices, and we cannot always foresee the consequences";在"Two Geniuses"这个故事中,作者则没有选择直接揭示主题,而是揭开悬念,原来文章标题中的另一位 genius 就是 Hans。

可以说,"Green Orchids"和"Two Geniuses"这两篇课文提供了虚构类记叙文的写作范本。作者精心构思情节,层层递进,把事情讲得绘声绘色、跌宕起伏,同时通过对话描写、动作描写和心理描写,活灵活现地再现了故事的场景。背景、立体逼真的人物形象,精巧完整的叙事结构和鲜明的主题,这些造就了一篇佳作。

既然学习了虚构类记叙文的写作手法,不妨自己来尝试写一个小故事吧。

【练习】Choose one of the following and write about a day in your life.

if I could . . .

be someone else for a day (for example, Captain Marvel "惊奇队长")

become invisible

visit a plan

8.2 描写文的写作技能强化

8.2.1 关于描写

什么是描写? 原名师基地学员汪艳认为,描写就是用生动形象的语言,把人物、事件、景物存在与变化的具体状态作精细的描绘、摹写,给读者以身临其境的感觉。这里,有必要说说描写(description)与叙述(narration)的差别:叙述主要是从叙述者的角度讲述发生了什么事,或者以某种顺序来讲述故事;描写则可以对某个特定的人物、景物等进行描写,使得读者似乎亲眼看到了这个景象或画面。简单说,叙述就像是一个全景画面,而描写往往是一个特写镜头。

为什么要描写?讨论这个问题时,我们先思考以下的几个问题:为什么我们描写的是这个人,而不是那个人?为什么在某部作品中,某个人物只是一位配角,却得到了大段的描写?为什么这部作品浓墨重彩地描写了天气,而那部作品没有对天气的描写?这些问题都最终要归结到一个问题:我们选择什么内容进行描写。因为描写都是有一定意义与目的的,所以在描写前,我们首先要思考文章的立意。描写只是手法,运用得当可以逼真传神、生动形象,却也不能为了描写而描写,描写的最终目的还是为文章主旨服务,使作品整体更具感染力。

描写什么?当我们明白了描写的意义时,对描写的对象选择与内容就更容易把握。按内容分,描写有人物描写和景物描写两种。人物描写的方法有概括描写、肖像描写、语言描写、行动描写、心理描写和细节描写这六种;景物描写的方法有静态与动态、客观与主观、反衬与对比这三种。最为常见的描写为肖像描写(character sketch/profile)和环境描写(place description)。

如何描写?要写出好的描写,有三大原则:

原则一:有画面感。在明确立意和主题后,生动的描写能用语言勾画出一幅希望读者看到的画面;就此,描写时,需要非常仔细地关注周围的事物,而这些描写的事物又要与想表达的主题或情感相关,以清晰地在读者心中呈现出画面,这就是好的描写。

原则二:有独特的视角与方式。好的描写应该是以作者独特的视角与方式表达所看到的内容。比如,有作者会从孩子的视角去看待他人,并从这个视角进行生动的描写来衬托主题;又比如,有的作者会从周围环境的细致描写入手,衬托出或恐怖或欢乐的氛围,为作品的整体气氛、人物的心情做铺垫。当这样的描写激发读者心中的情感与共鸣,服务于主题时,就是好的描写。

原则三：关注细节、形象具体。描写是为了使形象更为鲜活，所以，描写要从细节入手，生动具体，达成服务主旨的最终目的。

8.2.2 如何在各种文体中运用描写

描写可以用于各种文体，其中最为广泛的是运用于记叙文中。下面以记叙文体为例，说说什么时候需要描写，又需要怎样的描写。

这是一张情节图（见图8-3），情节图又被称为故事或小说的支柱（the backbone of a story），揭示了故事或小说情节发展的主要阶段：通常从故事展开（exposition），到出现矛盾冲突（conflict），当冲突不断升级时（rising action），故事到达顶点称作为高潮（climax），之后再趋于缓和（falling action），最后达到一个新的平衡（resolution）。根据这张情节图，我们可以思考一下：在故事发展的哪些阶段可能会出现怎样的描写？

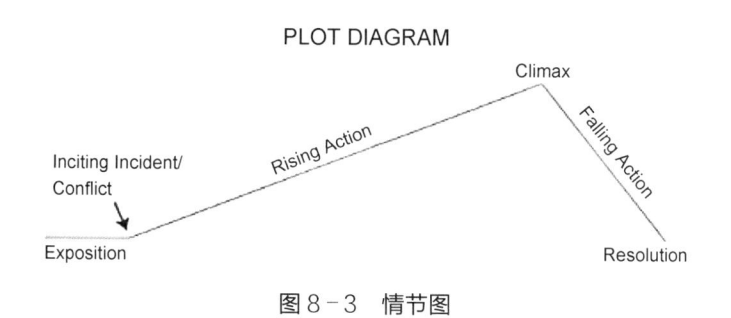

图8-3 情节图

① 故事或事件的展开阶段：故事开头常常需要交代故事发生的背景，也会出现环境描写；在故事的展开阶段，主要人物一一登场，这时常常有对人物的描写；有的故事在开始时还会埋下伏笔（foreshadowing）。所谓"伏笔"是指对作品中将要出现的人物或事件预先提示以前后呼应，让全文达到结构严谨、情节发展合理的效果。对此，人物语言描写、环境描写、动作描写、肖像描写、细节描写、人物交代、物件的出现等描写都可以让故事暗藏伏笔。

② 矛盾冲突阶段：该阶段是故事发生一系列激荡变化的时期，所以最可能出现

的描写是动作描写、心理描写、语言描写或细节描写。

③ 高潮阶段：高潮阶段的描写类型和矛盾冲突阶段的类型比较接近。

④ 故事或事件的结束阶段：由于冲突得到解决，故事达到新的平衡与升华，可能出现的描写有人物语言描写、环境描写或心理描写。

可以看到，在记叙文体的任何阶段，几乎都可以用到描写。那么，其他文体中是否能用到描写呢？

看图作文中的描写具有最大的用武之地，看图作文的基础是描写，而这个描写又是为了最终文章的主旨所服务。因此，看图作文中的描写本质上最接近描写的目的与意义；应用文中，如给某款手表做广告时，精彩的描写绝对是广告成功的前提；贴切的描写对某些说明文来说同样加分；而议论文中描写出现的频率虽不高，但若是在需要的事实阐述部分或举例部分恰当地运用描写，也能起到惊艳之效。

8.2.3　如何描写一个段落

我们知道描写是对某一个特定话题有针对性而又充满细节的描述，描写是一种表现(show)而不是告知(tell)；好的描写可以充分调动人的五感——视觉、听觉、嗅觉、味觉和触觉，还能表现某种抽象含义，如情感或记忆等。那么，如何描写一个段落，如何进行描写文的写作？

1. 描写的三个步骤

第一步：以一个主题句(topic sentence)开始。主题句要明确接下来要描写的人、地点或事物。

第二步：用具体、含有特定的细节与特定视角的表达进行具体的描写。一方面，这些描写细节的句子间要以某种逻辑关系组织起来(如空间顺序，从一般到特殊的顺序等)，并且相互连贯，联系紧密形成统一的整体；另一方面，每个描写的句子又能直接支持主题句，服务于主题。

第三步：在描写段落结束时有一句结束语，可以进一步说明描写的价值或者与作品主题的联系。

2. 范例分析

为了更清楚地说明一个描写段落的构成,我们来具体分析一篇曾获得"Bedford Prize"的短文《没有彩虹,没有玫瑰》(*No Rainbows, No Roses*)。作者 Beverly Dipo 是一名护士,短文描述了她陪伴一位癌症弥留之际,饱受病痛折磨却缺乏他人关爱的妇人度过人生最后时刻,带着爱与感谢离开人世的经历,是一篇很好的描写性文章范例。下面从五个描写段落进行分析:

【描写段落 1】

At the door to 309, I pause, adjusting my eyes to the darkness. The only light in the room is coming from an infusion pump, which is flashing its red beacon as if in warning, and the dim hall light that barely confirms the room's furnishings and the shapeless form on the bed. As I stand there, the smell hits my nostrils, and I close my eyes as I remember the stench of rot and decay from past experience. In my mouth I taste the bitter bile churning in the pit of my stomach. I swallow uneasily and cross the room in the dark, reaching for the light switch above the sink, and as it silently illuminates the scene, I return to the bed to observe the patient with a detached, medical routineness.

此段是作者得知一位老妇人当晚会死,当她走到 309 号病房门口时,写的一段环境描写(the place description),又称"地点描写",是最常见的描写之一。段落的第一句话是"topic sentence",明确了描写的对象就是这间 309 病房。在具体的描写部分,我们看到了输液泵的红色闪光、走廊微弱的灯光与妇人脱形的身体,回忆起曾经闻到的腐烂的恶臭,尝到的胃里翻滚的胆汁苦味,触摸到水槽上方的开关。这段调动人视觉、嗅觉、味觉和感觉的描写,通过感官体验让描写变得生动、具体而形象,让人可以感受到弥留病房中散发出的死亡气息。此外,这段描写的语句组织是通过由远及近的方式,从门口能看到光线,到更近些可以闻到气息,到自我感受的味觉,把病房这个概念和死亡的气息展现在了读者面前。段落的最后一句话,从病房过渡到了床上的病人,明确这段描写是为了下一段具体描写这位床上病人而做的铺垫。

【描写段落2】

> Mrs. Trane lies motionless: the head seems unusually large on a skeleton frame, and except for a few fine wisps of gray hair around the ears, is bald from the chemotherapy that had offered brief hope; the skin is dark yellow and sags loosely around exaggerated long bones that not even a gown and bedding can disguise; the right arm lies straight out at the side, taped cruelly to a board to secure the IV fluid its access; the left arm is across the sunken chest, which rises and falls in the uneven waves of Cheyne-Stokes respirations; a catheter hanging on the side of the bed is draining thick brown urine from the bladder, the source of the deathly smell.

此段是作者对弥留之际妇人的肖像描写,肖像描写(character sketch)同样也是最为普遍的描写内容之一。段落的第一句话呼应了上一段的最后一句,点明描写对象是病床上这个女病人。具体的描写部分让我们看到了一个受尽病痛折磨的妇人形象:从头部开始描写,瘦弱使得头部显得特别大;因化疗几近脱发,只剩下了几缕灰白头发;再过渡到肌肤(黄黑松弛)与骨架(凸显似乎特别长);随之而来的是打着点滴的右手和顺着呼吸机起伏的左手、凹陷的胸部,再到床边的导尿袋。这段肖像描写遵循了从头部往下描写的顺序,充满了画面感。段落的最后一句暗示导尿袋是死亡气息的来源,也是在隐喻妇人将不久于人世。

【描写段落3】

> Mrs. Trane's eyes flutter open as her head turns toward me slightly and scarcely hears as she whispers, "Water." Taking a glass of water from the bedside table, I put my finger over the end of the straw and allow a few droplets of the cool moisture to slide

into her mouth. She made no attempt to swallow; there is just not enough strength. "More", the raspy voice says, and we repeated the procedure. This time she does not manage to swallow and weakly says, "Thank you." I touched her gently in response.

此段是一个细节描写,通过两次尝试喝水却没有成功的细节体现妇人的极度虚弱。

【描写段落 4】

... I pull a chair up beside the bed to face her and, taking her free hand between mine, again notice the long, thin fingers. Graceful. There is no jewelry; it would have fallen off long ago. I wonder briefly if she has any family, and then I see that there are neither bouquets of flowers, nor pretty plants on the shelves, no brightly crayon-colored posters of rainbows, nor boastful self-portraits from grandchildren on the walls. There is no hint in the room anywhere that this is a person who is loved. ...

此段是从一个旁观者的角度对妇人揣测的一段心理描写。段落的第一句话明确了描写主题是这位老妇人。具体的细节部分从旁观者心理猜测的角度展开,猜测她可能丢了首饰,床前并没有鲜花、植物,床头没有彩虹海报,也没有孙辈们画得值得夸耀的自画像。这段用一系列排比把这些心理描写串联了起来,加强了气势。段落的最后一句点明了描写的主题,凸显出老妇人长期无人关爱的境况。

【描写段落 5】

As though she has been reading my mind, Mrs. Trane answers my thoughts and quietly tells me, "I sent ... my family ... home ... tonight ... didn't want ... them ... to see ..." She cannot go on, but knowingly, I have understood what she

> has done. I lower my eyes, not knowing what to say, so I say nothing. Again she seems to sense my unease, "You ... stay ..." Time seems to have come to a standstill. In the total silence, I noticeably feel my own heartbeat quicken and hear my breathing as it begins to match hers, stride for uneven stride. Our eyes meet and somehow, together, we become aware that this is a special moment between us, a moment when two human beings are so close we feel as if our souls touch. Her long fingers curl easily around my hand and I nod my head slowly, smiling. Wordlessly, through yellowed eyes, I receive my thank you and her eyes slowly close.

在悲情的猜测后,作者立即有一段语言描写和一段心理描写。语言描写的断断续续突出了病患虚弱无力的说话特色与方式,并透露出老妇人在死前接受作者陪伴的心情变化;紧接着是心理描写,第一句以"时间似乎停止了"引出描写主题是心理的变化过程。描写部分通过感觉心跳加速,听见心跳速率相同,相互的目光交汇与手的接触来表达两人之间心灵上的理解与交汇。段落的最后一句再次点明老妇人在死前得到慰藉的感谢之意。

可以看到,上述五个描写段落,除了细节描写主要聚焦在要突出表现的重点内容、语言描写需要突出人物鲜明的特征之外,基本遵循了描写的三个步骤:第一步先确定描写话题,段落从主题句开始;第二步进行具体的描写;第三步用一个结尾句凸显描写事物的重要性与价值,使描写的内容始终服务于主题。

这里,有几点值得注意:首先,需要时刻关注描写的目的,我们并不是为了描写而描写,描写是为了实现文章的大框架而展开的,因此在写作时需要确定描写的主题,并确定描写的部分一直为作品的主旨服务;其次,在具体描写的部分,一系列的描写语句不仅要具体,而且要以一定的逻辑顺序组织起来,并保持流畅性与连贯性;最后,描写是个性化的过程,是为了使形象更为具体,描写最好从某个特殊的视角或角度入手,关注细节,以达到个性化的特殊效果。

8.2.4 如何描写得生动

原名师基地学员、特级教师、上海市"高峰计划主持人"刘力认为,正如我们学习写汉语记叙文时,生动形象的描写会使文章更具表现力,更容易给人留下强烈而深刻的印象,同样英语的生动描写也会为文章增添色彩。生动描写在高考作文中的人物刻画、故事、图片描述,以及雅思、托福考试中的举例论证中起到了四两拨千斤的作用。对大多数英语学习者来说,经过十几年英语学习完成一篇记叙文或描述例子难度不大,可自己的描写总是干瘪乏味,这便是缺乏生动描写的表现。那么,怎样才能描写得生动?

首先,要有生动描写的写作意识。在叙述或举例论证过程中,生动的描写会使读者感受客观事物,唤起想象,增强读者的情感体验;有了这样的写作意识,在日常阅读中就会留意文本中的生动描写,以迁移至自己日后的写作。

其次,还要有方法。要让笔下描写的对象有形态、有动作、有声音、有画面感,词汇的选择是一大学问。词汇往往决定信息能否有效传达,恰当的词汇会增强句子的表现力。另外,恰当使用修辞手段也会让文章更有趣、更生动,给人以鲜明的印象。此外,词汇的选择或修辞手法的运用都是为语篇服务,都离不开文章整体所要表达的主旨,一篇文章或一个语段的描写成功与否取决于篇章的整体表达。下面就从词汇、修辞手段和语篇这三个方面具体说说生动描写的技巧。

1. 词汇

我们写作的时候是带着某种"情绪"的,是想通过文章来表达自己的观点,所以我们经常会发现,一篇文章往往使用的词汇很相似,因为就是通过这些词汇来传达自己的看法。人们通常认为,用描述的方式写作意味着在句中添加大量的额外短语或从句,或者以形容词或副词的形式添加大量华丽的语言,但是精心选择的"情绪化"词汇能使描写生动,更能表达作者的思想和立场。此外,使用具体的语言能给读者带来画面感,研究表明,人们读具体词汇的时候,就好像触摸到了蚕丝,听到了蜂鸣,看到了闪光。

(1) 使用"情绪化"词汇

英语每个词汇都有两个方面的含义:本身意义和引申意义。本身意义是指词汇的字面意义,引申意义则指词汇隐含的情感和态度。例如"winter"这个词的字面意思就是冬季,但它的引申含义就十分丰富了,可以指荒凉的、死亡的、冰冷的、绝望的等等,"She is in the winter of her life."这句话的意思就是"她处于她人生的低谷"。另一方面,引申意义也包含了积极和消极的意义,如"childish""childlike"和"youthful"这三个词本意都指年轻的,但 childish 和 childlike 蕴含否定意味,是不成熟的年轻,youthful 则是充满活力的年轻。可以说,使用词汇引申意义会使文章增色,提高文章的表现力。近年上海高考英语作文,有一位考生在描述图片时写道:"So happy and excited are they that they are eager to answer the questions.",这一句倒装结构的使用值得肯定,但"happy"是普通词汇,缺少情绪色彩和实际内涵,在具体语境下,此处的"happy"应该是孩子们的自信,所以更好的词汇选择是"confident"(见图 8-4)。

使用"情绪化"词汇

作文1:下图是小学新生的课室一角,对照你当时的上课情况,作出比较并谈谈你的感受。你的作文必须包括:
- 描述图片里学生上课的场景
- 比较你同时期的上课情况
- 简单谈谈你的感受

So happy and excited are they that they are eager to answer the questions.
So confident and excited are they that they are eager to answer the questions.

图 8-4　使用"情绪化"词汇

关于描写情绪的具体词汇,我们还可以参见英语教师 Kaitlin Robbs 设计的"情绪轮"(Wheel of Feeling)(见图 8-5)来进行选择。最基本的普通用词(如快乐、悲伤、恐惧)构成了轮子的中心,当你向外移动时,同义词变得"情绪化"(如爱、懊悔、疏离),每个单词都带有一定的情绪色彩。

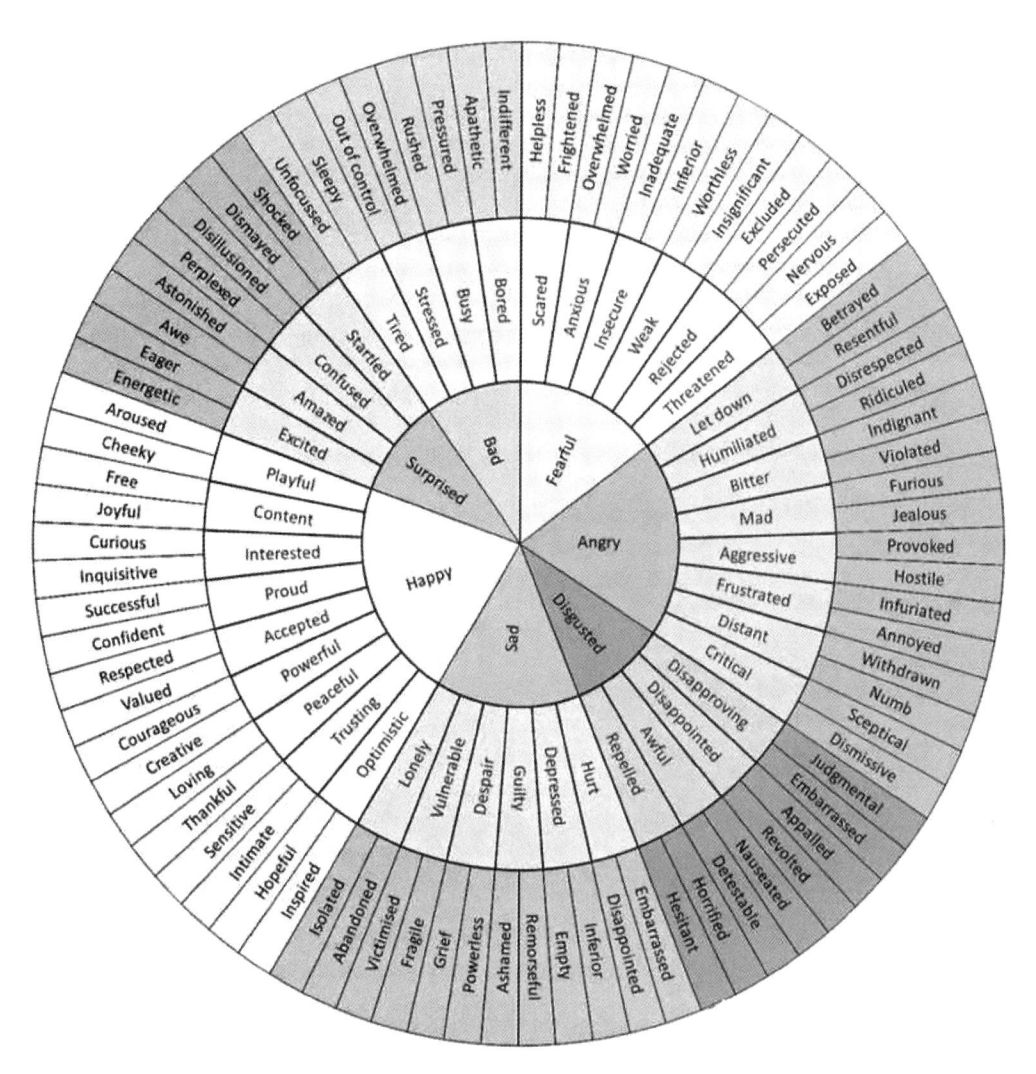

图 8-5 "情绪轮"(Wheel of Feeling)

(2) 使用具体词汇

具体词汇能够将描述对象形象化,体现描述对象的性格特征,同时具体词汇的使用还能避免写作中用词重复的问题。以 Stephen King 的小说 *Thinner* 为例(见图 8-6),作者用大量笔墨描写主人公 Billy Halleck 的吃相,munch"大口嚼",gobble"狼吞虎咽地吃",scoff"急切快速地吃",down"快速吃",通过对吃相的生动描写,一个贪吃的、超重的中年美国男子形象跃然纸上,让读者很容易联想到主人公是一个意志力薄弱、消沉慵懒、无所追求的人。再以上海高考试卷为例,有一位考生描述了一天老师发生车祸还坚持上课的场景："Miss Liu, with the help of a stick, walked to the classroom."对此，不同身份的人，不同情况下，进入教室会以不同的方式：学生可以蹦蹦跳跳进来"skip into the classroom"，迟到的学生为了不影响课堂可以踮着脚进来"tiptoe into the classroom"，快要迟到的学生会急匆匆地闯入教室"burst through the door"，被批评后不服气的学生是气势汹汹进入教室"storm into the classroom"，充满激情的老师则是大步自信地走进教室"stride into the classroom"，而一群学生列队进入教室便是"march into the classroom"。上述教师坚持上课的句子我们用哪个动词来具体化"walked"呢？车祸后老师是一瘸一拐来到教室的，用"limped"一词更能表现出当时的场景（见图8-7）。

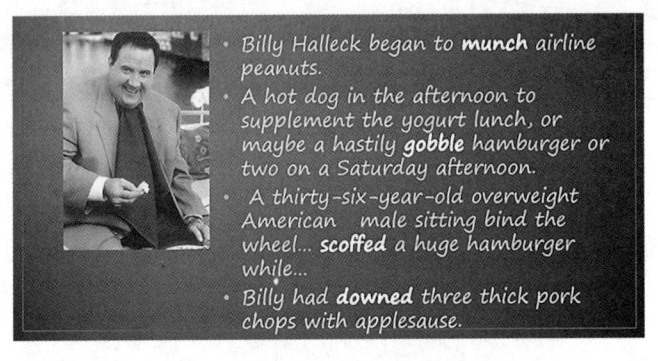

图8-6 使用具体词汇示例1

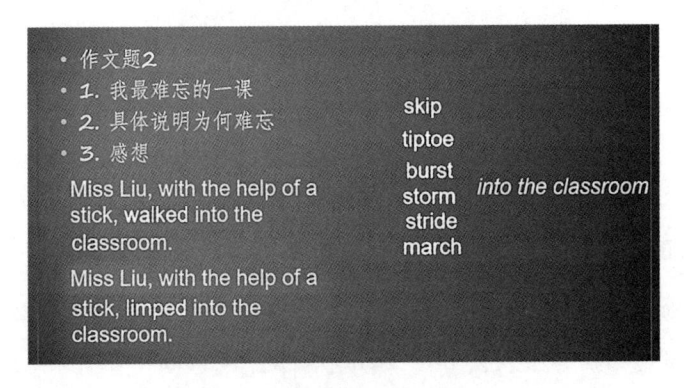

图8-7 使用具体词汇示例2

下表罗列了在学生平时写作中常见的几个概括性词汇的具体替代词汇（见图8-8）：

概括性词汇	具体词汇
look	凝视gaze,一瞥 glance/glimpse,怒目而视glare,偷看peek,眯起眼看peer,盯着stare,观看watch,
say	闲言碎语Babble/blabber/gab/chat/chatter,尖声说shriek/roar/ shout/yell/scream/bellow,咕哝mutter/mumur/mumble/whisper/grumble,要求demand,呵斥snap,赞扬sing,生气地说seethe,表达voice,咆哮的说bark/gnawl/howl/snarl 叽叽喳喳的说twitter/chirp
laugh	laugh大笑 smile微笑 giggle/cackle咯咯大笑 grin露齿笑 forced a smile苦笑 sneer嘲笑 snicker暗笑
eat	品尝 taste /savour 狼吞虎咽gobble/down/devour/scoff,咬bite,小口咬nibble,咀嚼chew/munch, swallow ,咯吱咯吱地嚼crunch
walk	踮着脚tiptoe,跳着走hop/skip,大步走stride/march,闯入storm/burst /dash踱方步pace,蹒跚stagger,溜达stroll,拖着走shuffle,蹑手蹑脚creep,慢走ramble, 践踏

图 8-8 常见替换词汇

据此,我们来优化学生习作中的这句话:"Simon went to the window and looked at the crowd outside."

优化版本:

① Simon *tiptoed* to the window and *peeped* at the crowd outside.

② Simon *rushed* to the window and *craned forward to* see the crowd outside.

③ Simon *shuffled* to the window and *glimpsed* the crowd outside.

原句中的两个主要动词"went"和"looked"比较抽象,这样的描述很难传达人物的特征。优化后,① tiptoe(踮着脚)和 peep(偷偷看)都让 Simon 当时的心理和所处的无奈环境跃然纸上;② rush(急匆匆)和 crane(伸长脖子看)都表明 Simon 急于知道外面的情况;③ shuffle(慢吞吞地走)和 glimpse(漠不关心地一瞥)则表现了 Simon 对外面发生事情的无所谓的态度。可见,具体形象的词汇使用会增强描写的表现力、生动性和可读性。

再来做一个互动练习:

【互动练习】My first thought was of Eric in the trunk, I rushed over and opened it to find him _____ _____ motionless. I gasped. He opened his eyes and laughed: "You're the worst driver on the planet." Bystanders _____ as, one by one, ten dazed

(茫然的,迷乱的) high-school sophomores crawled out of my car.

A. lying, there, stared

B. curling, around the spare-tire, gawked

显然,答案 B 更好。"lying"是比较笼统的词,"curl"(卷曲)则描写出了具体样子;同样"stare"只是凝视的意思,"gawk"(stare stupidly)作呆望解,意思更准确;还有 Eric 在车子里的部位,"the spare-tire"比"there"更具体。

2. 修辞手法

跟汉语一样,英语中也有大量的修辞手法来帮助语言活动达到更好的表达效果。这里介绍常用的五种修辞手法:比喻、拟人、夸张、排比、压头韵。

(1) 比喻

比喻是指将具有相同共性的事物进行对比。在记叙文、说明文中,比喻能使事物生动、形象、具体,给人以鲜明的印象;在议论文中,比喻能使抽象道理变具体,使深奥道理变易懂。比喻又可进一步分为明喻和暗喻。明喻就是本体、喻体都出现,中间用比喻词"like, as ... as"等。比如《阿甘正传》里阿甘妈妈在离世前说的这句"Life is like a box of chocolate. You never know what you are going to get."她将生活比喻成一盒巧克力,两者的共性是既甜蜜又苦涩且无法预知未来,通过比喻的手法,原本深奥的道理被描述得浅显易懂;再举一个"as ... as"的例子:"John is as hungry as a wolf"(约翰饿极了)。暗喻中本体和喻体之间多通过"be"来连接,省掉比喻词。比如莎士比亚悲剧 *Romeo and Juliet* 里 Romeo 将 Juliet 比喻成太阳,直接说"Juliet is the sun!"这样的描述更简洁有力。由此看出,比喻有如下作用:化平淡为生动、化深奥为浅显、化抽象为具体、化冗长为简洁。

下面是学生习作优化前后的对比:

优化前:What I didn't understand was why so many people like to be thrown through the air instead of staying on the ground.

优化后:What always amazed me was how ordinary people desire to be *tossed* through the air *like vegetables in a food processor*, instead of enjoying the peacefulness of the ground.

这是一位学生的习作,描述一次难忘的经历,这个学生描述的是第一次来到游乐场看到摩天轮时的心理活动,但优化前是简单平铺直叙,并未将坐摩天轮时惊心动魄的感觉描绘出来。优化后,一下子有了画面感,比喻的使用使读者更能体会到,作者初次看到摩天轮时的恐惧心理。

（2）拟人

拟人就是借助丰富的想象把物当成人来写,将人的特征赋予动物或其他事物。拟人通过将具体事物人格化,引起读者共鸣。比如绿日乐队（Green Day）在歌曲"Good Riddance"中把时间人格化,歌词"Time grabs you by the wrist, directs you where to go."（时间像人那样抓住你的手腕,拉着你前行）生动地写出了生活的无奈、被动和对命运方向无法掌控的内心挣扎。

（3）夸张

夸张是对事物的形象、性质、特征、作用、程度等故意地夸大或缩小描绘。夸张可以引起丰富的联想和读者的共鸣,更好地突出事物特征,烘托气氛,加强渲染力。比如 W. H. Auden 在《夜色漫步》(As I Walked Out One Evening)这首诗的第三节就用夸张的手法阐述了爱的深刻和爱的永无止境,将爱的时限延伸到非洲连着中国,到河流越过山巅:

I'll love you, dear, I'll love you

Till China and Africa meet

And the river jumps over the mountain...

（4）排比

排比是由三个或三个以上结构相同或相似、内容相关、证据一致的短语或句子排列在一起,用来加强语势、强调内容和加重感情。以斯宾塞关于民主的三句话为例,"No one can be perfectly free until all are free, no one can be perfectly moral until we are all moral, no one can be perfectly happy till we are all happy."句式整齐,结构分明,排比的运用增强了语言的气势,亦表达了作者强烈奔放的感情。

（5）压头韵

压头韵指两个单词或两个单词以上的首个字母且发音相同,形成悦耳的读音,具有很强的表现力和感染力。在日常学习中,我们也会接触一些压头韵的短语,如:"do or die, save our souls, shortcut to success"。又如美国黑人民权运动领袖马丁·路德·金演讲中的一句话,"I have a dream that my four little children will one day live in a nation where they will not be judged by the *color* of their skin but by the *content* of their *character*."可以感觉到3个字母"C"发出的音铿锵有力,达到了演讲者强调的目的。

在熟悉了上述五种修辞手法后,通过平时有意识的练习,就可以逐渐写出生动形象的句子(见图8-9)。

学生习作

1. They are **like** shining stars dotting the dark sky or priceless treasure hidden in the mysterious forest. (比喻)
2. The moment I stood on the stage, I found my heart almost **jump out of my mouth**. (夸张)
3. Despite all the evidence, experts continue to debate the **existence** of global warming, the **extent** of the problem, its likely **effects** and any possible remedy. (压头韵)
4. **It is true that** the Internet plays an indispensable role in our daily life.
   It is also true that the Internet has caused many unprecedented problems like Cyber Crimes. (排比)
5. All of a sudden, my phone **stopped singing** and **started to stare at me**. (拟人)

图8-9 学生习作示例

3. 语篇

语篇(discourse)指的是实际使用的语言单位,是交流过程中的一系列连续的语段或句子所构成的语言整体,其中各成分之间在形式上是衔接(Cohesion)的,在语义上是连贯(Coherence)的。

(1) 人物描写与语篇

Michael Corleone did not have the *heavy*, *Cupid-shaped face* of the other children, and his j*et black hair* was *straight* rather than curly. His skin was a *clear olive-brown* that would have been called beautiful in a girl. He was handsome in a delicate way. Now, this youngest son *sat at a table in extreme corner* of the garden to proclaim his chosen alienation from the family.

上面这段是《教父》里对一代教父小儿子 Michael 的描述。通过对脸的轮廓(not Cupid-shaped face)、头发(black, straight rather than curly)、皮肤(a clear olive-brown)和行为(sat at a table in the corner)的描写,表现出了 Michael 性格中桀骜不驯、冷静的品格,为小说后续进展做好铺垫。

(2) 环境描写与语篇

It had a perfectly round door like a porthole painted green, with *a shiny yellow brass knob* in the exact middle. The door opened on to a *tube-shaped hall like a tunnel*: a very comfortable tunnel without smoke, with panelled walls, and floors tiled and carpeted, provided with *polished chairs*, and lots and lots of pegs for hats and coats — the hobbit was fond of visitors.

上面这段选自小说《霍比特人》开篇第二段对霍比特人住所的描述。通过使用具体化的词汇"yellow brass knob, a tube-shaped hall, panelled walls, tiled floors, polished chairs",通过形象的比喻"a door like a porthole"和情绪化词汇"comfortable",将霍比特人温馨舒适、如童话般的房屋描写得惟妙惟肖,让读者仿佛置身于现场。通过对霍比特人居住环境的描写,作者描绘出霍比特人目前生活的安逸,同时也暗示了即将到来的风暴,从而表现霍比特人深埋在血液里敢于接受挑战、不怕困难的勇气,与整部小说的主题相呼应。

(3) 心理活动描写与语篇

"But man is not made for defeat," he said. "A man can be *destroyed* but not *defeated*."

海明威的小说《老人与海》里有对老人心理活动的大量描写,而所有读过这部小说的人都不会忘记上面这句话。作者通过老人的个人独白,使用了以"de"开头的压头韵修辞手法,表现出了老人坚持信仰、永不言败的精神品质,与小说要的主题呼应。

综上所述,要想做到生动形象的描述,首先要培养写作中生动形象描写的意识,有了意识后,就可以通过词汇(使用"情绪化"词汇和具体词汇),通过修辞手段,来提高句子和文章的表现力;而词汇和修辞手段又最终服务于整个语篇,为语篇主旨服务。

8.3 说明文的写作技能强化

说明文是种很常见的文体,也是四种文体中最基本的文体,常用于说明事实、情况并传达信息。说明文的写作目的着重在解释、说明某事。我们在阅读课上经常读到的信息量大、知识性强的文章,很多都属于说明文。原名师基地学员徐如青认为,说明文写作有一个重要前提,那就是表达必须清楚,这不仅意味要把事情说明白,还要把文章的内容表达得既易理解又易记忆。

说明文的展开手法很多,有列举法、举例法、对比法、比较法、因果法、定义法、过程法、分类法等等。下面主要探讨前五种方法在段落写作中如何运用以支撑主题句的展开。

8.3.1 列举法

A Great Tourist Destination

New York and Boston attract millions of tourists, but I think one of the best cities to visit on the east coast of the Unites States is Washington, D. C. It has some of the most interesting landmarks and tourist spots in the country. There are many **monuments** to visit, such as the Lincoln Memorial, the Jefferson Memorial, and the Washington Monument, which is the tallest building in Washington, D. C. For more excitement, the area called **Georgetown** in northwest Washington, D. C. is famous for its shopping and restaurants. Finally, there is the **White House tour**. On this tour, the guide leads visitors as they walk through many of the rooms in the White House and view the home of the president of the United States. Although Washington, D. C. does not have the large number of visitors that New York or Boston does, I think this city is one of the best destinations for tourists.

首先,从标题看,这篇文章是要介绍一个旅游景点,而从段落第一句的主题句

"topic sentence"不难预测接下来主要讲"one of the best cities to visit: Washington, D.C."那么,作者又是怎么来说明华盛顿是他心目中最佳的旅游胜地的呢?我们看到,华盛顿众多有趣的地标建筑和旅游景点是作者用来说明"best"的理由——从"monuments""Georgetown"和"the White House tour"这三个方面具体介绍了"landmarks"和"tourist spots"。这样的列举层层深入,让读者信服。如图8-10所示:

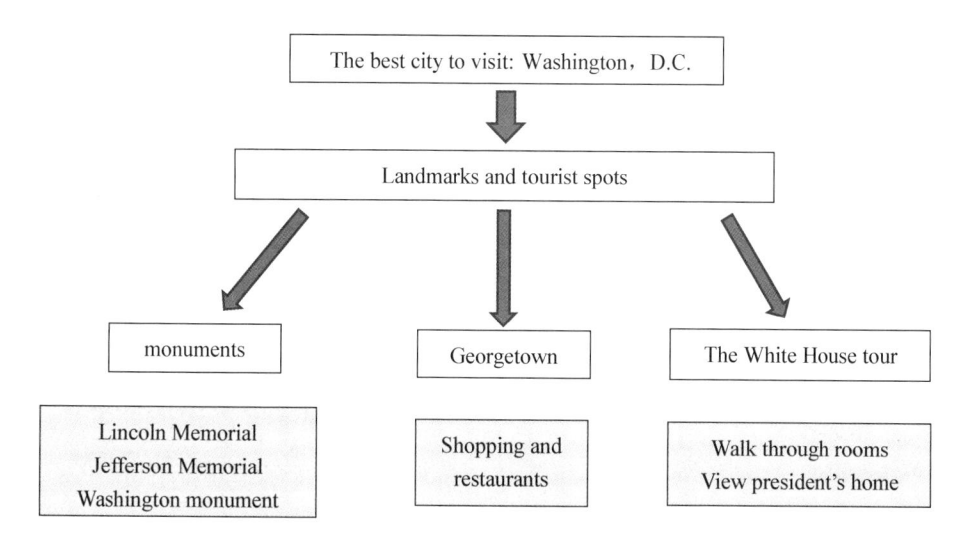

图 8-10 Washington, D.C. 三大旅游景点

而在运用列举法时,有三点需要注意:

1. 所列举的内容应该属于同一个层次的内容,且意义不能互相涵盖。

Camping in Wilderness Is Fun

Main points:

① We feel free to do whatever we like, no longer restricted to the dull classroom regulations.

② We may breathe in much fresher air and do many outdoor activities which we enjoy very much.

③ The beautiful natural scenery may make us very excited.

④ We can fly kites and run after them excitedly and take a lot of photos of the magnificent scenes.

上述例子中,作者用来说明郊外野营的四个原因里,第四个原因不能独立列举,"fly kites and run after them excitedly"应归入第二点,"take a lot of photos of the magnificent scenes"也宜归入第三点。

2. 要点之间的排列顺序也应该有讲究,需有一定规律。比如,从一般到个别,从显而易见到鲜为人知,从重要到次要,反之亦可。

3. 要点与要点之间的连接方式很重要。以过渡词为标记就是常见的连接方式,如下述示例中的过渡词就有"for more excitement, finally",其他常见的过渡词还包括:

to begin with	moreover
firstly, secondly, etc,	what's more
first of all	lastly
in the first/second place	finally
besides	last but not least
in addition	the first thing to be considered is ...
furthermore	above all, most important of all

8.3.2 举例法

An Immigrant in the Family

One of the people that I admire the most is my great-grandmother Carla. She came to the United States from Italy in 1911 as a young woman on a large ship. She had little money and no property. Soon after landing at Ellis Island in New York, she began working as a seamstress in Brooklyn. She met and married my great-grandfather not long after that. They immediately began their large family. Great-grandma Carla had eight children — five boys and three girls. In addition to taking care of such a large family in a new country, my great-grandmother survived discrimination as an immigrant, two world wars, the Great Depression, and a long list of illness. However, she rarely complained, and she was very happy with her new life in America. Whenever I think of my great-grandma Carla, I am always filled with admiration for her.

通读整段文章可以看到,正如题目所示,这段文章写的是作者的太外婆。段落的主题句是"太外婆是我最敬佩的人",全文则是以太外婆的经历为例,阐明作者敬佩太外婆的原因。

而在运用举例法时,有两点需要注意:

1. 例子必须为文章或段落的中心意思服务。这也是最重要的一点,所举的例子必须恰到好处地说明有关事物或论点。比如,有个作文题目是"Is Failure a Bad Thing?",有学生写到自己的一次升学考试失败不是坏事,因为他的好朋友通过了考试;显然,这个例子并不能说明文章主题,但若是通过这次失败获得了某些受益终生的教训,便是适宜的例子了。

2. 可以在不同论述层次上引用例子。有些例子直接说明短文中心句或段落主题句,而有些例子则说明文章某一要点或某一句话;不同用途的例子在文中的重要程度及引用的详略程度也各有不同。

虽然上文并未使用过渡词,但与列举法相似,举例法的文章也可采用过渡语来举例。常用的过渡词语和句型有:

for example/ for instance	. . . can serve as an example
such as	this is also true in the case of
to illustrate	. . . is in the same case.
as an illustration	a good case in point is . . .
specifically speaking	
the most striking instance of this occurred when . . .	
if one more example were needed, I could mention . . .	

8.3.3 对比法

在图 8-11 中,其实作者在叙述过程中还用了多处冲突对比来凸显太外婆的不易。

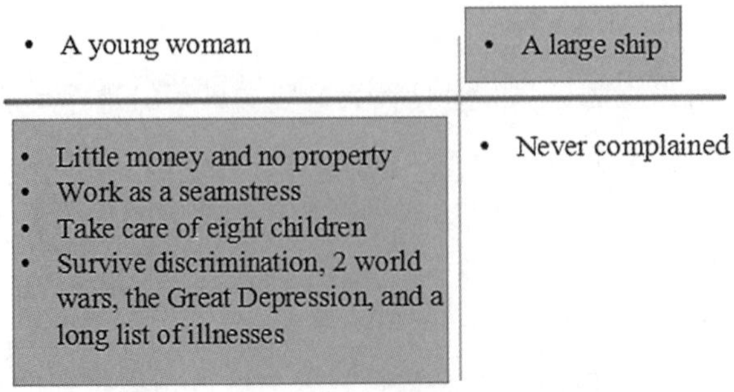

- A young woman
- A large ship

- Little money and no property
- Work as a seamstress
- Take care of eight children
- Survive discrimination, 2 world wars, the Great Depression, and a long list of illnesses

- Never complained

图 8-11　冲突对比

对比法也是很常见的一种说明观点的方法。我们再来看一个示例：

My understanding of the differences between the two generations is listed as follows. First of all, our thinking mode is different from our parents'. Our parents were born before liberation or shortly after liberation. They tend to be traditional. And the education they received made them less creative. They like to stick to the old principles and disciplines. **In contrast**, we younger generation is more open-minded, and we can receive and absorb new concepts and knowledge more easily because of the carrying out of the policy of reform and opening to the outside world in the late 70s. We are more or less influenced by the western view. So we'd like to challenge to the old ideas and things.

在这段文章中，作者主要阐述的是两代人思考方式的不同，通过"in contrast"这个表达，读者可以很清楚地了解到两代人思考方式到底有何不同，以及造成不同的原因——父辈是受旧思想与行为准则的约束影响，年轻这一辈则受益于"改革开放"政策。

常用的过渡词和句型有：

in contrast, 　　　　　　　　　　　　contrasted with/In contrast to …
unlike … 　　　　　　　　　　　　　however, …
on the one hand, … on the other hand …
the opposite is … 　　　　　　　　　　… are different

8.3.4 比较法

At present, the process of a student's success in university has become the topic of the whole society, especially in the field of education. In my opinion, the process of a student's success in university **follows the similar pattern to** that of farming, which is characterized by sowing the seeds, nurturing growth and harvesting the rewards. Before learning a new subject or course, a university student should make some necessary preparations. I think all these preparations **can be compared to** sowing the seeds. Then, during the process of learning, a university student will inevitably face a lot of problems. It is in this period that a student should learn to develop his learning ability, which **is just like** nurturing growth in farming to make the crops grow well. Finally, when a student has mastered a course well and has the ability to make full use of it, he has come to the third procedure: harvesting the reward in farming process.

这段文章形象地把在大学期间获得成功的过程比作了农民播种、耕耘和收获的过程,运用的相关表达有"follow the similar pattern to, can be compared to, is just like",这些都是很典型的比较法表达方式。

比较法常用的过渡词和句型还有:

... than ...	... as ... as ...
in comparison,	likewise,
... are similar	similarly,
... is the same	both ... and ...
like ..., ... also ...	

8.3.5 因果法

<u>Violence on television may be in great part responsible for the violence in our society.</u> We have seen endless programs of mugging, knifing, robbery, and certainly murder, not

only in half-hour or hour-long adult time segments but also in children's cartoons and in children's programming hours. It may be, then, that **because** crime has increased on the television screen, it has increased around us, in our society. Just as a child will speak with a foreign accent **because** that accent is constantly spoken in his environment, he will pick up other behavioral responses. Accents, however, are not destructive. Violence is.

这段文章清晰表明了暴力事件频繁发生的原因：电视节目中暴力画面的增加。同时，作者运用了前面说的比较法来进一步说明，为什么电视中暴力画面看多了，人就容易犯罪。

Collaboration: Is It Worth the Risks?

Many new writers like the idea of working with a collaborator or writing partner. Writing is a lonely occupation, and sharing the challenges and risks with another author can sound more appealing than going it alone. Unfortunately, finding and working effectively with a collaborator can be much more difficult than achieving solo success. This is true for several reasons.

For one thing, collaboration can lead to personality clashes. To work effectively with another writer, you need to be confident in both yourself and your collaborator. You also need the ability to divide responsibilities, review each other's work, and make decisions about character, plot, scenes, etc, without letting egos get in the way. This is harder than it sounds, especially if you don't know your collaborator well.

这段文章中作者主要阐述的观点是写作尽可能不与他人合作，一共写了两个原因：合作容易起冲突、合作容易使得合作双方完不成规定任务。

通过上述两个示例，我们可以看到因果法在说明观点时是如何运用的。因果法的写作方式通常是先果后因，即先呈现一个事实（结果），再说明造成它的原因；原因又可分为直接原因和间接原因，但无论何种，都需与结果相关。值得一提的是，多个原因并列时要注意层次和顺序。

因果法常用的过渡词如下表所示（见表8-1）：

表 8-1　因果法常用的过渡词

so cause as result in as a consequence	because therefore hence is the result of the consequence of ... is ...	since owing to so that the reason for If ... , then ... follows
thus due to because of is the effect of One effect of ... is that	consequently accordingly such a(n) ... that is the cause of	as a result for this reason the reason is that

【练习】

学习了上述五种说明方法后,不妨来操练一下:为了弘扬男儿气概、培养男生优秀品质,某市某高中特别设立了一个男生班,引发社会热议。如果你是学生家长,你愿意将他送入男生班学习吗?请表明你的观点,并说明理由(每个理由至少用到一种说明方法)。

【教师示例】 原名师基地学员、上海市实验学校徐如青老师分别从选择送孩子去男生班和拒绝送孩子男生班,各选了两个观点立场进行说明,期间穿插了举例法、因果法、比较法、对比法。

A. 选择送孩子去男生班

One of the advantages of sending my kid to the Boys' Class lies in that he may be more masculine. The research on "Who Is Your Idol?" conducted by the psychology department of East China Normal University in 2017 reveals that 95 out of 100 boys in the Boys' Class set the sportsmen and the Kongfu stars on the top of their lists while only 30 out of 100 boys in the mixed-gender classes do so.

What's more, the Boys' Class outweighs the mixed-gender class in the more boy-oriented education. The different curricula selected for the Boys' Class are the cases in point. Compared with those who are in the mixed-gender class, the boys in the Boys' Class have more access to physical education and military courses.

B. 拒绝送孩子去男生班

The reason why I am reluctant to send my kid to the Boys' Class is that they may gain more chances to be socialized with the opposite gender in a mixed-gender class, which is certain to be the precious social experience for them, especially in their phase of puberty. Imagine that the boy can only get on well with the boys, how can he survive in a more female-dominating society?

Being with the girls provides the boys with more exposure to pressure, which consists of their impetus to move forward. The point can be best illustrated by the example of my cousin. He usually has the sense of losing face if he fails where the girls succeed. The impetus of overcoming the girls eventually owes him the excellent school-leaver due to his straight "A"s in the domain of academic research.

8.4　议论文的写作技能强化

议论文体,主要是指依靠摆事实、讲道理或是逻辑论证等"议论"手段表述作者某种思想见解的文章。议论文可以分为立论文和驳论文:论证某一论点的真,是立论文;论证某一论点的假,是驳论文。议论文的主要表达方式是议论,即用概念、判断、推理来表明作者观点、阐明道理,或者批驳别人的错误意见、指出谬误,因此,具有说服性。议论文的语言以议论为主,也会有记叙、说明、抒情等,但都是为议论服务;议论文的语言讲究抽象性、概括性和严密性,表达要求准确、中肯、鲜明。

8.4.1　议论文与说明文的区别

议论文,从某种意义上来说,是说理文;但它并非说明文,虽然两者只差一字。说明文是解释和介绍,议论文则是说理,是论证和评价。下面以选自牛津教材(上海版)

S1B Unit 6 的两个语段进行区分：

语段 1：The latest target for TV advertisers is Asia's fastest growing consumer group — children. Asian families are getting smaller and wealthier, and Asian children are watching more TV. One estimate says a typical Asian child sees about 10,000 minutes of TV commercials a year.

语段 2：D. Nothing wrong with commercials

I disagree that commercials are bad for children. They cannot be harmful or the government would have banned them long ago. Furthermore, what's wrong with children earning money or asking their parents to buy things for them? My final point is that children buy toys to have fun with, not to learn from. This explains why the "Magic Babies" are one of the world's best-selling toys, ever. —— Liu Ping, Sunshine Advertising

显然，语段 1 是说明文，说明的是电视广告对孩子的影响；语段 2，从标题便可以判断是议论文，因为它包含了作者的观点，即支持商业广告。作者首先亮出中心论点，不同意商业广告的负面影响；进而，巧妙地运用了事实论证，如果商业广告有害，政府应该早就禁止它的播放了；接着又用了一个反问句，孩子买这些产品有什么错呢？最后，指出这些广告商品的实质，即趣味性。可以看到，作者用事实、归纳和探究本质的方法层层深入，言简意赅地证明了自己的观点。

在语段 2 里，作者非常明确地表达了自己的论点，用了"disagree"这个词；在论证时又用了"furthermore"等词作为连接。事实上，在议论文写作时，这些关键词十分重要，是文章的"骨架"，可以帮助我们更好地把握议论文的结构，也可以让文章更具逻辑性。下面是一些常见的句型和搭配：

赞成：

I (firmly) agree with the view that ...

I support the opinion that ...

反对：

I'm opposed to ...

I disagree with the view that ...

Perhaps it is time to examine the idea that ...

正反通用：

When it comes to ... I think ...

On one hand ... on the other hand ...

段落连接：

First, ... Second, ... Third ...

First, ... Furthermore, ... More importantly ...

First, ... What makes things worse is that ...

【练习】

我们尝试用刚刚学到的句型和搭配来解答下面这个题目："Do you think it is still necessary to install televisions at home now?"

【某学生的写作框架】

I support the idea of installing televisions at home.

First, we can get latest news from watching news programs.

Furthermore, televisions bring family members together rather than each of them playing their own cell phones.

8.4.2 议论文的基本结构

我们常说的议论文"三要素"乃是组成议论文的论点、论据、论证这三个部分。其中，论点分为中心论点和分论点两种，一篇议论文只能有一个中心论点。从基本结构上说，议论文一般包括三大部分：第一部分引言段（Introduction），阐明论点；第二部分主体段（Body），用两到三个分论点（Supporting ideas）来论证中心论点，并辅以充分论据；第三部分结论段，重申或强调论点。

【示例1】

It is true that modern life is significantly different from life in the past. I believe people today are blessed with the privileges that previous generations could not dream of.

First, in many countries, educational opportunities are made more available today than they were in the past. **This** means more people have decent school education than did their grandparents' generation. Females, **in particular**, have gained higher status and equal access to education with males as a result of women rights movements. With improved literacy, it is easier today to learn a skill that leads to employment and higher salary.

Besides, technological innovations and scientific discoveries greatly improve people's living standards. **For example**, as the Internet allows us to interact freely and instantly on a global scale, we can communicate with friends and relatives who live overseas more often, making physical distance almost negligible. **Another case in point might be that** medical breakthroughs have saved millions of lives every year as new and more effective drugs are tested and prescribed by doctors to cure dreadful diseases.

这是一篇托福范文,案例来自原名师基地学员、上南中学赵红梅老师。我们看到:

中心论点:现在人们的生活比祖辈们的生活要更轻松、更舒适。

分论点1:当今社会的人普遍地拥有接受教育的机会。

论据①:更多的人接受了良好的学校教育。

论据②:尤其是女性获得了比原来高的社会地位和与男性同等的接受教育的机会。

论据③:更容易找到工作并获得高薪。

分论点2:科技创新和科学上的发现大大改善了人们的生活质量。

论据①:交流便捷,打破距离的阻碍。

论据②:医学上的突破减轻人类疾苦。

引言段表明了中心论点,而论点确定后,我们需要论述理由,即论据。如何言之有理?这里介绍两种方法:因果推理、从抽象概念到具体细节。上述范文中,第一个分论点是更多人有了受教育的机会,尤其是女性,所以更多人找到工作并获得高薪,从而人们生活更加舒适——这便是运用了因果推理的方法论述理由(见图8-12)。

第二个分论点是科技发展改善生活质量,论点比较概括,需要具体到科技发展怎么改善生活质量,对此,作者论述了两个理由:从生活方面考虑,科技使交流变得便捷;从医学方面考虑,科技减轻了疾苦——这便是运用了从抽象概念到具体细节的方法论述理由(见图 8‑13)。

图 8‑12　因果推理

图 8‑13　从抽象概念到具体细节

【示例 2】

We Need Advice from Older Generations

　　We are now in a time when information is exploding and advanced science and technology is updating at an incredible speed. However, from my point of view, I still need advice from our older generations.

　　For one thing, there is no substitute for the experience of old generations. Most people of the same age on the Internet may be limited with expressing their ideas to each other. They are unlikely to possess broader minds than the old. Conversely, elder people may contribute totally fresh ideas that win the heart and mind of the person needing support.

　　For another, advice from older generations has stood the test of time and is of great value. Those who have a longer past and richer real-life experience stand in a more qualified position to offer instructions and express evaluations. Meanwhile, elder people are often logical thinkers with more objective ideas, which has undergone repeated tests and can be easily put into practice.

In a word, precious advice from older generations is essential, which is sure to lead us to a brighter/promising future.

这是一篇学生习作。我们看看有无可学习的,有无可完善的:

引言段鲜明地提出了中心论点:"We still need advice from our older generations.",此段语言通顺、论点明确;但若把最后一句的"I"改成"We",前后保持一致,会更好。

主体段的第一个分论点是"There is no substitute for the experience of old generations.",论点明确、理由充分,但第一句表达不够到位,可改成"Most people of the same age on the Internet may not be mature enough to offer their peers proper and constructive suggestions due to their lack of life experience."此外,在"They are unlikely to possess broader minds than the old."前可加逻辑词"evidently",使上下文更加连贯。再者,第三句可用强调句型表达,进行句式变换,改为"It is the elder people that have the capability of contributing totally fresh ideas that win the heart and mind of the person needing support."(见图 8-14)。

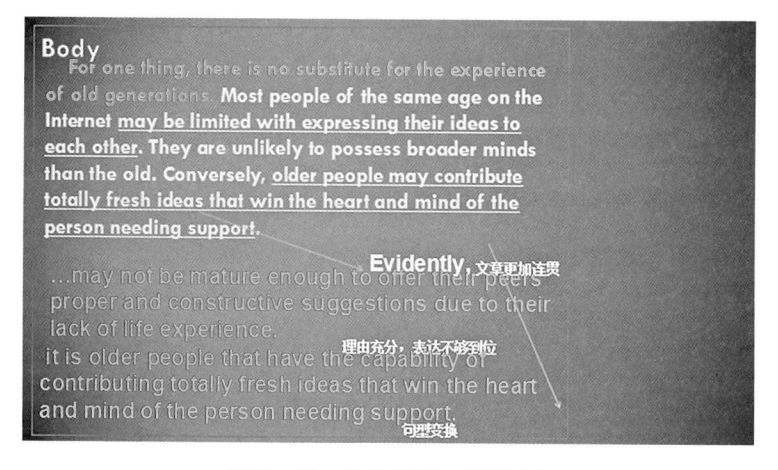

图 8-14 主体段第一个分论点

主体段的第二个分论点是："Advice from older generations has stood the test of time and is of great value."，其论据充分，语言表达正确，只有一个小的语法错误，"Meanwhile, the elder people are often logical thinkers with more objective ideas, which has undergone repeated tests and can be easily put into practice."这句定语从句的谓语动词"has"应改为"have"（见图8-15）。

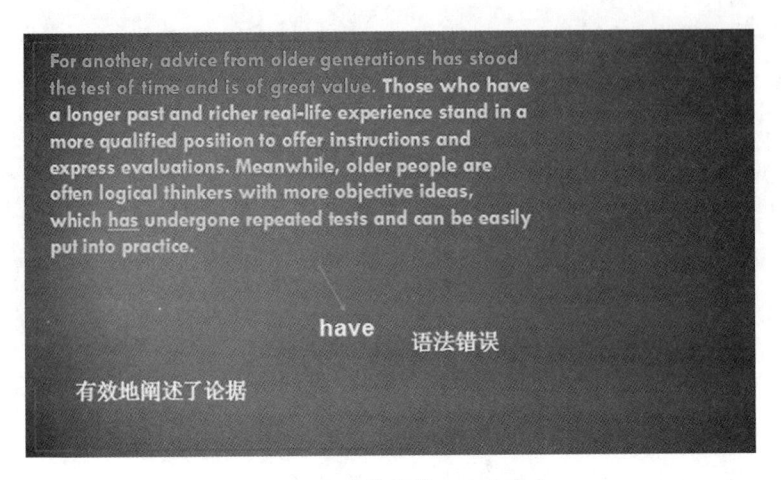

图8-15　主体段第二个分论点

文章的结尾重申了论点："Precious advice from older generations is essential."。

8.4.3　高考英语中的议论文写作

常见议论文分为以下四种：评论(comment)、政论(political comment)、文学评论(literary criticism)、作家/作品评论或影评(review)；讲稿(speech)；会议纪要(conference summary)；论文(paper)。原名师基地学员、上海市浦东教育发展研究院高中英语教研员夏一帆老师认为，在高中阶段最常见的就是第一、第二种。在学习过程中，我们经常被要求对一个通知、一个提议进行评论；文学评论的要求较高，但在一些市重点学校也有练习；而近年来因为加强了听说教学，在写作任务中也出现了演讲稿这一文体。

1. 历年高考英语作文题的比较分析

在高考英语写作中，我们究竟是在写怎样的议论文呢？先来比较一下1999年、

2013年和2015年的作文题。

1999年上海高考英语作文：
一些学生认为学英语很重要；一些学生则认为不必学英文；我认为……（观点、理由）

2013年上海高考英语作文：
上海博物馆拟举办一次名画展，现就展出场所（博物馆还是社区图书馆）征集公众意见，假设你是王敏，给上海博物馆写一封信表达你的想法。你的信必须满足以下要求：
1. 简述你写信的目的及你对场所的选择；
2. 说明你的理由（从便利性、专业性等方面对两个场所进行对比）。

2015年上海高考英语作文：
学校即将举办"读书节"，目前正广泛征集"读书节"宣传册图片。假设你是该校学生潘阳，你已找到以下三幅图片，决定给读书节组委会写一封信，推荐其中一幅，你的信须包括以下内容：
1. 简单描述你想推荐的那幅图片；
2. 阐述你用这幅图片宣传"读书节"的理由。

我们看到，相较于1999年，2013年的作文题字数明显增多，题目中出现了"名画展"这样非常具体的场景，这就需要学生结合实际的生活经验来阐述观点和理由，尝试解决实际的问题；而考题中"你的想法""你的理由"也示意我们这篇作文就是一篇议论文。继续来看2015年的作文。题目依旧字数不少，从刚刚的"名画展"到"读书节"，高考作文的题材和学生的生活越来越贴近了；在题目要求中，不仅要阐述理由，还要描述那幅图片。可见，从1999年到现在，我们高考作文中出现的议论文由原本开放式的简单问题变为了现在的描述加议论的模式，考生不仅要写议论文，还要有描述。

2. 高中阶段的议论文写作"三步走"

看过了高考真题，高中阶段的议论文我们该如何写呢？简单来说就是"三步走"：概括观点描述场景、说明理由论证观点、总结呼应观点。在写任何一篇议论文的时候,我们都应该遵循这样的步骤。我们再回到 2015 年的高考题,要求考生选择三幅图中的一幅作为学校读书节的海报,并说明理由。下面是范文的框架:

The picture I want to recommend features three students sitting around a table, reading and discussing pleasantly. From the big smile on their faces, we can tell that they are having great fun.

In the first place, the picture will catch the readers' eye.

What's more, the picture demonstrates what the festival is about.

To sum up, the picture will surely remind the students of the pleasure of reading and arouse their passion for reading.

首先第一段介绍材料,引出观点,作者挑选的是右上角的照片;接下去是两个分论点,即两个理由,值得注意的是,在段落连接方面,作者运用了一些连接词,如"in the first place""what's more";最后是总结观点。整篇文章结构清晰,观点表达明确。结合刚刚提到的议论文"三步走",第一步是概括描述,第二步为阐述理由,最后一步是总结呼应。

既然议论文是说理文,自然会对逻辑提出要求。我们之所以一直在强调议论文写作"三步走",就是在强调行文的逻辑。议论文如同一个鸡蛋,首先是概括描述的"引论",然后是阐述理由的"本论",最后是总结呼应的"结论";布局上,引论和结论占比较小,本论是主体部分(见图 8-16)。

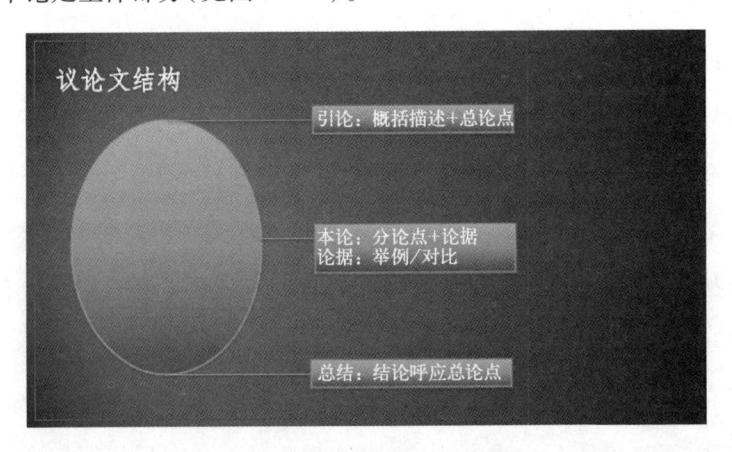

图 8-16 议论文写作的"三步走"

3. 高中阶段议论文写作的常见问题

在厘清基本步骤后,我们来说说高中阶段议论文写作的常见问题。

首先,篇章内容方面。常见问题有:

① 引论云里雾里,观点不明确。

② 本论逻辑不严密,论据太简化。这是经常出现问题,不少学生喜欢在议论文时讲大道理,论据过于简单或空洞。

③ 结论和中心偏离,首尾不呼应。

其次,本论之分论点方面。常见问题是:分论点主题句(subtopic sentence)未出现在段首,句式简单空洞。比如,"Doing community service is good to students."这句如果出现在段首作为分论点,是不是显得过于简单?对此,我们可以这样修改:"Doing community service is conducive to students in the aspect of getting social experience."如此一来分论点显得更具体、更有说服力。值得一提的是,本论在文章中占比最大、篇幅最长,通常包含 1—2 个甚至 3 个分论点,所以这几个分论点之间如何排列、层层递进也是我们需要考虑的。个人—社会、物质—精神、普通—特殊,是常见排列方式。下面有两个分论点,我们来看看如何排序更好。

What are the advantages of less packaging?

a) It can help protect the environment because less garbage is produced.

b) Since unnecessary packaging results in extra costs, people can save money when buying goods.

从"个人-社会"的角度来看,观点 b) 宜置于观点 a) 前。

【练习】完成一个写作提纲,并借助以下几个问题进行自评、修改和互评:是否包含了议论文的三部分内容,观点是否清楚陈述,分论点主题句是否有说服力且逻辑严密。

假设你是明启中学的学生王磊,你校计划引进一个机器人担任餐厅服务员或者图书馆管理员,并在英语贴吧征求学生意见,你很感兴趣,决定回帖响应,你所写的内容应包括:

1. 你认为机器人适合担任的一个岗位,二选一;

2. 通过比较,阐述你选择的理由,可以从工作效率、服务范围等方面进行表述。

8.4.4 观点论述型的议论文写作

可以说,观点论述型的议论文写作是高中英语写作中非常常见的。下面以原名师基地学员、上海师范大学附属中学沈传辰老师的执教案例来具体说明。

高中英语新课标的能力水平划分为三级,其中,二、三级水平针对学生写作方面的能力要求是:学生能在不太熟悉(或者陌生)的语境中,就陈述性内容、信息类内容、想象性内容(包括创造性内容)和议论类内容开展语言理解、表达和交流活动。基于上述目标要求,沈老师提出了这样一个写作试题:班级里有哪些现代通信和电子技术用于日常教学活动?介绍一个老师最常用的技术,并说明这个技术是否有利于你的学习。该试题属于信息类内容,通过写作教学指导,学生应能确切描述自己的经历,表达情感态度或自身观点。

沈老师首先开展了问卷调查活动,以确定写作课的话题内容。经调查,70%以上的学生对本学期学校新安装的希沃白板表示赞许,认为该套系统给教学带来了诸多便利,给他们的学习带来了很多好处,故决定将"Seewo e-board is helpful in our study"确立为整节写作课探讨的核心内容。鉴于该作文题是一篇典型的说理性文体,确立一套思路清晰的写作提纲至关重要,因此,沈老师将写作课的课题定为"How to Develop a Writing Mind Map",聚焦思维导图的高效构建。

第一步,头脑风暴。在该环节中,学生基于"Seewo e-board is helpful in our study"的中心思想逐一发言,提出了许多观点,如方便学习、使抽象概念具体化、方便网课直播、能识别笔迹等。学生各抒己见,但并未形成一套完整的逻辑网络或写作框架,还需下一步进行"精加工"。

第二步,区分论据和论点,即将头脑风暴阶段产生的"零星要点"进行分类,将概括性强的表述作为"主题句",将具体阐述作为"支撑性内容"。在该环节,写作提纲初步成形。

第三步,基于初步形成的提纲,引导学生通过举例、对比、类比和分类这些方法,

进一步扩展自己的写作内容,使论证更为充分。在该环节,学生表达了更多想法,扩展了更多论证内容。最终形成以下写作提纲:

Topic sentence 1: Have a clearer understanding of the course content
1. Facilitate the in-class learning
[Math class]   {traditional blackboard}
➤ concrete the abstract concepts
➤ draw geometric shapes   not dynamic
➤ show functional images   less interactive
[Geography class]
➤ mark the map
[Clearer display on the screen]   {traditional blackboard}
➤ extendible screen   no extension
➤ clear handwriting on the touchscreen
➤ display worksheets on the whiteboard
➤ convert the paper into texts or documents
[Revision]
➤ save what the teacher writes
➤ be able to review the note after-class
Topic sentence 2: Make online classes more convenient
➤ [Tencent meeting/Dingding] — screen sharing
➤ camera — show the physical blackboard
➤ password — ensure security
Topic sentence 3: Do good to our health
➤ dustless
➤ ……
➤

在一次次课堂互动中,作文提纲不断完善。进而,在既有提纲下,沈老师要求学生"连点成段",进行一段完整的段落写作。下面是两位学生的当堂作文和教师的点评。

【学生习作一】

Seewo e-board is helpful in our study. In class, it can help us have a clearer understanding of the course contents. For example, in math classes, the teacher can draw geometric shapes as well as functional images to make abstract math concepts clear. This provides more dynamic images and more interaction with students. We can also save what the teacher wrote to review the note after class.

【教师点评】该生是所有学生中写得最快的,从开始写作到提交成品,一气呵成。总体而言,该习作符合写作规范。而在整个写作过程中,课上所形成的提纲起到了非常关键的作用。学生自己说,他基于提纲上的要点,插入了关联副词,即可迅速成段。在该段落中,"it can help us have a clearer understanding of the course contents"是主题句,后文谈论数学课的情况属于举例论证,所以很自然地加上"for example"进行衔接。该生思路清晰,逻辑论证层层推进,在谈到"老师可以利用白板来绘制几何图形"后,论证并未戛然而止,而是继续论述这样做给学生带来的好处,紧扣主题;最后一句谈到白板能够方便复习,进一步充实了论证,增强了文章的说服力。这篇习作能达到新课标的二级水平要求。

【学生习作二】

Seewo blackboard is a useful modern device that can help in our class. Firstly, it can help with the teaching process, helping students to learn better. For example, in the maths class, the teacher can draw geometric shapes conveniently. Teachers can also select and copy their writings, which saves the time used for writing the same things. Secondly, it makes the display clearer. The screen can be extended, enabling students to see things clearer. Students having online classes can also see the blackboard through screen sharing. Last but not least, it is healthier for our health. Because teachers don't need to use chalks, there is no dust generated. The screen also has an eye protection mode, which protects students' eyes.

【教师点评】相比第一位学生,这位学生思考了更多时间,写出了更多内容。除去个别语法错误,整个段落是较为成功的。相比习作一,此篇层次更加鲜明,看待问题的角度更加多维,从教师使用的便利度到网课的便利度,都有所涉及。建议可以再聚焦"学生"这个视角,在谈论教师使用方便之余,最好能够呼应主题;例如,在谈及教师可以更方便地画出几何图形后,可以再增添一句"学生将能更加直观地看到几何图形的动态变化情况,进而帮助学生更好地理解数学概念",如此便可以更好地展现出"学生"是如何获益的,与全文主旨相呼应。这篇习作能达到新课标的三级水平要求,尤其在思维的广度上较为突出,值得借鉴。

8.4.5 问题解决型的议论文写作

探讨问题和解决方案的议论文在阅读理解中就很常见,一般在文章中会提到问题的影响、产生原因和可能的解决方案。对应到写作中,便是问题解决题型,题目要求对社会上的某个问题提出解决方案:目前存在的某个问题、这种问题的危害或产生原因、给出解决方案。

以下述话题为例:现在,有些学生认为和老师之间存在代沟,很难和老师沟通,你认为师生之间的关系该如何处理,请谈谈你的看法。

对此,首先审题。列一个提纲:第一部分是文章的引言,描述问题或现象;第二部分是文章的主体部分,呈现采取的方案;第三部分是文章的结论,加强文章的论点。

进而,列出文章主要观点。引言段提出问题:"How to deal with the relationship between teachers and students is quite important?"主体段提出两个解决方案:"students' respecting and understanding teachers"和"teachers' being experienced enough";结论段总结文章:"The generation gap will be narrowed and the relationship between teachers and students will be greatly improved."

最后,遣词造句。主体部分的第一个主题句"It is students' respecting and understanding teachers that play a vital role."支撑的细节为:"Students should respect teachers and often think about the things on teachers' stand so that they can seek a best way to solve the problems when there is any disagreement between them and teachers."主体部分第二个主题句"Teachers are supposed to be experienced enough to know how to communicate with students."支撑的细节为:"Good teachers are regarded as the students' friends and they have the capability of dealing with the students' problems fairly and equally, which will deserve students' trust. Good teachers should have a clear idea of what the students are thinking and caring for and should communicate with them more so that there will be a harmonious atmosphere."结尾段则扩为:"With mutual understanding and experienced guidance of the teachers, the generation gap will be narrowed and the relationship between teachers and students will be greatly improved."

来看看下面这篇学生习作和老师的修改建议。

【学生习作】

As children approach adulthood, the inter-personal relationship, especially the relationship between students and teachers has a great effect on the development of them. How to deal with the relationship between teachers and students is of great significance.

The generation gap can be narrowed through mutual understanding and respect. Good teachers are regarded as the students' friends and they will deal with the students' problems fairly and equally which will deserve students' trust. Besides, students rely on teachers and they hope to turn to teachers when meeting with difficulties, so a good teacher should have a clear idea of what the students are thinking and caring for and should communicate with them more so that there will be a harmonious atmosphere. Last but not least, students and teachers should respect each other and often think about the things on the other's stand so that they can seek a best way to solve the problems when there is any disagreement between them.

In conclusion, with mutual understanding and experienced guidance of the teachers, the generation gap will be significantly narrowed and the relationship between teachers and students will be greatly improved.

【修改建议】

我们看到,文章引言段由人际关系的重要性引出如何处理师生关系这个问题。主体段论述的解决方案有理有据,但是缺乏条理性和逻辑性,对此,可以提出这样的修改建议:使用"on the one hand"和"on the other hand"引出两个解决方案,再用细节支撑,使文章变得更有逻辑。具体如下:On the one hand, it is students' respecting and understanding teachers that play a vital role. Students should respect teachers and often think about the things on teachers' stand so that they can seek a best way to solve the problems when there is any disagreement between them and teachers. On the other hand, teachers are supposed to be experienced enough to know how to communicate with students. Good teachers are regarded as the students' friends and they have the capability of dealing with the students' problems fairly and equally, which will deserve students' trust. Besides, good teachers should have a clear idea of what the students are thinking and caring for and should communicate with them more so that there will be a harmonious atmosphere. 这是文章的结尾段:"In conclusion, with mutual understanding and experienced guidance of the teachers, the generation gap will be significantly narrowed and the relationship between teachers and students will be greatly improved."结论段总结了在师生共同努力下,师生的关系将会有很大改善。对此,可以在最后加上"which will contribute to students' psychological and physical growth."进一步升华主题。

我们再来看一篇范文,该文所探讨的问题是:"How to get old people connected and enjoy the benefits brought by mobile phones?",对此,两个解决方案分别是:"The issue demands a multi-faceted approach."和"Ease of access must be addressed."。

【范文】

The Internet and the development of mobile phones have changed the lives of so many people for the better. However, a significant number of aged members in countless communities are missing the benefits brought about by new technology. This essay will look at two considerations — how to get old people connected and the rewards this could bring.

This issue demands a multi-faceted approach. The governments, mobile phone companies and community organizations need to formulate plans to include seniors. Seminars explaining the technology and the benefits are only the beginning. Hands-on workshops on how these smart devices operate are crucial for acceptance. Fundamental questions need to be asked. For example, do you want better contact with families, friends, medical services and easier access to government welfare departments?

Ease of access must be addressed. On personal choice, does an old person need a mobile phone or a smartphone? The physical size of a phone or tablet in regards to screen resolution, font and keyboard size are very important considerations. Older people often suffer poor vision and have less physical dexterity. Holding and operating a seven-inch phablet or even ten-inch tablet maybe better than an older five-inch unit. If the device is not user-friendly, it will soon become a piece of useless junk that will be left to gather dust.

To sum up, the elderly are valued members of society and should not be neglected or restricted from using cell phones and the Internet. Senior citizens would not only be the beneficiaries of being connected, but also the families and local businesses.

在平时阅读理解中多关注探讨问题和解决方案模式并有意识进行模仿写作,学生将会慢慢熟练驾驭问题解决题型的议论文写作。

8.5 应用文的写作技能强化

8.5.1 研究报告的写作

下面以原名师基地学员、上海南汇中学朱丽老师对高中英语(上教版)选择性必修第四册第四单元 Technology 第六课时 Writing: Writing a report on ICT use in schools 的授课为例,来谈谈应用文里的研究报告应如何写。

1. 教学内容分析

授课课型是写作课,语篇的主题语境是"人与自我",主题群是"学生与生活",主题语境内容涉及"学校生活"。该文是一篇应用文,通过问卷调查、实地采访、查阅档案等调查方式,在真实数据的基础上撰写内容翔实、理据充分的研究报告,肯定了平板电脑使用对教学的促进作用,呼吁学校加大对平板电脑的投入,同时师生都要行动起来减少平板电脑的损耗率。

2. 学情分析

授课班级为南汇中学高三(16)班,学生思维活跃,学习新知识的愿望和积极性高,乐于发言,课堂参与度高。通过两年的高中学习,学生已初步了解新教材的特点,具备知识内容储备;每位学生都开展了综评的课题研究,对研究方法和报告撰写有一定了解。

3. 教学目标设定

根据文本的体裁及内容特点,从学生的认知层次和学习能力出发,制定了如下教学目标:

(1) 识别与掌握研究报告的格式要求、内容组织和语言特点;

(2) 用正确的格式和恰当的语言撰写一篇研究报告;

(3) 养成尊重事实的习惯。

4. 教学过程

(1) Pre-writing

① Brainstorm the methods of doing research.

② Put the steps of writing a research report in the correct order(见表8-2)。

表8-2 研究报告步骤

conduct your research	
analyze your data	
prepare your survey, focus group discussion and/or interview questions	
write a report	

③ Read the sample research report and figure out the layout and main idea of the sample report by completing the mind map(见图8-17)。

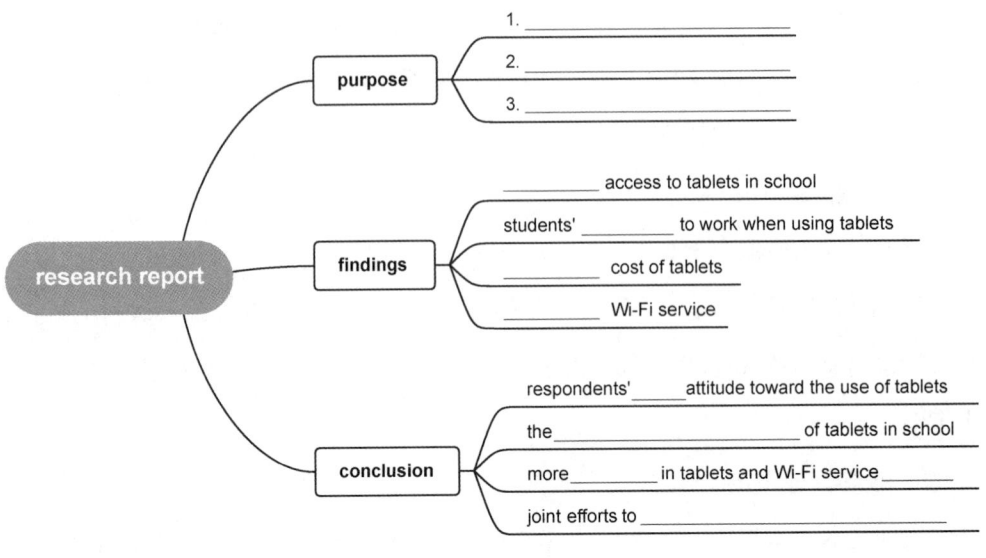

```
                              1. _____
                purpose ──────2. _____
               ╱              3. _____
              ╱
             ╱                _____ access to tablets in school
            ╱                 students' _____ to work when using tablets
research report ── findings ──
            ╲                 _____ cost of tablets
             ╲                _____ Wi-Fi service
              ╲
               ╲              respondents' _____ attitude toward the use of tablets
                conclusion ── the _____ of tablets in school
                              more _____ in tablets and Wi-Fi service _____
                              joint efforts to _____
```

图 8-17　思维导图

④ Read the sample report and find out the language features(见图 8-18).

language features

▼ **language used to make the reprot sound reliable (data, indirect quotes, factual description)**
  - According to the school's ICT manager, ... : _____
  - Records show ... : _____
  - an average of 5.6 hours in every six-hour school day ... : _____

▼ **phrases referring to specific sources**
  - _____
  - _____

▼ **verbs providing evidence**
  - _____
  - _____
  - _____
  - _____
  - _____

图 8-18　语言特色

写前环节，引入话题，教师利用教材插图，从 ICT 的含义入手，学生在猜测的过程中了解文本，明确课堂内容是一篇关于学校信息交流技术（平板电脑）使用的研究报告。教师提问学生写报告的基础，学生马上反应出是研究；进而，让学生对研究方法进行头脑风暴,学生能说出"interview""survey",在教师引导下,学生继续说出了"focus group discussion""school documents"和"daily observation journals"等研究方法。学生发现在确定好研究方法后,就可以做研究、分析数据、写报告。接着,教师让学生分析教材中的范文,引导学生从内容、语言等方面剖析研究报告的特点,借助思维导图帮助学生了解报告的必要内容,即"purpose""findings"和"conclusion"。

(2) While-writing

Write a report according to the following directions.

如今,青少年使用网络越来越频繁,一部分人出现了网络成瘾现象,为此家长很焦虑。为研究这一问题,你们小组做了一次随机问卷调查,调查对象是本年级的121名同学,调查结果如下(见图8-19)。请根据调查数据,写一份调查报告。

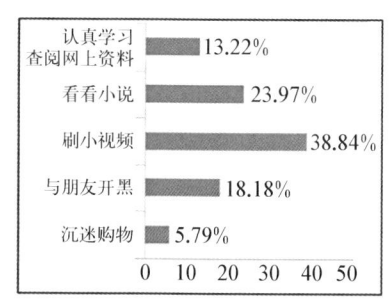

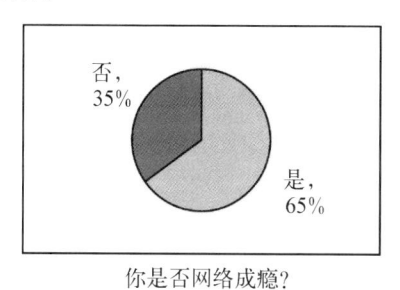

图8-19 随机问卷调查

写中环节,要求学生分析某组同学关于学生网络成瘾问题的研究数据,撰写一份研究报告。在写前指导中,学生已经明确研究报告的格式要求、内容组织和语言特点,能基本掌握"The purpose of the report is to ..."这一句型和数字的不同表达方式,如"79 percent","nine out of ten"等。下面是一篇学生习作:

> Nowadays, teenagers gradually spend more time surfing on the Internet and some of them even are addicted to it, which made parents feel anxious. To study this problem, our group made a survey.
>
> From the survey, 94.12% parents allow the students to arrange the time when they play with their mobile phones freely. Furthermore, 38.84% ...

我们看到,该生能准确掌握研究报告的主要内容,包括"purpose""findings"和"conclusion"(课堂时间有限,该生并未完成 conclusion)。在报告的第一段,该生简要介绍了调查背景"Nowadays, teenagers gradually spend more time surfing on the Internet and some of them even are addicted to it, which made parents feel anxious."并使用了不定式作目的状语的结构,如"To study this problem, our group made a survey"来描述写作目的,言简意赅。在第二段,该生尝试模仿课文关于数字的描写来阐述调查结果:"From the survey, 94.12% parents allow the students to arrange the time when they play with their mobile phones freely."不过,该生在写作时也出现了一些语法错误,如"Nowadays, teenagers gradually spend more time surfing on the Internet"一句中没有体现比较,应把 more 改成 much,如"surfing on the Internet"中的介词"on"应删去,如非限制性定语从句"which made parents feel anxious"中时态错误,应用一般现在时"makes"。在教师提醒下,学生及时调整和补充,最终版本如下:

Nowadays, teenagers gradually spend much time surfing the Internet and some of them are even addicted to it, which makes parents feel anxious. To study this problem, our group have made a survey.

According to the survey, 94.12% parents allow the students to arrange time when they play the mobile phone freely. Records show that the majority of the student respondents surveyed report surfing the Internet for the sake of entertainment while only a small part of them search for information when using the Internet. Over half of the respondents claim to spend more than 3 hours every day on the Internet and 65% admit being addicted to it.

In conclusion, there is a worrying trend that students nowadays are on the edge of being addicted to the Internet. To solve this problem, schools and parents must make joint efforts to monitor students' online behavior and limit their use of the Internet to a reasonable extent. Most significantly, it is students themselves that should take the initiative to change their attitude toward the Internet and be careful when taking advantage of it.

纵观全文,该生听取了教师对其形成性评价中的建议,修改了相应的语法错误,并提交了完整的习作。该习作体现了研究报告的三个重要内容:目的、研究发现和结论。在研究发现部分,熟练运用数字的不同表达方式,如"94.12%""the majority of""a small part of"和"over half of";针对研究中发现的几个问题,结论处提出了对应的解决办法,倡议学校和家长通力协作限制学生网络使用时间,并提出学生本人才是解决问题的关键,学生要发挥自己的主观能动性,主动改变对待互联网的态度,摆脱网络成瘾的现状。

（3）Post-writing

Assess your writing according to the checklist(见表8-3)。

表8-3 学生自评和互评表

	Self-evaluation (√ or ×)	Peer review (√ or ×)
I introduce the purpose of the research in the report.		
I write the findings of the research in the report.		
I make a conclusion of the research in the report.		
I use proper language to make the report sound reliable.		
I use proper language to refer to specific sources.		
I use proper language to provide evidence.		

写后环节,教师利用投屏软件将学生习作展现在电脑屏幕上,引导学生从内容和语言两方面判断习作是否符合写作要求,让学生课后利用"checklist"进行自评和互评。

5. 课堂总结

课堂分为"pre-writing""while-writing"和"post-writing"三个环节。首先,学生就研究方法进行头脑风暴,激活已知信息,为下文撰写研究报告做铺垫;接着,学生产出写研究报告的步骤,聚焦文本所呈现的报告范例,以思维导图为抓手,从"purpose""findings"和"conclusion"三个方面分析内容和语言特色,归纳研究报告的格式要求、内容组织和语言特点;最后,借用学生真实做过的一个课题研究,将课堂所学迁移创新,完成一份新的研究报告,提高实际使用英语进行思维的能力。

值得一提的是,该堂课一共经历了四次修改。第一稿和第二稿的写前指导都借鉴了网课的授课模式,采用 PPT 呈现文本中的重要信息,虽清晰易懂,但缺乏整体性和逻辑性。因此,在第三稿和第四稿中引入了思维导图,帮助学生理清思路,明确研究报告的主要内容和文体特征,帮助学生养成高阶思维。图 8-20 与图 8-21 就是修改前后的对比:

Sample writing analysis: purpose
The **purpose** of this report is **to examine** closely the current usage of tablet computers in our school, **assess** their benefits and drawbacks as a learning tool using data from teacher focus groups and a survey sent to all students and staff in the campus directory, and **make conclusions and recommendations** about their future role in the school.
  Conclude and recommend

图 8-20　修改前的 PPT 呈现

research report
- purpose
  - to examine the usage of tablets
  - to assess benefits and drawbacks
  - to make conclusions and recommendations
- findings
  - limited access to tablets in school
  - students' motivation to work when using tablets
  - high cost of tablets
  - unreliable Wi-Fi service
- conclusion
  - respondents' positive attitudes toward the use of tablets
  - the wider application of tablets in school
  - more investment in tablets and Wi-Fi service upgrade
  - joint efforts to reduce damage to tablets

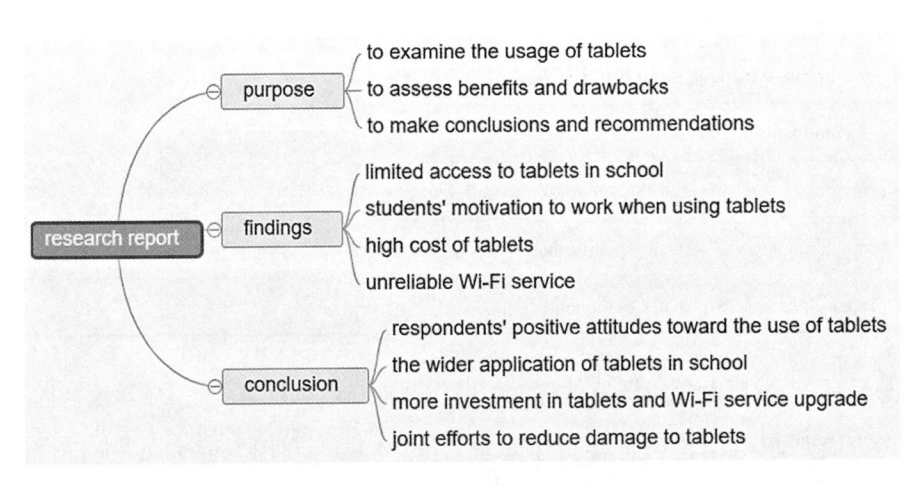

图 8-21　修改后的思维导图

8.5.2 书评的写作

下面以华师大二附中王丹老师对高中英语(上教版)选择性必修三 Unit 4 Writing: The Great Gatsby 的授课为例,谈谈应用文里的书评应如何写。

1. 教学内容分析

授课课型是写作课,写作要求:请简要介绍你在高中三年中曾经读过的一本书,简要介绍本书的内容,并给予简单的评论。该写作题目对标新课标的三级水平,属于创造性内容范畴,即需要学生能就想象性内容(包括创造性内容)开展语言理解、表达和交流活动。书评有特定的话语结构和语言特点,举例来说,一篇规范的书评需要包括书名、作者名、体裁、故事背景、主题和人物介绍、情节描述、书评者的态度和评论等,书评中的时态通常为一般现在时,这些都是写书评时需要教师和学生特别关注的方面。

2. 学情分析

授课对象是华师大二附中高三(2)班的学生,该班是平行班,学生在阅读理解、口语表达等方面个体差异较大,大部分学生主动表达的欲望不强。对此,在授课过程中,教师应充分考虑学生在口语表达上的困难,鼓励学生勇敢表达自己的想法。此外,对于班级中英语水平处于中等以上的学生,教师应该尽量实现让他们完成一篇书评的教学目标,中等水平的学生应完成书评的大部分内容且较符合要求,而英语水平较低的学生则应让他们充分了解书评的话语结构和语言特点。

3. 教学目标设定

By the end of the lesson, students will have been able to:

(1) recognize the language features and discourse structures of a book review by showing some elements and studying the sample;

(2) retrieve the information by answering the questions;

(3) summarize the structure and the content by outlining the key plot;

(4) produce an initial draft of a book review.

4. 教学重难点及应对策略

教学重点:引导学生小组讨论并找到书评的语言特点和话语结构。该班学生对书评这种文学体裁并不熟悉,虽然偶尔接触过一两篇,但是没有系统性地学习过书评的写作要求,所以这节课的教学重点就是,让学生了解书评的语言特点和话语结构。对此,有两种方法可以实现该目标:方法一,教师将写书评的要求直接呈现在屏幕上,学生可以清楚直观地了解到书评的特点;方法二,教师给学生一篇书评范文,让学生在小组内讨论后发现书评的特点,相比第一种方式,好处是学生的理解是自己发现的且来之不易,会有更加深刻的体会。但方法二会有一个问题,学生的发现可能不够完整或不十分正确,这时就需要教师对其观点进行补充或纠正,教师不必面面俱到,但要通过反复多次的书评写作训练让学生逐渐认识到如何能够写好一篇书评。在这节课中,王老师更加倾向于第二种教学方式。

教学难点:帮助学生认识到自己作文中的不足。学生完成书评后,教师选取1—2名学生的作品进行点评,表扬其中恰当的内容,对仍需改善的部分提出要求和建议。在该教学环节中,教师需要发现内容、结构和语言中的错误,指出学生习作中内容再现不具体或观点论述不充分的地方并给出建议,这需要教师对学生的课堂生成进行及时有效的反馈,对教师的要求是比较高的。

5. **教学流程及说明**

【活动1】

教师提问学生:"什么方式可以高效地向大家介绍一本自己很喜欢的书?",随后呈现报纸中的一篇书评。该活动旨在让学生初步了解书评的功能以及一般什么群体会进行书评的创作,为活动2做好铺垫。

【活动2】

教师向学生展示一些书评中可能会出现的内容,并提问其中哪些内容是必需的。该活动旨在让学生初步了解书评的基本内容。

【活动3】

教师让学生阅读课本的书评范文,随后让学生思考书评包括了哪些内容,结构是什么,其中可借鉴的单词、短语或句式结构有哪些。该活动旨在让学生独立阅读和思考书评的语言特点和话语结构,由此更加深刻地体会书评的要素;学生的回答可能存在疏漏和错误,接下来的生生讨论和教师反馈则可以很好地弥补这一点。

【活动4】

教师让学生进行小组讨论分享看法后,邀请学生做报告并对学生的观点做评价。该活动旨在让学生通过小组讨论环节进行观点分享和互换,加深对书评的理解,调整自己的回答。此外,学生向全班分享后,教师的评价可以帮助学生确定书评的语言特点和话语结构,为之后的写作过程做好铺垫。

【活动5】

教师让学生完成讲义上关于《老人与海》的书评初稿。在该过程中教师应把时间留给学生,不要做任何帮助和干预直至学生完成。

【活动6】

教师邀请一位或两位学生展示他们的书评,并对其做出评价。教师可以对学生书评中的结构、内容、语言等方面做出评价,比如,书评中对情节的介绍是否使用一般现在时,话语结构是否符合书评的要求,是否全面,对书的内容介绍是否准确具体,观点论述是否充分严谨等。

【活动7】

教师对书评的要求进行总结和强调。在课堂的最后一个环节,教师应带领学生总结和强调书评的要求,帮助学生加深理解并强化记忆。

【板书设计】

A book review needs:

① An **accurate** summary of the plot(**tense**)

② **Persuasive details** to support your comments

③ **Descriptive expressions** to show your opinion

【作业】

让学生通过重温原作完善书评,书评词数需达到500以上。对书评中需要改善的地方,教师可要求学生课后重新阅读作品,核实相关内容以确保准确性,在这个过程中,教师又为学生提供了语言学习的机会。

6. 教学总结

下面列举了该堂课教学设计值得肯定的方面及其教学实践的表现、有待提高的方面和解决策略。

表8-4　教学总结表

值得肯定的方面：	教学实践的表现：
• 教学目标设置合理,符合学生现有的水平且教师基本完成了预设目标; • 教学环节清晰紧凑,设计严谨,"读—写—评"的教学环节层层深入; • 授课重点突出,教师让学生了解范文中的话语结构和语言特点后再进行书评的创作; • 教师突破难点,学生的课堂生成较好; • 充分利用教材,融合两本教材内容进行合理教学设计; • 教师对课堂中的突发情况处理得当,及时调整教学策略。	✓ 课后对多名不同语言层次的学生进行询问,发现他们能够理解课堂所授内容,并且能复述出写书评的要点; ✓ 课堂教学流畅自然,学生对教师提问能正确应对,且大部分学生能在规定时间内完成书评的创作; ✓ 本节课的重点是让学生通过理解范文来了解书评的话语结构和语言特点,教师在授课过程中用较多的课堂活动来实现这一教学目标; ✓ 部分学生基本能完成书评的创作,最后作为典例呈现的学生书评从语言和结构来看都很不错; ✓ 《老人与海》是高中英语(上教版)必修二第四单元的一篇阅读文章,教师将其与书评写作融合起来教学,在过程中可以实现多次的同伴互评,有助于教师高效完成教学目标; ✓ 课堂中学生多次用错 be set in 的搭配,教师在最后的总结环节中将其再次强调纠正,加深学生的记忆;此外,部分学生未能在课上完成书评的创作,教师将作业及时调整为课后完成该书评。
有待提高的方面： • 对课堂节奏的把控不佳,在分析书评中的语言特点时节奏明显加快; • "评"学生的书评时,全文都是由教师一人来评,过程中未能精准对标书评要点;	解决策略： ➢ 要注意对课堂节奏的调整,不能因为要完成教学任务而赶时间; ➢ "评"学生书评的第一段时,教师可以请一名学生朗读,然后提问学生——这部分中是否有问题？有什么问题？如何改进？以实现"生生互评"。此外,"评"书评的第三段时,教师可以先请学生作者朗读一遍,然后强调书评中的第三段需要呈现 supporting details,教师可以让学生解释自己的书评中是否实现了这一点,以及如何实现的。然后教师再请其他学生从读者的角度评价原作者的 opinion 和 supporting details 是否在书评中清晰而具体地呈现出来了。这一精准对标更能让学生知道书评中需要用细节论述观点。此外,"作者"和"读者"两种观点的撞击,可以让学生知道写书评要从读者的角度出发,做到让读者清晰而准确地理解内容。

续表
• 作业部分中,教师让学生完成书评写作,书评需达到500词以上,该作业内容可进一步完善。	▷ 教师可在作业中补充一项要求:学生完成书评后,先在四人小组内分享讨论,再对自己的书评进行适当调整和补充。这样做的好处是,通过组内成员互评的形式,学生更容易认识到自己书评中的优点和需改进的地方。

7. 教师感悟:如何开展高中英语的书评写作

经过了教案设计、初次讲授、调整教学策略、再次讲授、组内研讨以及课后反思等过程,执教教师从此次写作教学中得到了下述感悟:

(1) 依托"识—仿—改"原则,优化写作教学范式

书评写作(小说类文学作品)通常包含几项要点:开篇呈现书名、作者名、故事背景;主体部分首先简要介绍故事情节、人物关系、主要矛盾以及主题等(作为第一段),然后通过列举书中具体细节论述自己对该书的评价,比如"I think this is an intriguing book",那么就需要举出具体事例证明该书吸引人之处(作为第二段);最后一段则要给出建议——这是或不是一本值得阅读的书。这些都是初次接触书评的学生所需掌握的基本写作要点。

而所谓"识—仿—改"原则,就是引领学生在读中理解、仿中练习、改中习得。具体来说,教师让学生通过讨论初步认"识"到书评要点,"仿"写一篇文章后,教师及学生同伴共同对该书评提出可"改"进之处。相比教师单方面教授的传统做法,这种方式的好处是,学生的理解是"自己发现"且"来之不易",学生会有更加深刻的体会,在"改"的过程中加深理解和认知。但这种方法也存在一个问题,即学生的观点不够完整或不够正确时需要教师补充或纠正,教师不必面面俱到,但要通过反复多次的书评写作训练让学生逐渐认识到如何写好一篇书评。

(2) 尊重学生主体地位,确保学习过程真正发生

"先学后教,先错再教。"该原则下,教师要明确学生为主体的教学理念。"识—仿—改"原则下,以学生为主体,不仅体现在课堂中,更体现在课堂外。首先,理解阶段的学生为主体,需要教师在课堂上引导启发学生发现书评的话语结构和语言特点,学生带着兴趣阅读,通过思考、讨论和分享等活动找到答案,此时教师对其提出的想

法进行补充或纠正,但不需"全面而具体";然后,仿写阶段的学生为主体,教师不应给予学生任何的讲解和帮助,任由学生去完成即可;之后,评改作文阶段的学生为主体,教师组织学生进行生生互评,此时课堂的主体仍然是学生;最后教师可进行师生评价帮助学生纠正错误。以上各个阶段教师均需确立学生在课堂中的主体地位,才能确保学习过程真正发生。

课堂外,教师更要坚持这一教学理念。首先,课后作业的设计应以学生为出发点。课例中将作业设置为:课后重读作品,完成一篇至少500词的书评。这样设计的思路是让学生带着任务重读作品,不仅能让学生顺利完成书评的写作,更为学生提供了一次阅读文学作品的机会,促进语言学习。此外,教师评改学生书评时,要注意到学生的普遍及个性化的问题,并将其融入下一节课的教学中,仍然可以以"问题呈现—学生讨论—共同解决"为主要教学思路,让学生发现问题、解决问题,以学生为主体的教学理念,一以贯之,将会确保学习过程的有效发生。

(3) 写作习得忌"速成","先多后少"是关键

作文的话题体裁多种多样,学生的英语水平和认知能力不尽相同。在这样的情况下,部分教师追求学生写作能力的"速成"并非合理做法。相反,一线教师要时常反问自己:是否运用了恰当的教学方法让学生真正理解了不同体裁作文的写作思路,是否在日常教学中给学生提供了充足的背景知识和语言素材,是否针对大部分学生的误区(如缺乏合理的论述过程)进行了针对性指导,是否在日常教学中进行了难度合适的、有规律的操练。这些都是教师在写作教学中需要注意的方面。此外,教材中每一单元均会有"Writing"板块,新课标也对不同的话题内容制定了等级标准,教师可以充分利用各单元的写作板块内容,结合以过程为导向的写作教学方法,让学生通过课堂讨论反复操练,习得写作技能。

"先多后少"原则适用于所有体裁作文的写作训练。课例作业之所以要求书评词数达到500以上,是为了让学生能够尽可能地"多写",尤其是在写作练习初期,只有"多写"到了写作中后期才能做到精简语言,实现"写得少但写得精"的目标——锻炼学生写作的过程应该是前期写得多,中期有东西写,后期写得少且写得凝练。

书评写作课是一个循序渐进的过程,教师最好能够一学期练习3—5次,每次练

习中帮助学生解决1—2个重点或难点,而不是一次都讲明白,因为这在教学中是较难实现的,且从学生的语言学习规律来看,写作技能的习得也并非一蹴而就,而是一个长期的教学任务。

（4）教师素养要先行,专业发展永远在路上

对教学而言,只有教师具有过硬的专业素养才能让合理的教学方式落地见效。上海高中英语新教材实施以来,面对语篇容量大、语料涉及领域广等诸多困难,教师需要在教学理念、语言水平、知识储备和教学基本功等方面进行自省,寻求提升,在"双新"教育改革的背景下不断优化育人方式,实现自我发展。

书评写作有其特定的话语结构和语言特点,比如,作品名、作者名、情节概述、评价和书评者观点等,这些基本信息首先要在书评中逐一呈现出来。情节描述中需要使用一般现在时,书评者的评价后要补充具体内容进行论证。这些是书评写作的特点,也是学生容易在写作中出现误区之处。这就要求教师熟悉书评这种体裁,在"备教材"时注意到上述内容并在教学过程中加以关注,以免在教学过程中错失帮助学生改错的良机,甚至出现"教错"的情况。因此,专业素养要先行。对教师而言,自我学习是教学的底色,更是育人的常青色。

总而言之,一次有效的课堂教学要确保学生的学习过程真实发生。在写作课中,教师要以学生为学习发生的主体,通过"识—仿—改"的教学过程,实现课堂内外联动教学。此外,摒弃写作能力可"速成"的观念,循序渐进,稳中求进。同时,也要关注自身的专业发展,以应对新教材带来的挑战,不断提高教学质量。

附录一：高中英语写作题目分类

本附录由上教版英语教材的主编邹为诚老师和其学生吕斌老师共同梳理而成，在此表示衷心的感谢。内容分为三个级别的写作要求。

一、高中课标一级水平的要求

高中课标一级水平能力的总括性描写：学生能在熟悉的语境中，能就陈述性内容、信息类内容和议论类内容开展语言理解、表达和交流活动。

- 能描述自己或他人的经历，表达观点并举例说明。
- 能描述中外主要节日等中外文化传统和文化背景。

1. **陈述性内容题目**
   - 请你以高三学生的身份给一份学生杂志投稿，描述你们教室的特点，你最喜欢的是哪些特点，最不喜欢的是哪些特点？
   - 请你以高三学生的身份给一份学生杂志投稿，描述你们学校开展的一项文化活动，以及这项活动有哪些令你印象深刻的特点？
   - 说出三个中华文化节日，你最喜欢哪个？你或者你们家是如何庆祝这个节日的——吃什么？说什么？做什么？在哪里庆祝？

2. **信息类内容题目**
   - 你们班级新建了一个班级英语图书馆，有下列类别的图书。请给某学生杂志投稿介绍你们的班级图书馆，并说明你最喜欢的是哪一类图书。

班级图书馆

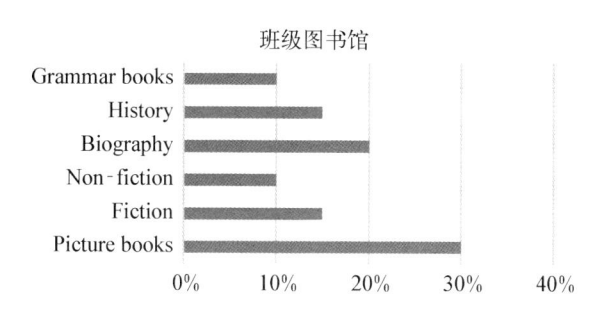

类别	百分比
Grammar books	10%
History	15%
Biography	20%
Non-fiction	10%
Fiction	15%
Picture books	30%

- 你们学校即将举办班级文化节，每一位学生可以在班级里面放一件有文化特色的物品。请说出你最想放置的物品是什么？这件物品有些什么特点？
- 说出三项你们学校经常开展的体育活动，并说明哪一项你最喜欢，为什么？以及你还希望增加什么体育活动，这个活动有些什么特点？

3. 议论类内容题目

- 现在电子书很流行，你喜欢吗？你是喜欢看传统的纸质图书还是喜欢看电子版图书？它们各有什么特点？你喜欢哪一种方式的图书？为什么？
- 说出三种你在平时生活中看到不利于环保的现象，并说明为何这些现象不环保，我们应该如何纠正这些问题？
- 请举例说明你们学校的学生社团，以及你最喜欢的是哪个，为什么这个社团的活动有利于学生的发展？

二、高中课标二级和三级水平的要求

高中课标二、三级水平的总括性描写：学生能在不太熟悉（或者陌生）的语境中，能就陈述性内容、信息类内容、想象性内容（包括创造性内容）和议论类内容开展语言理解、表达和交流活动。

- 能描述自己、他人或者"想象人物"的经历，表达情感态度，描述事件发生、发展的过程，描述人物和表达观点。
- 能够恰当地选择正式或非正式、直接或委婉的语言形式表达道歉、请求、祝愿、建议、拒绝、接受等。

- 能够写出书评或者影评,发表自己的观点。

1. 陈述性内容题目

    - 你在高中三年的学习和生活中,对你最有影响的一件事是什么?请说明这件事情的来龙去脉,并说明对你的启发是什么。

    - 请给一份学生杂志投稿,介绍你曾参与过的一项志愿者服务活动,请在文章中描述你的工作和感受。

    - 请给一份旅游杂志投稿,描写一个你曾经去过的地方,说出这个地方的特点,并解释你为何要推荐它。

2. 信息类内容题目

    - 如果学校需要一位同学担任学校文化节的主持人,请你推荐一位同学,并介绍这位同学的特点,并解释为何要推荐她/他。

    - 请简要介绍一下你的手机,这部手机有些什么特点?介绍两个你常用的 App,并说明它们的用处和对你生活的影响。

    - 你们班级里面有哪些现代通信和电子技术用于日常教学活动?介绍一个老师最常用的技术,并说明这个技术是否有利于你的学习。

    - 去年 11 月,ChatGPT 就像是一股热浪,扑面而来,迅速爆火全球互联网圈,为此,大家议论纷纷,正面的、负面的言论都有。请你站在学生的角度,谈谈其对学生学习带来的影响,并据此对教师提出教学建议。

3. 想象性内容题目

    - 请给想报考你们高中的初中毕业生写一封信,依据你自己的学习和生活体会,给他们一些忠告,以利于他们更好地度过高中生活。

    - 请你想象一下:十年后的今天你在做什么?你的职业是什么?你有自己的家庭了吗?你过着什么样的生活?

    - 想象一下,如果你可以发明一样东西来提升人类的生活质量,或者提高工作效率、学习效率,你最想发明的是什么?为何这个发明重要?

4. 创造性内容题目

    - 简要介绍高中三年中曾给你留下深刻印象的一篇文章,请介绍这篇文章的主要内容,并给予简单的评论。
- 简要介绍你在高中三年中曾经读过的一本书,简要介绍本书的内容,并给予简单的评论。
- 简要介绍你曾经看到的一个场景画面、一件美术作品或一份历史物件,它曾给你留下了深刻的影响,请你说明是什么,以及它为何能给你留下深刻的印象,并给予简单的评论。

附录二：牛津英语(上海版)6B，Module 3 Unit 9，第一课时的学习材料、第一课时的 Worksheet 和评价表

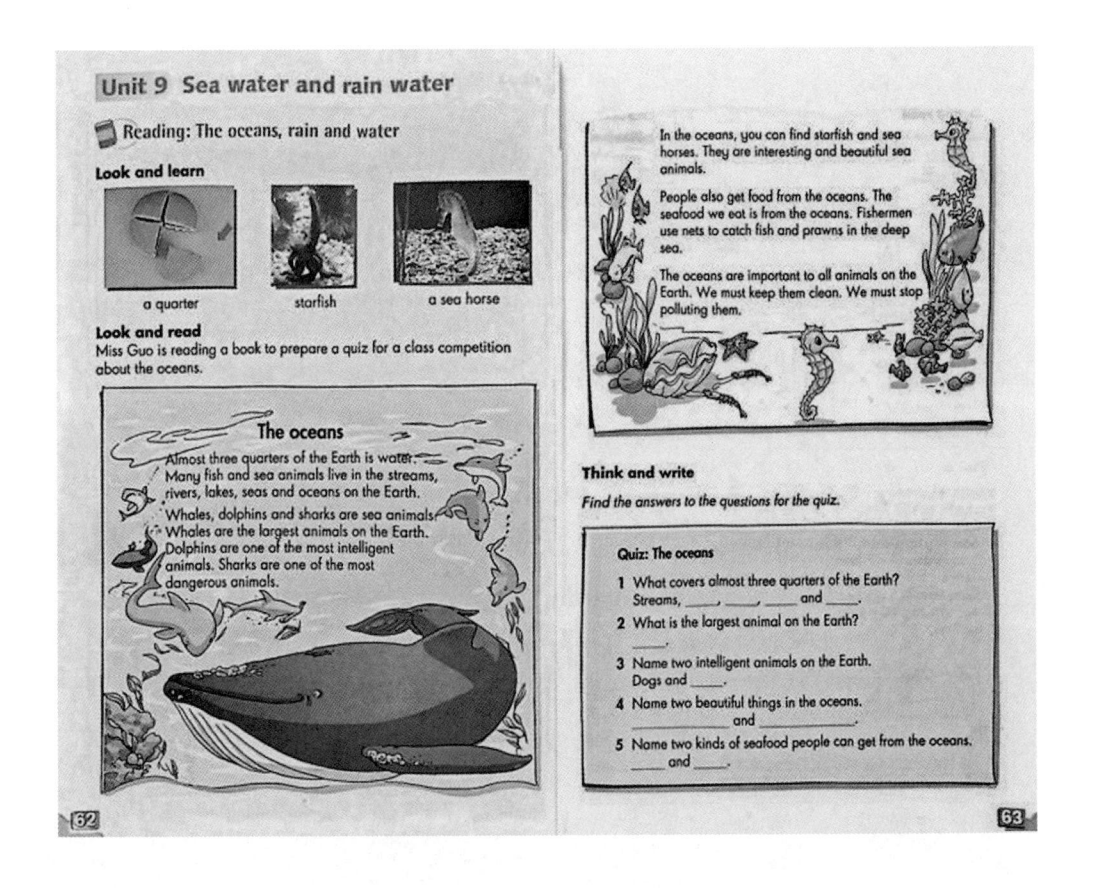

(1) 第一课时的学习材料

(2) 第一课时的 Worksheet

【活动1】Fill in the blanks.

Paragraph	main ideas of paragraphs	the main idea of the text(✓)
Para. __1__	Almost three quarters of the Earth is water.	☐
Para. _____	Different _____ live in the oceans.	☐
Para. _____	_____ get food from the oceans.	☐
Para. __6__	The oceans are _____ to all animals on the Earth.	☐

【活动2】Match and introduce the sea animals.

whales • • intelligent

dolphins • • dangerous

shark • • large

— Hello, I'm a stingray. Stingrays are interesting and beautiful sea animals. What about you?
— e.g. I'm a _____. _____ are (one of the most) _____ sea animals.

starfish • • interesting and beautiful

sea horses

【活动 3】Answer the quiz questions on P63. Let's have a class competition!

【活动 4】① Complete the mind map. ② Tell why the oceans are important.

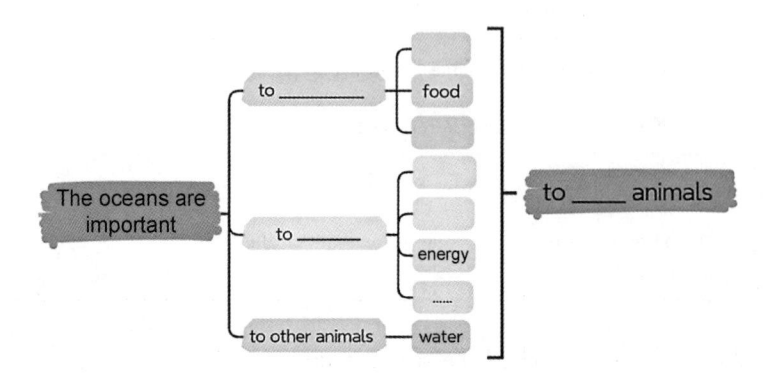

```
                    ┌── food
         to _____ ─┤
                    └──
The oceans are                            to _____ animals
  important ── to _____ ── energy
                    └── ......
         to other animals ── water
```

(3) 评价表: Check how much you have attended the class.

Checklist	(Rate your performance in the activities.)	0—5 points each
Activity 1	I filled 5 blanks correctly about the main idea.	
Activity 2	I matched 5 sea animals correctly with the adjectives.	
Activity 3	My group won! (5 points) My group almost won. (3 points)	
Activity 4	I could tell why the oceans are important with the mind map.	
Name: _____	Total points: _____	

附录三：牛津英语（上海版）6B，Module 3 Unit 9，第二课时的学习材料、第二课时的 Worksheet 和评价表

（1）第二课时的学习材料

（2）第二课时的 Worksheet

【活动 1】Read the text and fill in the blanks.

【活动 2】Read the text and complete the table.

Where	Who	What do people use water to do?
At home	people	to _____
		to _____
		to _____
		to _____
		to _____
At work	_____	to _____
	_____	to _____
	_____	to _____

附录三 244

【活动3】① Write down at least three uses of water at school. ② Add "At school" to the webpage according to the checklist.

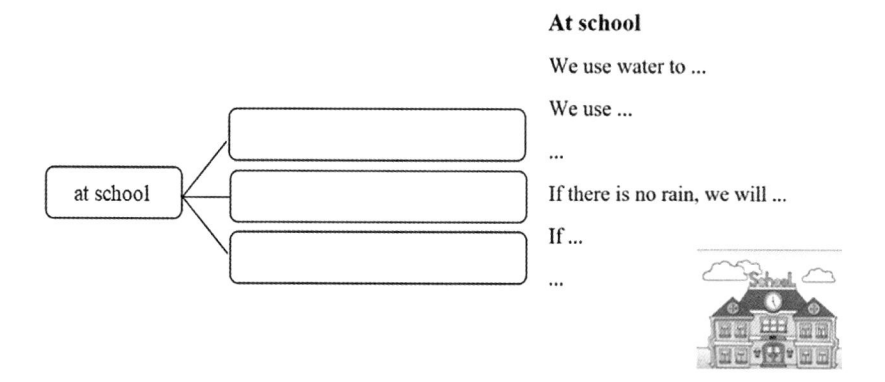

At school

We use water to ...

We use ...

...

If there is no rain, we will ...

If ...

...

（3）评价表

Checklist		
1. Did I talk about the basic needs at school first?	☐ Yes	☐ No
2. Did I use "use ... to do" to talk about the uses of water? (≥3 things)	☐ Yes	☐ No
3. Did I use "If there is no rain, ... will (not) ..." to talk about what will happen if there is no rain? (≥3 things)	☐ Yes	☐ No

参考文献

[1] Antonia Chandrasegaran. 写作过程中的教师介入[M]. 北京：人民教育出版社，2007.

[2] Bloom, B., Ma daus, G. & Hastings, J. T. Evaluation to Improve Learning[M]. New York：McGraw-Hill,1981.

[3] Carson, J. G. & Leki, I. Reading in the Composition Classroom：Second Language Perspectives[M]. Boston：Heinle & Heinle Press,1993.

[4] House, J. Covert Translation, Language Contact and Language Change[J]. 中国翻译，2007(3)：17-25.

[5] Hume, A. & Berry, A. Constructing CoRes — A Strategy for Building PCK in Pre-service Science Teacher Education[J]. Research in Science Education，2011，41(3)：341-355.

[6] John Langan. 美国大学英语写作：第9版[M]. 北京：外语教学与研究出版社，2014.

[7] Kathleen Graves. 语言课程设计：教师指南[M]. 北京：外语教学与研究出版社，2005.

[8] Lundahl, C. Digital Tools and Online Platforms for Literary Analysis：Enhancing Creative and Critical Thinking[M]. London & New York：Routledge，2022.

[9] Smith, L. & Johnson, J. Digital Tools and Literary Engagement：Enhancing Reading and Analysis in the Digital Age[M]. London & New York：Routledge，

2021.

[10] Weigle, Sara Cushing. Assessing Writing[M]. Cambridge:Cambridge University Press,2002.

[11] Whiteley, M. Big Ideas:A Close Look at the Australian History Curriculum from a Primary Teacher's Perspective[J]. Agora,2012,47(1):41-45.

[12] Wiggins, G. & McTighe, J. Understanding by Design. Expanded 2nd Edition[M]. Alexandria,VA:Association for Supervision and Curriculum Development,2005.

[13] Wilkins, D. A. Linguistics in Language Teaching[M]. Cambridge,MA:The MIT Press,1972.

[14] 蔡吉,钟淑梅.基于学科素养的英语教学[M].北京:知识产权出版社,2019.

[15] 陈茉,吕明臣.ChatGPT环境下的大学英语写作教学[J].当代外语研究,2024(1):161-168.

[16] 陈则航,邹敏.英语阅读教学活动设计[M].北京:高等教育出版社&外语教学与研究出版社,2022.

[17] 程晓堂,赵思奇.英语学科核心素养的实质内涵[J].课程·教材·教法,2016(5):79-86.

[18] 崔允漷.如何开展指向学科核心素养的大单元设计[J].北京教育(普教版),2019(2):11-15.

[19] 戴炜栋,王栋.语言迁移研究:问题与思考[J].外国语,2002(6):1-9.

[20] 顿继安,何彩霞.大概念统摄下的单元教学设计[J].基础教育课程,2019(18):6-11.

[21] 高彦梅.语篇语义框架研究[M].北京:北京大学出版社,2015.

[22] 何声钟,熊腾,姚小平.英语教学中的迁移现象[J].江西教育学院学报(社会科学),2000(5):32-35.

[23] 胡开宝,高莉.大语言模型背景下的外语学科发展:问题与前景[J].外语界,2024(2):7-12.

[24] 胡曙中.英语语篇语言学研究[M].上海：上海外语教育出版社,2006.

[25] 黄远振,兰春寿,黄睿.英语文学体验阅读 READ 教学模式建构研究[J].外语界,2013(1)：11-19.

[26] 孔蕾.生成式人工智能在外语专业教学中的应用：以《大学思辨英语教程·精读》教学为例[J].外语教育研究前沿,2024(1)：11-18.

[27] 兰春寿.基于思维过程的高中英语文学阅读思维型课堂教学架构[J].课程·教材·教法,2015(12)：82-89.

[28] 雷浩.基于核心素养的"教-学-评"一致性探讨[J].课程·教材·教法,2023(10)：42-49.

[29] 李冬梅.英语命题技术研究[M].杭州：浙江教育出版社,2017.

[30] 李刚,吕立杰.大概念课程设计：指向学科核心素养落实的课程架构[J].教育发展研究,2018(Z2)：35-42.

[31] 李亮,王蔷.核心素养背景下高中英语"教-学-评"一体化：理据与例析[J].天津师范大学学报(基础教育版),2023,24(4)：12-18.

[32] 李玉霞.迁移理论视域下的高中英语写作有效途径研究[D].哈尔滨：哈尔滨师范大学,2016.

[33] 林崇德,胡卫平.思维型课堂教学的理论与实践[J].北京师范大学学报(社会科学版),2010(1)：29-36.

[34] 刘辰诞.教学篇章语言学[M].上海：上海外语教育出版社,1999.

[35] 鲁子问,康淑敏.英语教学设计[M].上海：华东师范大学出版社,2008.

[36] 梅德明,王蔷.普通高中英语课程标准(2017年版)解读[M].北京：高等教育出版社,2018.

[37] 沈娟,桂林.以培养批判性思维促英语写作[J].吉林省教育学院学报(学科版),2011,27(3)：99-101.

[38] 沈妮娜."以读促写"在高中英语写作教学中的创新应用[J].中学生英语,2017(32)：19-20.

[39] 唐承贤.论英语积极性词汇的习得[J].南京航空航天大学学报(社会科学版),

2001(4):66-69.

[40] 汤青,周杰.英语教育教学评价:理念导向、实践痛点与化解之策[J].中国教育学刊,2023(8):35-40.

[41] 王建磊,曹卉萌.ChatGPT的传播特质、逻辑、范式[J].深圳大学学报(人文社会科学版),2023,40(2):144-152.

[42] 王磊,黄燕宁.单元教学设计的实践与反思——以"氧化还原反应"教学单元为例[J].中学化学教学参考,2009(3):9-11.

[43] 王蔷,李亮.推动核心素养背景下英语课堂教-学-评一体化:意义、理论与方法[J].课程·教材·教法,2019(5):114-120.

[44] 王蔷,周密,蒋京丽,等.基于大观念的英语学科教学设计探析[J].课程·教材·教法,2020(11):99-108.

[45] 王蔷,周密,蔡铭珂.基于大观念的高中英语单元整体教学设计[J].中小学外语教学(中学篇),2021,44(1):1-7.

[46] 王文宇,文秋芳.母语思维与二语写作——大学生英语写作过程研究[J].解放军外国语学院学报,2002(4):8-10.

[47] 王宗炎.语言学和语言的应用[M].上海:上海外语教育出版社,2013.

[48] 威廉·津瑟.写作法宝——非虚构写作指南[M].朱源,译.北京:中国人民大学出版社,2013.

[49] 谢忠平.中学英语阅读课程与教学[M].上海:华东师范大学出版社,2017.

[50] 许家金,赵冲.大语言模型在英语教学中的角色[J].外语教育研究前沿,2024(1):3-10.

[51] 徐丽云.运用语言迁移理论对高中英语写作中的错误进行分析和研究[D].武汉:华中师范大学,2008.

[52] 杨敏,王亚文.ChatGPT的"理解"与"意义":论其生成语言背后的形式、功能与立场[J].中国外语,2023,20(3):24-32.

[53] 杨向东,崔允漷.课堂评价促进学生的学习和发展[M].上海:华东师范大学出版社,2012.

[54] 张德禄.多模态话语理论与媒体技术在外语教学中的应用[J].外语教学,2009(4):15-20.

[55] 张德禄.功能语言学与外语教学[M].北京:外语教学与研究出版社,2005.

[56] 张德禄.语篇分析理论的发展及应用[M].北京:外语教学与研究出版社,2012.

[57] 张雷,俞理明.心理类型在中国学生英语习语理解中的作用[J].现代外语,2011(4):56-75.

[58] 张震宇,洪化清.ChatGPT 支持的外语教学:赋能、问题与策略[J].外语界,2023(2):38-44.

[59] 赵有珊.渗透思维品质培养的英语文学阅读教学实践[J].中小学外语教学(中学篇),2023(8):54-59.

[60] 钟畅蓉.发展学生思维品质的小说阅读实践[J].中小学外语教学(中学篇),2021(2):43-47.

[61] 中华人民共和国教育部.普通高中英语课程标准(2017 年版 2020 年修订)[S].北京:人民教育出版社,2020.

[62] 邹玉梅.语言迁移理论视角下高中学生英语写作教学策略研究[D].哈尔滨:哈尔滨师范大学,2016.

[63] 朱浦.教学专题透析[M].上海:上海教育出版社,2008.